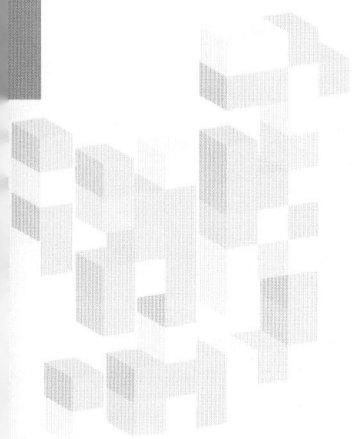

· 三峡大学宜昌市社会管理法治化研究丛书 ·

非诉低成本权利救济机制构建实证研究

——以宜昌市法务网格工程等为例

骆东平　邓海娟　张德才　杨全友　著 ▶

厦门大学出版社

国家一级出版社
全国百佳图书出版单位

总　序

　　宜昌,是全国地市中难得的同时兼获全国文明城市、国家环保模范城市、国家卫生城市、中国优秀旅游城市、国家园林城市、全国双拥模范城市、中国十佳宜居城市、全国科技进步先进城市、全国知识产权工作示范城市等称号的城市。2013年,宜昌更是历史性地在全省同级城市中首捧全国综治最高奖项——"长安杯"。这是全国12年一评的重量级奖项,宜昌因而成就了城市荣誉的"大满贯"。结合三峡大学"双服务方针",三峡大学2012年成立了宜昌市社会管理法治化三峡大学协同创新中心,该中心的研究成员不仅有三峡大学法学与公共管理学院的部分专家教授,还有三峡大学其他学院和宜昌市实务部门的一些理论功底深厚的领导和专家。之所以组建这样一支强大的队伍,并将其成果以丛书的方式推出,就是为了对宜昌社会管理法治化问题进深入研究,以更好地推进宜昌市特大城市建设的步伐,推进三峡城市群的快速建设与发展。

　　组织出版一套以某一区域社会管理为主要研究对象的丛书,是一项十分艰巨的任务,尽管研究队伍就生活在宜昌,其中很多成员也曾经或正在参与宜昌的社会管理,但所收集到的信息难免挂一漏万,理论分析也难免有不足之处,真诚地希望广大读者给我们批评、建议,帮助我们把这套丛书出好。

"三峡大学宜昌市社会管理法治化研究丛书"

编委会

序

20世纪50年代至70年代末,中国社会宏观结构是一个单位社会,国家对社会的整合与控制更多的是依靠单位来实现的。在单位社会中,人们在自己的权利遭到他人侵害时可以依赖单位的力量来获得救济,而且权利救济的成本十分低廉。

20世纪80年代以后,我国的单位社会开始转向"国家—社区、社会团体—个人"的社会管理体制。在这个社会结构的嬗变过程中,一方面,各单位组织逐渐由"管理型单位"向"利益型单位"转化,各单位并不将组织成员个人的纠纷解决视为其主要的职能。另一方面,我国社会的原子化趋势逐渐明显,即社会上出现了数以亿计的"非正规性就业人群"。该群体长期游离于组织之外,并事实上成为了弱势群体的主体力量,他们在失去了原来依赖的单位组织的同时,也失去了一种低成本的权利救济方式。这些因素使得数以亿计的人群难以依靠传统单位组织的力量来寻求低成本权利的救济,从而涌向成本低廉的信访,形成信访洪峰。更值得关注的是社会的原子化趋势带来的社会高度不确定性引发一些基层政府难以对治安形势进行准确的评估,从而常常采取不当的措施打压上访人群,造成政治权威的流失。

为普通百姓,尤其是数以亿计的弱势群体找到一种成本低廉的权利救济的渠道,就成为当下我国政府化解社会矛盾,实现有效社会管理的重要任务之一。在此背景下,我们以湖北宜昌市探索现在湖北全省推广实施的"法务网格工程"、医疗纠纷第三方调解机制等为研究对象,就在我国当前单位社会逐渐走向解体的过程中,面对普通百姓依赖单位获得低成本权利救济的机会越来越少的现实状况,在不断强调建立多元化的纠纷解决机制过程中,如何建立和完善适合普通百姓获得低成本的权利救济的机制进行了研究,并将研究成果汇集予以出版。由于作者的水平有限,本书难免有不尽人意之处,敬请广大读者批评指正。

骆东平

2014年1月9日

目　　录

第一章
宜昌市法务网格工程运行 机制实证研究[①]

引 言

宜昌,古称夷陵(彝陵),因"水至此而夷,山至此而陵"得名,清朝雍正年间改称"宜昌",意寓"宜于昌盛",是一个拥有 2700 多年历史的文明古城。爱国诗人——屈原,民族团结使者——王昭君,近代诗人——杨守敬的故乡都在宜昌。宜昌市现辖五县三市五区和一个国家级高新技术开发区,区域面积 2.16 万平方公里,全市总人口约 415 万;其中市中心城区人口共 159.80 万人,常住人口 124.80 万人,流动人口约 35 万人;以汉族、土家族等民族为主。宜昌是湖北省目前唯一的国家卫生城市、国家环保模范城市和全国文明城市,先后还荣获了国家园林城市、国家森林城市、中国优秀旅游城市等称号。宜昌是湖北省仅次于武汉市的"第二大经济体",2012 年全市生产总值达 2508.89 亿元,同比增长 12.6%,总量仅次于武汉,居全省第二位。地方公共财政预算收入153.2 亿元,增长 34.4%;全市综合实力跃居中西部地区 77 个同等城市第 3位、长江沿线 19 个同等城市第 4 位,进入全国百强。在宜昌市委、市政府的领导下,全市深入学习贯彻科学发展观,紧紧围绕省委、省政府"两圈一带"发展战略,团结奋斗、风清气正、求真务实、创新发展,正在加快建设以省域副中心

---

① 本章系骆东平主持的湖北省政法委、湖北省法学会 2013 年课题"宜昌市法务网格工程运行机制实证研究"(SFXH3307)的最终成果,该项目结项成果被评为优秀。

城市、长江中下游区域性中心城市和世界水电旅游名城为标志的现代化特大城市。

宜昌市作为正在加快建设的湖北省域副中心城市、长江中上游区域性中心城市和世界水电旅游名城,紧紧抓住全国社会管理创新综合试点重大机遇,全面系统推进社会管理理念观念、体制机制、方法手段的创新,探索构建了以人为本、网格化管理、信息化支撑、全程化服务的"一本三化"社会管理新体系,全市社会管理创新取得明显成效,中央和省委、省政府领导给予高度肯定,省委、省政府决定在湖北省推广"宜昌经验"。

为了适应宜昌市社会管理工作的需要,实现司法行政职能与宜昌社会管理创新"一本三化"新格局有效对接,宜昌市司法局提出在全市司法行政系统实施法务网格工程。2012 年 2 月 22 日,司法部部长到湖北调研司法行政系统社会管理创新工作,宜昌市司法局就法务网格工程工作构想向司法部和湖北省司法厅的领导做了专题报告,得到了司法部和省厅的重视和肯定。该工程实施后,建立了以网格为基础的司法行政工作新体系,探索出强化司法行政基层基础工作的新路径,实现了由层级式管理向扁平化、网格化管理,由被动应对到主动出击,由孤军奋战到联合作战"三大转变",有力提升了司法行政工作服务群众的能力和水平。2013 年,湖北省司法厅决定在全省城镇社区全面推广宜昌市"法务网格工程"经验做法。

宜昌市法务网格工程运行一年多以来,取得的成效如何? 是否还存在其他问题? 其运行依赖的环境是什么? 是否存在一些值得改进的地方? 该工程的实施对丰富社会管理创新理论有什么样的贡献? 诸如前述种种疑问,目前没有人专门就宜昌市法务网格工程进行全面而深入的调查研究,为了对宜昌市法务网格工程的运行状况有一个更全面的了解,对其运行机制有一个客观公正的评价,更好地把握宜昌市法务网格工程的发展方向,也为其他地方在决定推行法务网格工程时提供参考,我们组成了课题组,对宜昌市法务网格工程的运行状况进行了全面深入的调查和研究,试图对宜昌市各区县法务网格工程实施的情况进行梳理,为法务网格工程的下一步发展提供参考意见和建议,对有关理论进行初步的探究,以期吸引更多的人关注法务网格工程。

第一节　宜昌市法务网格工程实施的背景

宜昌市司法行政系统实施"法务网格工程",是落实全国社会管理创新要求、主动对接宜昌"一本三化"新格局的必然选择,是贯彻湖北省第十次党代会精神、建设法治湖北的具体体现,是强化司法行政基层基础、提升基层构建和谐社会能力的实际行动。

一、宜昌市社会管理创新构建了"一本三化"新格局

2010 年以来,宜昌市紧紧抓住全国社会管理创新综合试点机遇,构建了以人为本、网格化管理、信息化支撑、全程化服务的"一本三化"新格局。一是以网格化管理为基础。在每个街道综合设置便民服务中心、综治信访维稳中心、网格管理中心;在每个社区建立便民服务站、综治信访维稳站、网格管理站;把中心城区 121 个社区划分为 1110 个网格,每个网格配备一名网格管理员;建立了社区专职工作者、网格管理员、志愿者"三支队伍"。二是以信息化技术为支撑。发挥现代信息技术的作用,构建互联共享的社会管理综合信息平台。网格员每天深入网格采集人口、房屋等基础信息,与全国人口库关联比对,形成人口基本信息,再与部门专业信息比对,集成进入综合信息平台。有关社会管理部门只需键入公民身份证号,立即显示其职业、住址、家庭、劳动保障、社会关系等信息。三是以全程化服务为核心。贯穿常住人口生命周期和流动人口生活周期,跟踪人口变动情况,及时跟进管理、提供服务、化解矛盾。开发矛盾联动化解信息系统,变过去多层次、逐级化解为社区、街道、部门"扁平式"联动化解,真正实现社会矛盾解决在基层、化解在萌芽状态的目标。

2011 年 11 月,中央综治委在宜昌召开全国加强和创新社会管理工作座谈会,总结推广宜昌等全国试点地区的典型经验。湖北省委、省政府也专门作出决定在全省推广"宜昌经验"。2012 年 2 月,司法部部长在湖北调研社会管理创新,听取宜昌市司法局"法务网格工程"前期工作汇报,大力支持、殷切希望宜昌积极推进,创造可资借鉴的成功经验。

二、湖北省第十次党代会提出了建设法治湖北新要求

湖北省第十次党代会提出了建设"五个湖北"的战略部署,法治湖北与富强、创新、文明、幸福湖北,共同构架全省今后五年乃至更长一个时期的经济、政治、社会、文化发展的总体布局,充分体现了湖北省委对法治在构建"战略支点"中的保障和促进作用的高度重视。宜昌市司法行政机关作为全市各级党委、政府领导法治建设的组织、协调、检查、督办工作机构,必须充分发挥职能作用,以实施"法务网格工程"为重要载体,全力推进法治宜昌建设。一是大力传播社会主义法治文化。把法律送到群众身边,就是大力弘扬社会主义法治精神,持之以恒地普及法律知识,牢固树立法律面前人人平等的宪法理念,引导人民群众学法辨是非、知法明荣辱、守法定行止,养成依法维护权益、理性表达诉求、履行法定义务的思维方式和行为习惯。二是大力推动基层民主法治实践。法律服务专业人员指导基层依法实行民主选举、民主决策、民主管理、民主监督,进一步扩大基层群众有序政治参与;健全基层自治组织和民主管理制度,保障基层群众依法行使选举权、知情权、参与权和监督权。三是大力强化群众的法律信仰。通过深入推进"五议五公开",尊重和保障人民群众的合法权益,完善保障公民权益的体制机制,逐步建立全面合理的利益表达、利益协调机制和社会公平保障体系;建立和完善维权机制,充分发挥基层自治组织和工会、共青团、妇联等人民团体在维权方面的作用,让群众在实际生活中享受法律的实惠、感受法治的力量。

三、宜昌市司法行政系统基层基础工作能力亟待加强

在宜昌市深入推进社会管理创新机制的过程中,宜昌市司法局作为全市社会管理创新的十一个职能部门之一,根据《宜昌市社会服务管理创新综合试点工作实施意见》和宜昌市社会管理创新办公室(以下简称"创新办")"一对接两跟进"①推进会精神,主要工作任务有两项:一是加强刑满释放人员、解教劳

---

① "一对接两跟进",即对接综合信息系统、跟进管理、跟进服务机制,通过对接人口基础信息系统,推动部门改革机构设置,优化工作流程,实现整合联动,扁平化管理,增强服务的主动性、及时性、针对性,寓管理于服务之中。

教人员和社区服刑人员三类人员的动态监督、管理、服务；二是把司法行政工作职能延伸到社区网格，满足社区居民基本法律事务需求。为贯彻落实《宜昌市社会服务管理创新综合试点工作实施意见》和宜昌市创新办"一对接两跟进"推进会精神，宜昌市司法局于 2011 年 10 月 27 日制定了《宜昌市司法局创新社会管理服务综合试点工作方案》，对宜昌市司法局社会管理创新的工作目标、工作方式、工作网络、工作步骤和组织领导进行了明确，并在宜昌市司法局成立了创新社会管理服务综合试点工作领导小组及办公室。

2012 年 2 月 7 日至 9 日，宜昌市司法局基层科到伍家岗、西陵区等地进行专题调研，从调研情况看，宜昌市司法行政机关参与社会管理创新，部分工作职能如法律咨询、法律服务、人民调解已进入社区网格，为群众提供法律帮助，及时化解社会矛盾；把社区矫正人员和刑释解教人员基本信息录入市社会管理综合信息平台，通过网格员入户调查，适时掌握人员动态，预防重新违法犯罪。同时还存在以下不足：

一是系统性不够。在以往的工作实践中，宜昌市司法行政机关参与社会管理创新的组织体系、运行体系和服务体系缺乏统筹规划，司法行政工作职能没有与全市"一本三化"社会管理新体系全面系统融合，特别是在依托宜昌创新建立的"三个中心、三个站、三支队伍"①街办、社区、网格基层服务管理平台、构筑司法行政工作服务新体系上，有待进一步完善。

二是整体性不够。司法行政工作点多、线长、面广，各项业务自成体系，关联度比较低。只有整合司法行政职能资源，搭建集成职能要素的平台，推动司法行政各类服务资源在网格这个基本单元上聚集整合，才能充分发挥司法行政整体优势。从实践来看，宜昌市司法行政机关参与社会管理的工作载体比较分散，职能延伸条块结合不够，在整合司法行政职能资源，形成工作合力，整体推进司法行政工作进网格方面，有待进一步提高。

三是规范性不够。通过调研发现，宜昌市司法行政机关参与社会管理的服务内容、服务流程、网格力量配备、工作评价体系没有统一的固化标准，影响了工作效能发挥。全市司法行政工作的规范化建设有待进一步增强。

---

① "三个中心、三个站、三支队伍"是宜昌市社会管理创新工作提出基层组织系统的重要内容，三个中心是指在街道成立的便民服务中心、综治信访维稳中心和网格管理中心；三个站是指在社区成立的便民服务站、综治信访维稳和网格管理站；三支队伍是指在社区组建的社区专职干部队伍、网格管理员队伍和社区志愿者队伍。

四是信息化应用不够。社会管理创新需要以现代科技手段为支撑,提高协同能力和调控能力。加强信息化建设是新形势下司法行政机关提升社会管理创新效能的路径之一。实践证明,信息化已经成为社会管理创新的有力"推进器"。当前,宜昌市司法行政系统信息化建设基础设施薄弱、应用水平不高,已成为司法行政加强和创新社会管理的薄弱环节。全市司法行政工作信息化建设和应用有待进一步加强。

五是基层司法行政工作力量严重不足。全市 108 个司法所中有 25 个是一人所,达到 23% 以上。司法所除必须完成乡镇(街道)党委政府安排的中心工作外,还要承担各项业务工作,实属心有余而力不足。

六是基层司法行政工作保障有待提高。宜昌市司法行政机关从 2006 年开始全面承接社区矫正工作,管理的社区矫正对象逐年增加,现在全市社区服刑矫正的罪犯已达到 2000 多人。如宜昌市夷陵区司法局和所辖司法所在岗干警一共只有 46 人,其中司法所 30 人,加上区财政统一聘用的社区矫正社会工作者 14 名,44 人要管理正在社区服刑的罪犯达 329 人,跟踪安置帮教刑满释放和解除劳教人员 760 人,而相应经费没有同比例增长,各项保障跟不上迅猛增加的实际任务需要,推进工作难度仍然很大。

社会管理创新的出发点和落脚点是以人为本,加强对人的生命周期和生活周期的管理服务,基础保障是法律和规则,终极目标是树立法律信仰和法律权威,全社会做到依法决策、依法行政、依法办事;法制宣传、法律服务和法律保障等法务工作在其中发挥着治本意义的重要作用。宜昌市司法局为充分发挥法律在社会管理创新中的基础性作用,深入贯彻湖北省第十次党代会精神,加快建设法治宜昌,发挥司法行政工作职能特点和优势,主动适应宜昌社会管理创新"一本三化"新格局,大胆提出实施"法务网格工程"新思路,统筹协调系统内外人力和法律智力资源,把以往各自为政开展的人民调解、法律服务、社区矫正安置帮教、法制宣传等司法行政工作整体以"四进网格"的方式下沉,与"一本三化"有效对接,跟进管理,跟进服务,深度参与全市社会管理创新,真正落实基层司法行政工作各项任务,全力构建法治、和谐、稳定、文明社区,促进全市社会管理水平沿着法治轨道迈上新台阶。

第二节　法务网格工程试点阶段的工作内容及其成效

宜昌市司法局基层科在深入各区县进行调研后,制定了《宜昌市司法行政系统"法务网格工程"实施方案》,探索建立以司法所为关键节点、以社区为依托、以网格为基础的司法行政工作服务新体系,整体推进司法行政各项职能进网格,为群众第一时间提供法律服务,第一时间提供法律援助帮助,第一时间排查化解矛盾纠纷,第一时间关照特殊人群,让百姓切实感受到"法律服务就在我身边",把司法行政工作扎根到网格,努力服务全市经济社会又好又快发展。宜昌市司法局将在全市实施"法务网格工程"的计划向宜昌市委有关部门和领导进行了专题汇报,得到了市委、市政府和市创新办和有关领导的重视和支持,将"法务网格工程"列入《2012 年宜昌市社会管理创新综合试点工作要点》,其具体实施方案在经过多次调研座谈、反复征求意见的基础上,以宜昌市创新办的名义转发各地组织实施。

一、"法务网格工程"的内涵

宜昌市"法务网格工程"的内涵是:以社区网格为依托,充分整合司法行政机关工作人员、各类法律服务人员以及基层人民调解员、专职社会工作者、网格管理员、社会志愿者等社会力量,建立五支法务工作队伍,面向基层群众开展法律服务、人民调解、法制宣传、法律援助、社区矫正、安置帮教,把司法行政业务扩展到基层社区,让人民群众不出社区就可享受到便捷优质的法律服务。

二、"法务网格工程"试点前的有关工作部署

(一)宜昌市司法行政系统内部的工作部署

2012 年 2 月 17 日,宜昌市司法局领导带队到西陵区视察了一个司法所

和一个社区,实地了解司法行政工作职能进社区网格工作情况,并召开了西陵、伍家岗、点军、猇亭区司法局主要负责人座谈会,听取了各区关于开展法务网格工程的意见建议,统一了思想认识,并对实施法务网格工程情况进行了安排部署,明确要求西陵区、伍家岗区、点军区、猇亭区各选择1~2个街道、每个街道选择1~2个社区先行试点①,探索解决人员、场所、职能、运行和保障五大问题,通过实践,逐步摸索出一套社区法务工作站运行的基本模式,为全面推开法务站建设工作创造条件。

宜昌市司法行政系统"法务网格工程"的15个试点社区

地　区	所属街道	试点社区
西陵区	西陵街办	铁路坝社区
		石板溪社区
		乌龟碑社区
		土街头社区
	学院街办	四方堰社区
	云集街办	果园路社区
伍家岗区	万寿桥街办	杨岔路社区
	宝塔河街办	韩家坝社区
	伍家岗街办	伍家岗社区
点军区	点军街办	朱市街社区
		谭家河社区
		五龙社区
猇亭区	古老背街办	桐岭新村社区
		桐岭社区
		双桥社区

　　各试点区按照宜昌市司法局的统一部署和安排,确定了8个街道和15个社区先行试点,并按照要求做到了"四到位":一是主动汇报,争取当地党委政

---

　　① 本研究报告中的有关数据及相关资料如果没有特别说明,均来源于课题组在宜昌市各区县以及宜昌市司法局调研收集的资料。

府的重视和支持到位。西陵、伍家岗、点军、猇亭区司法局分别向当地党委政府和政法委进行了专题汇报,得到了领导的重视。西陵"法务网格工程"列入了全区创新项目。二是成立领导小组和办公室,组织领导到位。市司法局和各试点区司法局成立了一把手任组长、其他党组成员为副组长、机关各科室主要负责人为成员的领导小组及办公室,加强工作综合协调和指导督办。三是明确工作任务和工作步骤,操作方案到位。各试点区司法局按照宜昌市司法局确定的"法务网格工程"实施原则和目标,结合各地实际,制定具体方案,明确了主要任务和工作要求。猇亭区司法局和西陵区司法局实施方案还分别以区政法委和区创新办名义进行了转发。四是积极试点,工作措施到位。各试点区司法局多次与各试点街道办事处进行沟通和协调,确定试点社区,落实工作场所和法务工作队伍,落实工作任务与工作职责,确保试点工作有序推进。

与此同时,司法局还积极做好法律事务信息管理系统软件前期准备工作,委托710研究所进行软件的前期调研和设计工作。

(二)争取有关部门的重视和支持

在法务网格工程试点前夕,宜昌市司法局积极争取多方支持,一是争取宜昌市创新办的重视和支持,把司法行政机关法律事务进网格列入了2012年全市社会管理创新的工作要点。2012年3月31日,宜昌市创新办召开了"一对接两跟进"推进会,宜昌市司法局着重就实施"法务网格工程"前阶段工作情况进行了汇报,并提请宜昌市创新办从政策和技术方面给予支持,会议把三类人员管理和司法行政法律事务进网格工作列入了宜昌市创新办的重点工作内容。二是争取宜昌市电子政务办的支持,宜昌市司法局向宜昌市电子政务办报送了《关于宜昌市司法局门户网站升级新增便民服务功能急需硬件设备支持的请示》,拟在宜昌市司法局门户网站现有基础上增加便民服务功能,依托互联网对群众提供法律咨询、律师服务、公证预约、司法鉴定、社区矫正、安置帮教、法律援助、矛盾化解等便民服务项目,得到宜昌市电子政务办的明确支持。三是争取部省领导的重视与支持。2012年2月22日,司法部部长到湖北调研司法行政系统社会管理创新工作,宜昌市司法局就法务网格工程工作构想向司法部和湖北省司法厅的领导做了专题报告,得到了司法部和省厅的重视和肯定。

三、宜昌市"法务网格工程"各试点实施的情况介绍

(一)典型试点社区、街道办事处实施"法务网格工程"情况

1. 猇亭区桐岭新村社区法务网格工程试点情况简介

猇亭区桐岭新村社区位于金岭路 98 号,于 2009 年 12 月组建成立,由新苑小区、金正小区、桐岭新村三个搬迁安置小区组成,现有 67 栋安置房,总建筑面积 290502 平方米,入住搬迁居民 1652 户 5511 人,党员 218 人,其中机关企事业单位党员 153 人,居民党员 65 人。下设七个党小组和居民自治促进会以及七大网格管理责任区,是一个以农民搬迁安置为主体的新型城市社区。桐岭新村社区是猇亭区司法局最初确定的法务网格工程试点社区之一,该社区以"坚持四个到位",扎实推进法务进网格工作:

第一,思想到位。一是在第一时间集中组织全体社区工作人员认真学习猇亭区司法局"法务网格工程"实施方案,细致学习方案主要内容,认真领会方案精神实质,切实做到高度重视,统一认识。二是严格按照要求及时成立了以社区主任为站长,社区综治民调主任为副站长,社区网格员为成员的法务工作站。三是把法务网格工作摆在社区工作重要位置,与社会管理创新工作同对待、同安排、同推进。

第二,责任到位。有岗有责方可推动工作,该社区法务工作站明确确定法务工作站长为法务网格工作第一责任人,全面负责社区法务进网格工作,推进法务网格工程全面开展。法务工作副站长为法务工作直接责任人,直接负责保障法务进网格工作的实施推进。法务工作站成员为法务工作具体责任人,具体负责网格矛盾纠纷信息排查及司法服务等各类信息收集汇总,保证信息收集零疏漏、零差错。通过岗责定位,量化到人,全面推进法务进网格工作顺利开展。

第三,保障到位。一是严格按照要求专门配备了近 20 平方米的社区法务工作室,提供专门场所进行法律服务,在硬件上满足法务工作需求。二是社区在资金非常困难情况下,投入近万元为社区法务工作站配备必备办公设施等,保障了社区法务进网格工作能够有效及时开展。

第四,工作到位。一是制度建设到位。按照"四有"(有匾牌、有办公室、有办公设施、有工作台账),"三落实"(组织机构落实、责任落实、制度落实),"三

上墙"（工作职责上墙、工作制度上墙、工作流程上墙）的要求，精心制作了社区法务工作站《工作职责》、《工作流程图》、《矛盾纠纷排查制度》、《社区矫正帮教安置工作职责》等法务规章制度并全部上墙，推进"法务网格工程"规范化建设。2012年5月17日，湖北省司法厅办公室副主任明平、宜昌市司法局领导张德才、曹正权调研社区"法务网格工程"时，对该社区具备一流的"法务网格工程"硬件基础和法律事务进网格工作进展情况给予了充分肯定。二是队伍建设到位。依托社区综治维稳信访工作站建立了桐岭新村法务工作站，依托社区网格建立了7个法务工作网格，同进整合三方力量成立了由14名人民调解员、4名法律服务专业人员、14名法制宣传员、2名特殊人群关照员、3名法律援助协办员组成的法务工作队伍。并于2012年5月中旬对法务工作人员进行了培训。三是宣传到位。社区组织法务工作五支队伍定期深入社区开展"法务网格工程"重要意义、工作职责、工作内容、工作流程等宣传，让"法务网格工程"家喻户晓。开辟"法务工作进网格"专栏，及时更新法务进网格工作动态、宣传法律法规、反映特殊帮扶等情况，为社区群众提供便捷高效的法律服务。同时，以电子显示屏滚动全天候播放法务"四进"网格内容、法务工作站工作制度、司法行政试点社区法律服务人员、法制宣传教育志愿者、街办法务中心人员、试点社区法务工作站人员、社区法务联络员、义务调解员、法律服务专业人员等人员的姓名和联络方式，编印了相关服务信息，方便群众咨询和提供上门服务。

　　法务进网格在该社区启动后，组织社区法务网格员发放法务需求调查表1600余份，为社区居民提供法律咨询120人次，为6名社区矫正人员和安置帮教对象建立了关爱帮扶台账，帮助1名安置帮教人员落实了低保政策，开展集中法制宣传2次，开展集中矛盾纠纷排查6次，调处矛盾纠纷31起。法务网格工程启动初期，桐岭新村社区法务网格工作开展良好，但也存在着上下信息联动不畅、信息反馈不及时等问题。

　　2. 韩家坝社区以"5432"模式助推"法务网格工程"深入实施

　　伍家岗区宝塔河街办韩家坝社区地处城乡接合部，辖区范围0.52平方公里。社区居委会成立于1997年7月，由湖北轴承厂厂办居委会改制而成。辖区共有2947户住户8384人，流动人口125人。在网格设置上充分考虑了社区地处城郊、区域面积大、人员多等特点，科学划分建立了14个网格，配备网格员14名。该社区有社区矫正人员3人，刑释解教人员2人，涉毒人员5人，重点上访人员1人，肇事肇祸精神病人12人。韩家坝社区法务工作站现有站长 1 名,副站长 1 名,工作人员 4 名,法务联络员 14 名,人民调解员 28 名,法律法务专业人员 14 名,法制宣传员 26 名,特殊人群关照员 1 名,法律援助协办员 5 名。宜昌市司法行政系统"法务网格工程"启动后,韩家坝社区有效整合辖区内法务人力、智力资源,以法务联络员为纽带,法务工作"五支队伍"为依托,积极推行"5432"模式,以助推"法务网格工程"深入实施。

"五个一"促进法律服务与居民需求有效对接。该社区每月开展一次"法律进社区"活动,将法制宣传资料、法制信息和法律服务送到网格;每季度开办一期社区法制课堂,对社区普法骨干、居民代表进行法律知识辅导;公示一部预约法律服务联系电话,对居民的法律援助、公证等专业法律服务需求,由法务工作站代为预约法律服务机构;建立一部重点法律帮助对象服务台账,为老、弱、病、残、困难户和未成年人上门提供法律服务;建立一个法律图书角,定期对居民开放,增强了居民学法、懂法、守法、用法的自觉性和主动性。

韩家坝社区

"四及时"确保矛盾纠纷及时就地化解。法务联络员和人民调解员通过"及时掌握社情民意、及时调处矛盾纠纷、及时启动联动机制、及时进行纠纷回访",做到网格内人口、治安、矛盾纠纷等底数清、情况明,一般纠纷及时就地化解,复杂纠纷联动化解,及时遏制纠纷反弹苗头,实现案结事了,筑牢维护社会和谐稳定的第一道防线。"人民调解进网格"工作开展以来,共排查受理、调解矛盾纠纷200余件,基本实现了将矛盾纠纷化解在社区、化解在萌芽状态。

"三到位"帮助特殊人群顺利融入社会。以"情况掌握到位、监督管理到位、关爱帮扶到位"为原则,法务联络员、特殊人群关照员对社区矫正对象、刑释解教人员等重点人群进行定期走访,对他们进行思想帮教、心理疏导,并提供就业培训、低保、困难救济等帮教服务,在监督他们积极改造的同时,帮助他们树立生活信心、练就生存技能,使他们能顺利回归、积极融入社会。目前,辖区内9名重点人员无一人脱管、漏管,其中,5人在法务工作站的帮助下实现了就业,3人参加了就业培训,1人得到了低保救助。如家住东山大道317号的刑满释放人员李某,从小跟随爷爷奶奶生活,家庭十分困难。2011年回归社会后,因无一技之长,一直未能实现就业。社区了解情况后,一面为其留意合适的工作岗位,一面为其申请办理了低保救助,保证了其基本生活所必需的费用。李某所属网格内的法务联络员刘明红坚持每周和他"煲"一次"电话粥",详细了解他的思想、生活状况,告知他求职信息,并邀请他参加社区的青年活动。法务联络员亲如姐姐般的关爱,让李某时时感受到:"重新做人,回归社会并不难!"

"两提高"推动法制宣传教育深入开展。社区将"法制宣传进网格"与"六五"普法工作紧密结合起来,以"提高阵地建设水平、提高宣传教育实效"为立足点,不断完善社区公共场所法制宣传教育设施,加强法制宣传公开栏、法制

法制宣传员为居民进行普法讲座,提供法律咨询

长廊等普法园地建设。围绕居民关心关注的婚姻家庭、遗嘱继承、小区物业管理、相邻关系、债权债务等法律问题,充分发挥法务联络员、法制宣传员的骨干作用,通过网络博客、文艺会演、文学、戏曲、书画等形式,组织开展法律宣传教育活动,将法律送到群众当中。"法务网格工程"实施以来,韩家坝社区已组织开展法制宣传文艺活动3次,参加人数90余人;组织法制专题讲座4场,参会人数200余人;发放法制宣传资料1230余份,大大提升了居民的守法自觉性、学法主动性和用法有效性。

人民调解员进行各项矛盾纠纷调解

法律服务专业人员为居民提供义务法律咨询

韩家坝社区在"法务网格工程"中推行的"5432"工作模式及成效得到了省、市领导的高度肯定,省、市相关部门和市内外县(市、区)司法局先后23批500余人前来考察调研和参观学习。2012年5月28日,《人民日报》《法制日报》《湖北日报》、湖北电视台、荆楚网、《党员生活》等6家新闻媒体组团来到韩家坝社区,深度采访报道实施"法务网格工程"的做法和成效。

3. 西陵区西陵街办土街头社区试点实施"法务网格工程"情况

土街头社区地处城区与葛洲坝集团结合部,辖区面积0.9平方公里,有居民楼70栋,居民4332户9145人,企事业单位6个。社区有低保对象264户512人,残疾人185人,共划分22个网格。配备网格员22名。该社区以网格管理为基础,以五支法务队伍为支撑,以四进网格为载体,①进一步延伸司法行政工作触角,积极推进法务进网格工程的试点工作。社区法务网格工作站整合了社区干部、社会志愿者和其他社会机构等多方资源力量,形成了融法制宣传教育、人民调解、社区矫正、安置帮教、法律服务、法律援助等多项工作为一体的综合服务体系,成为"零距离"满足人民群众基本法律需求,"近距离"防范重新违法犯罪,"第一时间"排查化解矛盾纠纷的坚实平台。在社区形成服务基层社会管理创新的合力,凸显了社区工作实绩,筑牢社区维稳防线。该社区试点情况具体如下:

(1)加强组织领导,构建社区法务工作体系,夯实基层服务基础

①建立法务工作站,完善服务平台。社区在"综治维稳信访工作站"、"网格管理站"的基础上,建立"法务工作站",由社区综治信访维稳站站长兼任法务工作站站长,社区人民调解委员会主任担任副站长,社区22名网格员担任法务联络员,成立法律服务、人民调解、社区矫正安置帮教、法制宣传五支法务工作队伍,开展法制宣传、人民调解、社区矫正、法律服务等法务工作。

②梳理法务工作流程,服务便捷规范。按照网格化管理方式,将法务与社会管理并网运行,形成网格—社区工作站—上级司法部门三级信息处理和法律服务平台。首先,由网格员即法务联络员将居民解决矛盾纠纷需求、法律服务需求、困难帮扶需求、法律援助需求等信息进行全面收集并及时上报到社区法务工作站。其次,由社区法务工作站对信息进行分解,属于人民调解范畴的需求,社区法务工作站安排人民调解员现场调解,不能调解的反馈到社区居委

---

① "四进网格"是指法律服务进网格、人民调解进网格、社区矫正安置帮教进网格和法制宣传进网格。

会,由社区人民调解委员会调解,社区不能调解的重大疑难纠纷上报街道工作站或区有关职能部门;属于法律咨询范畴的需求,社区法务工作站代为预约律师事务所、基层法律服务所、公证处、司法鉴定机构提供专业法律服务;属于特殊人群关照的需求,社区法务工作站安排特殊人群关照员当场办理,不能当场办理的事项上报社区协调有关部门办理;属于法律援助范畴的需求,社区法务工作站安排法律援助协办员提供基本指导和代为预约法律援助服务。各项法务工作直达居民楼栋,更为快捷通畅,极大地方便了居民群众。

③明确职能职责,建立长效机制。明确了法务工作站主要职责任务是:解答居民法律咨询,引导居民依法维护自身合法权益;组织开展法制宣传教育活动,提高居民法律意识;组织开展纠纷排查和调处工作,及时化解矛盾纠纷;协助管理刑释解教和社区服刑人员,提供帮教服务;为经济困难的居民联系法律援助服务;为有需求的居民联系律师、公证和司法鉴定专业服务。法务联络员的四项职责为收集居民法律事务服务需求信息;开展矛盾纠纷排查、简单纠纷化解和不稳定信息上报;开展社区矫正人员和刑释解教人员基本信息核查和动态情况上报;帮助有法律事务需求的居民联系法务人员提供服务和帮助。

(2)网络社区精英,组建法务工作队伍,形成工作合力

①构建五支队伍,壮大法务工作力量。社区建立了五支法务队伍,一支是社区党委在社区党员中选聘有一定协调和沟通能力的老党员作为义务调解员队伍;第二支聘请司法行政干部、律师、基层法律服务工作者为法律服务专业人员队伍;第三支是由网格员和社区志愿者组成的法制宣传员队伍;第四支是邀请居民中的热心人和社区专职工作者,专门建立的刑释解教人员和社区矫正人员关照员队伍,协助开展教育、管理、矫治、帮扶工作;第五支是吸纳辖区内离退休的法官、检察官、法律服务从业人员和大中专院校法律专业学生等建立法律援助协办员队伍。社区现有44名人民调解员、3名法律服务专业人员、44名法制宣传员、5名特殊人群关照员、5名法律援助协办员,形成组织网络化、力量社会化、服务系统化的良好局面,激发基层社会管理的活力。

②加强日常管理,规范工作制度。社区加强"法务网格"日常管理,法务联系员实行日排查制,每天都要进行入户排查,并做好配发的《法务工作手册》的记录,每周召开法务联络员例会,法务联络员反馈网格各项工作情况,提出工作建议,针对网格内的各项疑难问题和工作,提交法务工作站进行协调解决。法务工作站加强反馈信息的督办和检查力度,确保法务工作落到实处。

③加大培训力度,提升自身素质。社区不仅加强法务工作日常管理,还注

重加强相关人员的培训学习,提高对法务联络员和五支法务队伍的自身素质。组织相关法律专家对其开展法律培训和教育,组织参加上级的各项法律培训和竞赛活动,每月安排时间自我学习,确保法务联系员成为法律业务的行家里手。

(3)"四进"网格零距离,法务工作有成效,社区工作显实绩

社区积极开展法律服务、人民调解、社区矫正安置帮教、法制宣传"四进"网格活动,实现联动机制,把服务送到居民家中。

①法律服务进网格,特殊帮扶在身边。土街头社区是一个"贫困户多、下岗失业人员多、残疾人多、老年人多、特殊关照人群多"的"五多"社区。该社区在实施法务进网格活动中,注重对特殊和困难人群的帮扶,对老年人、未成年人、残疾人和特困户提供上门义务法律服务活动,为有法律需求的困难居民,法务工作站协助向有关专业机构进行预约,义务指导居民做好相关资料准备。北门外正街7-3-306号吴某是一位刑释解教人员,也是一名低保户,2011年12月不幸病亡。由于他的突然病亡,致使他的盲人母亲闫某不能取出其遗留存折上的现金。2012年4月12日,法务联络员范涛在上门走访中了解到这一情况后,迅速向法务工作站报告了这一情况,法务工作站立即与西陵公证处取得联系,在了解办理公证的相关程序后,范涛帮闫某预约了公证处,由公证员上门帮其办好了相关手续,同时工作站还为其申请到了500元的临时救助金。至2012年5月底,法务工作站共为辖区居民提供法律援助5件,为老、弱、病、残等特殊群体办理上门法律服务6人次。

②人民调解进网格,及时化解纠纷。社区实行矛盾纠纷由网格、社区法务工作站、街道维稳中心、各法律专业部门层层联动调处矛盾纠纷。网格内的矛盾,由网格员和法务调解员现场进行解决,如当场调解无效,上报到社区法务工作站,由法务站当班人员会同社区人民调解委员会参与调处,如仍然解决不了,则由社区法务工作站报至街道综治信访维稳中心,有法律服务需求的,由站长为居民联系指定的律师事务所、基层法律服务所、公证处、法律援助中心、司法鉴定中心等机构提供专业法律服务。2012年4月19日居民贺某向法务联络员彭雯反映,2011年6月她在某食府工作期间,不小心将火锅打翻导致同事杨某右腿被烫伤,事发后已支付5500元医疗费,杨某伤愈。事过一年后杨某却提出要支付皮肤美容费用20000元。贺某家庭困难,无力支付,杨某便天天上门闹,让她无法正常生活。法务联络员彭雯觉得此事较大,自行调解和解的可能性不大,于是直接上报到社区法务工作站,法务工作站立即调请社区

法务专家会同社区调解员主持调解,经过工作人员耐心细致的调解工作,二人达成了协议:贺某一次性支付杨某后续医疗费用2000元,杨某不再以任何理由向贺艳红主张经济赔偿,俩人之间的纠纷得到了圆满的化解。至2012年5月底,社区共受理矛盾纠纷15件,调解成功15件,调解成功率达100%。

③社区矫正安置帮教进网格,监督管理全方位。社区建立了社区矫正对象、刑释解教人员建立了信息台账,由法务联络员与特殊人群关照员对他们定期进行思想帮教、心理疏导、困难帮扶,矫正其犯罪心理和行为恶习,预防特殊人群再犯罪的同时,为其提供就业培训、低保、困难救济服务,帮助他们积极融入、顺利回归社会,做到"情况掌握到位、监督管理到位、关爱帮扶到位"。社区内23名刑释解教人员和3名社区矫正人员都得到有效的管控。

至2012年5月底,社区法务工作站为社区矫正对象和刑释解教人员2人提供就业培训、帮助4人安排参加就业、落实困难救济1名、帮助申请办理低保1名。

④法制宣传进网格,普法宣传按需服务。在居民走访调查中得知,随着普法教育活动的持续开展,居民群众法律意识不断增强,但法律知识面、法律条款的掌握程度都还不够。该社区针对这个实际,依靠法律专业队伍,在社区开展法制主题教育活动,特别是对居民关注度高的法律问题为居民宣讲。如2012年3月份请来百事特律师事务所胡英华律师为辖区居民进行了消费者权益保护法的讲座,胡律师结合生活实例及近几年在社会中影响较大的食品安全等老百姓最关心的案例,通俗易懂地讲解了消费者所享有的知情权、公平交易权、损失赔偿权、人格尊重权等九项权利,剖析了商品交易中存在的消费陷阱、欺诈行为、格式条款及霸王条款等不利于消费者的现象,向居民详细介绍了受到欺诈后如何向消费者协会投诉、如何向经营者或生产者进行索赔以及如何拿起法律武器维护自身的合法权益等消费纠纷解决的途径,受到社区居民的热烈欢迎。

社区积极开展各类法制宣传活动,采取展板宣传、发放宣传资料、悬挂宣传标语、开办法制讲座等多种形式的法制宣传活动,有效地激发了社区居民的学法热情,提升了居民的法律意识和法律素质,构建了和谐的邻里关系。至2012年5月底,该社区共组织开展法制讲座3次,展板宣传4次,悬挂宣传横幅1次,发放各类宣传资料300余份,为200余名群众进行了法律咨询解答。

4. 点军区点军街办朱市街社区试点实施"法务网格工程"情况

点军街办朱市街社区地处城乡接合部,辖区面积约4.7平方公里,现有住户 1656 户,人口 5165 人。辖区内有区委区政府等机关企事业单位 70 余个,是点军区的政治文化中心,建设项目多,新进企业多。该社区被确定为全市法务网格工程试点社区后,立足"四抓",积极推进"法务进网格工程"。2012 年上半年,该社区共参与项目协调 20 多件,解决纠纷 10 多起,为党委政府化解群体上访 100 人次,有力地促进了地方经济发展和一方的平安稳定。其主要做法是:

(1)加强"四进"组织建设,为法务工作开展保驾护航

为贯彻落实《宜昌市社会管理创新综合试点工作实施意见》和《点军区司法局关于开展"法务网格工程"工作的实施方案》,充分发挥司法行政工作在服务社会管理创新中的独特优势,朱市街社区从抓法务组织建设入手,认真抓好各项工作落实,以法务工作站为依托,网格管理员为法务联络员,收集法务信息,以五支队伍为工作主体,努力推进法律事务"四进"网格,为居民提供优质、便利、高效的法律服务。

①建立领导组织体系。朱市街社区非常重视"法务网格工程",借此机会促进辖区社会管理创新工作上台阶。为了加强领导,该社区及时成立了"法务工作站",站长由社区书记或主任担任,治调主任为副站长,以法务工作站、法务联络员为组织体系。

②抓好五支队伍建设。建立了人民调解员、法律服务专业人员、法制宣传员、特殊人群关照员、法律援助协办员的"五支法务工作队伍"。辖区现有人民调解员 15 人,法律服务专业人员 4 人,法制宣传员 15 人,特殊人群关照员 15 人,法律援助协办员 4 人,6 名网格员为"法务联络员",及时了解居民的法律事务需求。组织体系的建立,保障了"法务网格工程"各项工作顺利开展。

(2)抓"四进"宣传引导,提高全民对"法务网格工程"的认识

①认真组织,大力宣传。该社区一班人充分认识到"法务网格工程"是一项惠民工程。促进法律服务与居民需求有效对接,是法律直接服务居民的一项举措,也需要得到广大居民的认知。朱市街社区及时将宣传任务下达给网格员和小组长,明确宣传内容和完成宣传任务的时间。网格员利用巡查的时机,向居民宣讲"法务网格工程"的内容,以及法律需求事务工作流程,同时收集居民法律需求,村居小组长密切配合,做好宣传工作。这次宣传共发放宣传资料 200 余份,收回信息 10 余份。

②突出重点,讲求实效。"法务网格工程"就是推进法律服务、人民调解、社区矫正安置帮教、法制宣传"四进网格"。让广大居民知道需要法律咨询等

如何进行联系,发生矛盾纠纷找谁进行调解;居民的法律援助、公证等专业法律服务需求,如何与有关专业机构进行预约;法务工作队伍能够为有需求的居民联系律师、公证和司法鉴定专业服务,同时为老年人、未成年人、残疾人、五保户、特困户上门提供法律服务。"法务网格工程"是一项法律直接服务居民的一项举措,并通过法律服务,逐步让社区居民养成遇事找法、解决问题靠法的良好习惯。

③抓"四进"硬软件建设,确保"法务网格工程"强基固本。朱市街社区确定了以社区网格办公室为工作场所,设立了法务工作站办公地点,制作标牌和法务工作站公示栏,并上墙,确保了"法务网格工程"工作的地位。公示栏明确了"法务网格工程"工作流程和各项工作制度,制定了各类人员职责,建立了各种工作台账,有力保障了"法务网格工程"顺利开展。

④抓"四进"运作机制建设,促法务网格工程长效惠民。"法务网格工程"建设是为居民提供优质、便利、高效的法律服务,实际工作中就是要为居民解决法律事务问题。"法务网格工程"启动后,网格管理员在巡查中,注意收集居民法律事务方面的信息,及时开展矛盾纠纷排查,对社区矫正对象、刑释解教人员思想状况、活动情况及存在的问题和困难及时了解掌握,利用多种形式开展法律宣传等活动,"法务网格工程"取得明显成效。

2012年5月底,社区5号网格管理员在矛盾纠纷排查中,发现一起因养老统筹发生的纠纷,及时参与矛盾纠纷的化解。原江南铜板纸厂女职工赵某,由于企业倒闭,下岗多年,且无固定工作,其养老统筹也没有交齐,她本人不清楚相关的情况和政策。网格管理员知道情况后,主动帮她一起到点军法院查看其原单位资料,到街办"企管会"了解情况,使她感觉解决问题有人帮,也深受感动,她逢人就说好。由于养老统筹涉及政策,赵某的情况不符合政策,不能解决。

2012年,点军区江南大道刷黑工程需要征地拆迁,工作中出现了许多矛盾和纠纷,其中就有社区1组龙某两兄弟由于土地、财产分割引起了较大的矛盾,问题反映到朱市街社区后,由于涉及财产分割,社区调解有一定困难,社区及时向街办法务指导中心求助,得到了司法所的大力支持。社区把龙某两兄弟和其父亲请到街办法务指导中心调解室,社区民调干部、网格管理员和司法所人员联合进行了调解。经过三个多小时的耐心劝说,晓之以理,动之以情,通过教育和思想疏导,上讲到《土地管理法》、《土地管理法实施细则》、《婚姻法》等法律,下讲到亲兄弟血浓于水的手足情,使两兄弟得到了醒悟和感化,最终自愿达成了协议,握手言和。

5.西陵区西陵街道办事处试点实施"法务网格工程"情况

西陵街道辖区面积 10.2 平方公里,现有社会型居委会 9 个、企事业型居委会 5 个,共划分为 166 个网格,居民 3 万余户,人口 13.2 万人(含三峡大学),其中流动人口 1.2 万人,刑释解教和社区矫正人员 134 名。2012 年上半年启动法务网格工程试点后,在宜昌市、西陵区两级司法局,西陵区创新办以及街道党工委的大力支持和领导下,西陵街道司法所依托街道综治信访维稳中心建立了法务指导中心,按照"四抓、四进、三转变"工作思路着力推进法务工作进网格,取得明显成效:

(1)创新"四抓"工作思路

①抓领导,建立"法务网格工程"长效性机制。该街道党工委高度重视和支持"法务网格工程",专门成立了西陵街道"法务网格工程"工作领导小组,街道办事处于 2012 年 5 月出台了《西陵街道"法务网格工程"实施方案》,建立了由分管领导主要抓、负主责,司法所所长直接抓、具体负责,各社区综治信访维稳站站长各负其责的"法务网格工程"领导体系,领导小组下设办公室,办公室设在司法所,负责综合协调、指导督办等工作。街道与 14 个社区层层签订责任状,明确各社区书记为第一责任人。同时,街道办事处将司法行政网格化服务管理机制和成效纳入对社区《千分制考核细则》中,考核分值占整个司法所对社区考核分值的 23.3%。这一系列举措,从根本上为"法务网格工程"的实施奠定了坚实的基础。

②抓试点,探索"法务网格工程"规范化管理。街道法务指导中心率先在土街头、乌龟碑、铁路坝、石板溪四个社区先行试点,建立社区法务工作站。司法所工作人员具体指导法律服务进网格、人民调解进网格、社区矫正安置帮教工作进网格、法制宣传进网格工作;建立网格法务联络员"日排查、即处理"制度、法务工作站"周碰头"制度、法务诉求快速反应机制、法务信息综合支撑机制;并与法务工作站站长探索解决人员、场所、职能、运行和保障五大问题。通过实践,试点社区逐步摸索出了一套法务工作站运行的基本模式,使其他社区的法务工作站建设学有样板,赶有目标。截至 2012 年 6 月中旬,四个试点社区共排查受理矛盾纠纷 72 件、办理法制宣传栏 8 期、举办法制讲座 7 场、悬挂宣传横幅 9 条、制作宣传版面 14 块、发放宣传资料 3500 余份、为辖区居民和社会群众提供法律咨询 78 件。

③抓基础,打牢"法务网格工程"常态化根基。在确立试点社区的同时,街

道法务指导中心在全部社区展开了"法务网格工程",将社区全部网格管理员纳入网格法务联络员工作中,成立了 12 支共 257 人的人民调解员队伍、16 人的法律服务专业人员队伍、279 人的法制宣传员队伍、19 人的特殊人群关照员队伍、52 人的法律援助协办员队伍,并将这五支工作队伍建立起《社区网格法务联络员名册》台账,开展普法宣传、人民调解、社区矫正安置帮教和法律援助工作,为"法务网格工程"的深入实施打牢了基层基础根基。

④抓职能,谱写"法务网格工程"突破性成果。西陵街道法务指导中心充分发挥在构建和谐社会中的功能和作用,把"上为党委政府分忧,下为人民群众解难"作为自己的工作目标和准则。自"法务网格工程"工作开展以来,司法所参与调解疑难复杂民间纠纷 46 件,协助基层政府处理社会矛盾纠纷 18 件,开展矛盾纠纷大排查 134 次,排查矛盾纠纷近 52 件,指导社区法务工作站调解民间纠纷 22 件,防止群体性上访 4 件,开展法制宣传 12 场次,受教育人数 3000 人,为基层政府提司法建议 4 条,被采纳 3 条,制订规范性文件 8 件,在维护一方稳定、保护一方平安中取得了突破性成果。

(2)确立"四进"工作模式

①人民调解工作进网格。网格法务联络员带领人民调解员队伍深入网格、楼栋、居民家中,对各种矛盾纠纷进行排查摸底。简单的纠纷由网格法务联络员即时调解;一般纠纷由法务工作站即社区人民调解委员会主持调解;复杂的纠纷由街道司法所(法务指导中心)组织力量集中调解;疑难或易激化的纠纷,则依托综治信访维稳平台录入到社会矛盾联动化解信息管理系统,梳理划分矛盾性质后上报到对应的区直、市直部门受理;需要多方协调的矛盾,上报到市区两办一局联合调处;特别重大的矛盾则上报到市综治信访维稳联席会处理。如 2012 年 3 月 23 日,铁路坝社区 5 号网格内工贸家电美的电器专柜员工汤某某在岗位上突发疾病去世,工作三年来,与之签订劳动合同的武汉某人力资源服务有限公司未曾为汤某某办理缴纳社保。其家属黄某某等人与武汉某人力资源服务有限公司和芜湖美的日用家电销售有限公司发生纠纷,在工贸家电门口设置灵堂,要求给付死者生前社保统筹费、医疗费、丧葬费、直系亲属供养费和一次性生活困难补助费 10 万元。西陵街道法务指导中心和综治信访维稳中心接到消息后,相关工作人员立即赶赴现场,劝阻汤某某家属撤下灵堂和花圈,并指出其做法的违法性。经先后多次做工作,双方达成赔偿协议,并于 2012 年 3 月 27 日在西陵街道人民调解庭签下《人民调解协议书》,达成了芜湖美的日用家电销售有限公司赔偿 8 万元,武汉某人力资源服务有

限公司赔偿 2 万元,含汤某某生前社保统筹费、医疗费、丧葬费、直系亲属供养费和一次性生活困难补助费共计 10 万元的赔偿协议。至此,本案以调解结案,局势得到了全面的稳控。

②法律服务工作进网格。西陵区街道办事处将区法律援助中心主任、区公证处主任、司法所工作人员和指定律师纳入到社区法律服务专业人员队伍中。网格员了解居民有关法律援助、公证、司法鉴定等需求后,积极告知其法律援助申请条件、援助范围、详细流程,并联系区法律援助中心、公证和司法鉴定机构,为其提供预约服务。如 2012 年 4 月,刘家大堰社区 8 号网格 46 岁的居民陈某到街道法务指导中心反映,其和前妻生有一长子陈某某,现年 23 岁。其再婚后再育有一幼子,年仅 3 岁,考虑到自己年近半百,幼子尚小,为保证幼子今后生活不发生较大变故,陈某向长子提议,付给 2 万元协助其成家,让其放弃对陈某财产(主要是房产,价值约 20 万)的继承权,今后可以不对陈某尽赡养义务,遭到长子拒绝。陈某要求司法所帮其草拟一份协议,将上述事项约定到协议之中,并对其长子做工作,帮助调解其与长子之间的纠纷。法务指导中心耐心向陈某解释了赡养老人是公民的基本义务,即使父子二人据此签订书面协议,也是无效的,赡养义务不因子女与父母的人为约定而免除。同时,父亲也没有义务为儿子买房成家。法务指导中心建议陈某自立遗嘱,将名下的财产指定给幼子继承,并告知其做好遗嘱公证。经过回访得知,陈某在公证处的指导下,选择了一家法律服务所,立下了代书遗嘱,解决了后顾之忧。

③法制宣传教育工作进网格。为深入推动"法律进社区"活动向精细化、长效化方向发展,该社区网格法务联络员带领法制宣传员队伍将法制宣传工作与网格化管理工作相结合,向居民宣传与其日常生活密切相关的法律法规,将普法工作落实到每一个网格,教育社区居民既懂得依法维权,又懂得依法履行义务,增强公民宪法意识和参与社会管理意识,促进合法有序参与社会管理事务,在社区初步形成了"组织有保证、工作有依托、对象有区别、内涵有延伸"的工作格局。如 2012 年 5 月 15 日,在第 22 个全国助残日即将到来之际,西陵街道法务指导中心和土街头社区"法务工作站"工作人员在位于 12 号网格的盲人宿舍北门外正街 7-1 号现场办公,为前来咨询的残疾人群众现场解答法律咨询,受理残疾人法律援助申请,切实维护残疾人合法权益。活动中,一方面宣传了《中华人民共和国残疾人保障法》、《残疾人教育条例》、《残疾人就业条例》等法规,提高残疾人的依法维权意识和维权能力,营造保障残疾人合法权益的良好社会氛围。另一方面大力宣传残疾人法律援助制度、措施及《法

律援助条例》、《工伤保险条例》等残疾人维权法律知识。活动现场共有 150 多人参加,发放法律宣传资料 150 余份,为 5 名残疾人解答了法律疑问,营造了良好的扶残助残法治氛围。

④社区矫正安置帮教工作进网格。各社区统计出社区矫正人员和刑释解教人员总数后,按照 1 名志愿者关照 5 名对象的比例,建立了特殊人群关照员队伍。一方面,他们协助法务指导中心开展审前调查,管理监督矫正对象,矫治、帮扶刑释解教人员等工作;另一方面,他们依托综治信访维稳平台,将矫正对象、刑释解教人员信息录入到社会矛盾联动化解信息管理系统,给予性格偏执人员疏导和安抚,防止因矛盾积累激化酿成极端事件。如石板溪社区赵某某因犯受贿罪被判处有期徒刑 10 年,后因患有严重的高血压、糖尿病于 2011 年 11 月 8 日被处暂予监外执行。出狱后,其治疗费完全自费,2012 年年初,社区网格员了解到情况后,建议其参加城镇居民医疗保险,方便后续治疗。赵某某参保后,非常感激党和政府、法务指导中心和社区对他的关怀,表示将在服刑期间努力改造自己。

为进一步贯彻落实最高人民法院、最高人民检察院、公安部、司法部 2012 年 1 月 10 日颁布的《社区矫正实施办法》,加强特殊人群管理,西陵街道法务指导中心在 2012 年 4 月,通过组织特殊人群关照员、社区矫正对象进行条文学习,通过在社区举办宣传栏等方式开展了《社区矫正实施办法》宣传月活动。特殊人群关照员准确理解了实施办法的精神和内容,全面掌握了交付接收、监督管理、处罚收监、解除矫正等社区矫正各执法环节的具体规定,提升了社区矫正工作管理水平和工作能力。同时也加强了对矫正人员的管理和教育,警醒他们遵纪守法,服从管理,以预防和减少其重新违法犯罪。

(3)开创"三转变"工作局面

①实现由传统模式向网格模式转变。在以往的工作中,处理各种矛盾时流程复杂、单打独斗、化解效能低下,基层遇到无法化解的矛盾,采取的是躲、托、推的方式来应对。西陵街道法务指导中心充分利用宜昌市开展社会服务管理创新综合试点工作的契机,依托综治信访维稳平台,积极协调和充分发挥网格管理员在基础管控方面的积极作用,形成了以司法行政干部为指导,以网格法务联络员为主体的工作网络。该街办将发现的从法务网格联络员到社区到街道法务网格中心都不能解决的矛盾或有可能走极端的矫正对象、刑释解教人员录入到社会矛盾联动化解信息管理系统,直接上报到对应的区直、市直部门受理,并借助系统的"红灯预警"、综治考核、不满意事件及超期事件督办

等一系列手段增强政府各部门的责任意识。这种司法行政工作由传统模式向网格模式的转变,改变了以往层级式报送信息方式,实现了社会矛盾收集、报送和化解的扁平化管理,明确了"签收必须办理、首办必须负责、转办必须阐明理由、社区直接与市区直部门联动"等工作要求,解决了过去"基层躲、层层转、上下推、部门拖"的问题,也解决了居民"到处跑、门难找、效率低、化解难"的问题,对于精简优化工作流程、深入推进社会矛盾联动高效化解、引导居民、社区矫正对象和刑释解教人员合法依规反映诉求发挥了极为重要的作用。

②实现由被动状态向主动状态转变。一方面,网格管理员发挥身在基层、了解社情的优势,带领辖区的人民调解员、法制宣传员、法律服务专业人员、特殊人群关照员和法律援助协办员等5支队伍,依托"社区E通"等信息化手段,通过入户采集信息、上门核查信息、日常网格巡查等方式积极排查、收集各类矛盾信息,及时获取"第一手"矛盾信息,做到"管理全覆盖、信息全收集、事态全掌控"。截至2012年6月中旬,街道全部社区共收集矛盾纠纷信息3604条,化解3166条,市区各部门联动受理解决438条,调处成功率达到97%。另一方面,法务指导中心要求每位干部工作重心下移,每周要用半天时间深入社区、小区和居民家中,积极了解人民调解、法律宣传、法律服务和社区矫正安置帮教工作进网格的情况,并及时为矫正对象和刑释解教人员排忧解难。法务网格工程启动至2012年6月中旬,法务指导中心干部征求群众意见12条,收集不稳定信息6条,与综治信访维稳中心联合成功化解重大矛盾5起,走访社区矫正对象和刑释解教人员40多人,真正实现了司法行政工作由被动状态向主动状态的转变。

③实现由单一领域向多方领域的转变。法务网格工程的开展改变了传统的单一的司法行政工作模式,特别是法务指导中心的成立,在街道形成了司法、综治、民政、工会、城管等部门联署办公,构建了人民调解、行政调解、司法调解"三调合一"的"大调解"工作体系;在医疗、劳动、交通、征地搬迁、安全生产、食品安全等重点领域,建立了"诉调对接"、"检调对接"、"警司联调"等调解工作机制,为人民群众提供解决矛盾纠纷的多种渠道;设立了专家室、律师室和心理咨询室,聘请了14名知名专家、大学教授、心理咨询师、律师,开展法律和心理咨询工作;建立了有效的群体性事件预警和应急处置机制,不断完善预案,加强演练,确保第一时间处置好第一现场。在社区开展"有话找我说、有事找我办、有难找我帮"活动,发挥网格法务联络员作用的同时,利用"党员工作室"、"居民聊天室",让居民话有处说、理有处讲、事有人管、矛盾纠纷有人调

解。针对杂居小区长期无路灯和无楼道灯照明的情况,社区网格法务联络员积极向上反映,借全区开展"杂居小区点亮工程"之际,为 14 个社区中的杂居楼安装楼道灯 1273 盏,社区居民纷纷表示:"现在楼道路灯亮了,大家走路方便了,安全感增强了,夜晚出门、回家不再感到害怕了。"同时,法务指导中心积极联系民政部门,为辖区 32 名有困难的社区矫正对象和刑释解教人员办理了低保。

西陵街道法务指导中心将以此为契机,深入推进以"零距离"满足群众基本法律需求,"第一时间"排查化解矛盾纠纷,"全天候"防范重新违法犯罪为目标的法务网格工程,全力维护群众合法权益,为喜迎十八大、争创新业绩、推动新跨越营造和谐稳定的社会环境。

(二)宜昌市"四区"各自试点总体情况

1. 点军区试点实施"法务网格工程"的情况

点军区地处宜昌市中心城区长江以南,全区拥有 11 万人口,管辖 4 个乡镇 1 个街道办事处,46 个行政村、6 个社区。其中社区拥有网格员 23 名,管辖社区人口 3.5 万人 989 户。2012 年点军区司法局紧紧围绕市局、区中心工作,以"法务网格工程"进社区为切入点,狠抓人民调解、法律服务、法律援助、社区矫正等基础工作,率先在点军街办的朱市街、五龙、谭家河三个社区试点推行了"法务网格工程"进网格、进家庭,并取得了明显效果。截至 2012 年 5 月底,三个试点社区受理人民调解案件 26 件,调解成功 25 件,其中征地拆迁纠纷占 70%,调解成功率在 90% 以上,有力促进了点军区政治、经济建设,维护了社会稳定。该区"法务网格工程"试点开展情况为:

自 2012 年 3 月份宜昌市司法局在秭归会议后,点军区司法局围绕市、区中心工作扎实抓了六件事:一是在 2012 年 3 月 28 日争取点军区委、区政府在司法局召开了区司法行政工作会议,传达了市局会议精神,对"法务网格工程"进行专题部署。二是加大投入力度,投资万余元对"法务网格工程"做牌子、找房子、刻章子等工作,各种相关程序、制度统一上墙并规范运作。三是组建专班,明确职责。按照市局"4353"要求,通过历时 15 天的协调上门,配齐了五支队伍,于 2012 年 5 月 18 日专题开会进行培训,明确职责。并在实际运作中边培训边督办,有力促进了网格员业务素质的提高。四是抓督办,做到常抓不懈。点军区司法局按照宜昌市司法局要求,邀请街办分管领导和法务中心成员单位每月开展一次中心会和组织一次现场检查督办,每周召开一次站务会,社区工作人员几乎做到每日一次网格员碰头安排,各网格员学会了用手机传递记录信息,并上报相关部门,做到将矛盾化解在基层。五是收集典型,正面推进。为了促进"法务网格工程"有序推进,点军区司法局先后两次组织各个网格员和社区站长横向交流观摩,对做得好的社区大胆推荐学习,促进各社区平衡发展。六是立足三个结合,大力宣传"法务网格工程"意义。即一结合征地拆迁纠纷,把人民调解与网格员结合起来,参与实物清点,补偿兑现。点军司法局局长黄代旭、普法办副主任谢少华、公证处陈莉共与网格员协调解决纠纷 10 余件,件件有效。二结合社区矫正与网格员衔接,推进矫正工作家庭化、网格员巡查化。三结合法律服务与网格员预约登记化,把基层群众的法律需求,通过网格员预约登记协调,使法律需求进户入家。以上六项工作有力地促进了点军社会的稳定,为党委政府化解矛盾纠纷奠定了良好的基础。

通过前期试点实施"法务网格工程",发现了一些存在的问题,主要有以下三个方面:第一,法务网格工程因基层组织人、财、物不足,重视力度有待加强;第二,网格员业务素质和反馈信息效率不高,整体推进力度有待加大;第三,点军区地处农村,山大人稀,交通不便,加之其区财力不足,网格员稀少,对后期法务网格推广入村有难度。

点军区 2012 年 1—5 月"法务网格工程"试点情况统计表

试点街道（个）	试点社区（个）	试点社区网格（个）	法务工作队伍情况				
			人民调解员（名）	法律服务专业人员（名）	法制宣传员（名）	特殊人群关照员（名）	法律援助协办员（名）
1	3	23	56	10	56	56	10

法务网格工作情况

人民调解进网格			防止群体性上访		法制宣传进网格					法律服务进网格			社区矫正安置帮教进网格					
					组织开展法制宣传活动			组织法制专题讲座					特殊人群数		关照帮扶工作			
排查受理矛盾纠纷（件）	调解成功（件）	防止民转刑案件（件）	（件）	（人）	活动场次	参加活动人数	发放宣传资料	场	人	提供法律咨询（人次）	代办法律援助（件）	提供公证预约（件）	社区矫正人员（名）	刑释解教人员（名）	提供就业培训（名）	帮助安排就业（名）	落实困难救济（名）	帮助申请办理低保（名）
26	25	0	2	29	3	280	1650	1	65	163	65	26	31	43	0	0	0	0

2. 伍家岗区试点实施"法务网格工程"的情况

伍家岗区司法局按照"创新服务、以人为本、延伸触角、司法为民"的工作理念,大力实施"法务网格工程",推进司法行政法律事务"四进"网格,主动为群众提供优质、便利、高效的法律服务,让百姓切实感受到"法律服务就在我身边"。伍家岗区在试点实施"法务网格工程"阶段,由于其工作的知名度、影响力不断提升,省、市及县市代表团 20 批 1000 余人先后到伍家岗区调研"法务网格工程"工作,中央、省、市新闻媒体也组团实地考察报道相关工作经验。该区试点实施"法务网格"工程情况为:

(1)强抓"三试点",夯实工作基础

自宜昌市司法局启动"法务网格工程"后,伍家岗司法局高度重视"法务网格工程"工作,及时召开班子成员会议,进行安排部署,成立了以区司法局局长任组长,副局长任副组长,各科室负责人及司法所所长为成员的工作领导小组,印发了《伍家岗区司法行政系统"法务网格工程"实施方案》,先行确定了杨岔路社区、韩家坝社区、伍家岗社区三个试点社区,迅速将"法务网格工程"工作职责、工作制度、工作流程统一上墙并规范了工作台账,要求试点社区将法律服务、人民调解、社区矫正安置帮教工作以及法制宣传四项法律事务延伸至每一个网格。

(2)精心"布二网",确保整体推进

伍家岗司法局根据宜昌市司法局的工作部署,及时推进"法务网格工程"试点工作,并及时总结经验,在试点单位初步实现了司法行政工作由层级式管理向扁平化网格管理、由被动应对到主动出击、由孤军奋战到联合作战"三大转变"。为后续全面实施法务网格工程奠定了坚实的基础。

精心组织,网络体系完善。为确保"法务网格工程"的顺利开展,街道(乡)建立由街(乡)主要领导牵头抓,分管领导主要抓,司法所所长直接抓,社区(村)书记强化落实,各负其责的工作领导体系。一是在街道(乡)设立"法务指导中心"。中心主任由街道(乡)综治信访维稳工作中心主任兼任,司法所所长任副主任。司法所所长负责辖区"法务网格工程"日常工作,对网格"四进"工作进行业务指导,帮助社区(村)法务网格工作站规范工作流程,健全工作台账。二是在社区建立"法务工作站"。站长由社区(村)综治信访维稳站站长兼任,社区(村)人民调解委员会主任任副站长。组织、协调、开展"法务网格工程"各项法律服务工作,及时反映网格联络员的活动情况。三是建立法务网格。社区法务网格依托宜昌市在全国开展社会服务管理创新试点工作所划分的社区网格而建立;行政村法务网格按 100～150 户进行划分管理,从而形成了以司法行政干部为指导，以网格法务联络员为主体的工作网格。

伍家区法务工作站工作制度

伍家区队人民调解员进行业务培训

整合力量,网络人才资源。宣传发动并充分整合司法行政机关工作人员、各类法律服务人员、基层人民调解员、专职社会工作者、网格管理员、社会志愿者等各方资源成立法务工作队伍,截至 2012 年 5 月底,成立了由 75 名人民调解员、51 名法律服务专业人员、73 名法制宣传员、3 特殊人群关照员、13 名法律援助协办员组成的五支法务队伍,为"法务网格工程"的有效开展奠定了坚实基础。在法务网格工作中要求,严格执行法律事务指导中心"月例会"制度、法律事务工作站"周碰头"工作制度和法律事务联络员"日排查、即处理"制度,不断强化法律服务便民措施,切实提高法务工作效能。

(3)下足"三功夫",突出工作实效

一是在规范人民调解工作流程上下功夫,维护社会和谐稳定。伍家岗司法局不断扩大调解队伍,在抓预防纠纷与化解纠纷的同时,不断规范人民调解工作流程。对一般纠纷,要求由网格调解员及时进行现场调解;对重大疑难纠纷,及时启动联动机制,按照"社区(村)人民调解委员会→街道(乡)人民调解委员会→街道(乡)综治信访维稳中心"工作流程逐级组织调解或分流处置;对调处结束的纠纷及时进行回访,督促当事人及时履行调解协议,确保"案结事了"。伍家岗区司法局还确立了对三级调委会调解员调处的每一件案件按照"以奖代补"标准进行补助的奖励措施,为调解员发挥息诉止争提供了强有力的经费保障。截至 2012 年 5 月底,伍家岗区试点社区网格管理员共化解重大疑难积案 31 件,排查受理矛盾纠纷 86 件,调解成功 84 件,与去年同期相比,全区矛盾纠纷发生率同比下降了 12.6%,一大批矛盾纠纷在萌芽状态被及时发现、化解。网格管理员成为社区网格的稳压器。

二是在特殊人群管理服务上下功夫,预防减少重新违法犯罪。伍家岗司法局组织网格员和关照员以"管控网格化"为手段,实时掌握本网格内社区矫正人员、刑释解教人员等重点人员变动情况,联合特殊人群关照员每月对管控对象逐一走访,对他们进行思想帮教、心理疏导,并积极协调相关部门为其提供就业培训、低保、困难救济等帮教服务,使他们能顺利回归、积极融入社会。至 2012 年 5 月底,"法务网格工程"已为 10 名社区矫正人员和 21 名刑释解教人员提供就业培训,其中 11 人已帮助安排就业,帮助申请办理低保 7 人,12 人落实困难救济。

三是在法务网格建设宣传力度上下功夫,营造良好法治环境。为营造全民普法、全民参与的浓厚氛围,伍家岗司法局指导街道(乡)、社区(村)在法务网格指导中心开辟法务网格宣传墙,在法务工作站建法务网格服务展板,在法务工作网格内设讲堂、挂横幅、建专栏。2012 年 1—5 月,伍家岗法务网格工程试行取得了较为显著的成效,详见伍家区 2012 年 1—5 月"法务网格工程"试点情况统计表。

伍家区 2012 年 1—5 月"法务网格工程"试点情况统计表

试点街道（个）	试点社区（个）	试点社区网格（个）	法务工作队伍情况				
			人民调解员（名）	法律服务专业人员（名）	法制宣传员（名）	特殊人群关照员（名）	法律援助协办员（名）
万寿桥	杨岔路社区	13	23	13	23	1	5
	韩家坝社区	14	28	14	26		3
	伍家岗社区	12	24	24	24		3
合计:1	3	39	75	51	73	3	13

法务网格工作情况

人民调解进网格					法制宣传进网格					法律服务进网格			社区矫正安置帮教进网格						
排查受理矛盾纠纷（件）	调解成功（件）	防止民转刑案件数（件）	防止群体性上访（件）	防止群体性上访（人）	组织开展法制宣传活动 活动场次	参加活动人数	发放宣传资料	组织法制专题讲座 场	人	提供法律咨询（人次）	代办法律援助（件）	提供公证预约（件）	特殊人群数	社区矫正人员（名）	刑释解教人员（名）	提供就业培训（名）	帮助安排就业（名）	落实困难救济（名）	帮助申请办理低保（名）
35	33	0	1	12	1	114	100	2	132	2	3		6	2	5	1	3		4
15	14	0	1	20	2	70	90	2	64	21			2		7		4		1
36	34	0	1	13	1	90	100	3	90	3	1		3		9	3	5		2
合计:86	81	0	3	45	4	274	290	4	286	26	4		10	2	21	11	12		7

伍家岗司法局还利用首推的司法行政官方微博为"法务网格工程"开辟出新的宣传阵地。通过法律法规宣传、法律问题解答、社会热点评议、典型案例分析等形式,及时更新"法务网格工程"等司法行政各项工作的进展,面向网民开展普法教育和各项法律服务,在线与兄弟单位交流工作心得。这项创新之

举得到了宜昌市委领导、省司法厅领导的充分肯定。与此同时,伍家岗司法局司法行政官方微博由原来只与三个试点社区建立链接扩展到与全区 35 个社区均有交流互动,这既能让群众及时了解司法行政工作动态,又能随时掌握社区开展活动的最新动态,营造了良好的法治环境。

为扩大基层法律服务的知晓率,除公示牌外,伍家岗司法局还为驻村(社区)法律服务人员印制了便民联系、法制宣传资料,通过走村入户散发,主动走近群众,调查社情民意,根据老百姓的法律需求,采取灵活多样的形式有针对性地宣讲法律知识,解答法律咨询,开展法律援助、法律服务、人民调解等工作,受到了社区干部群众的普遍欢迎。

3. 宜昌市猇亭区司法局开展"法务网格工程"试点工作情况

猇亭区于 2012 年 5 月 2 日召开全区"法务网格工程"工作动员部署会,正式启动全区"法务网格工程"试点工作。在猇亭区委、区政府的统一领导和宜昌市司法局精心指导下,紧紧围绕"法务网格工程"工作的目标任务,在桐岭新村社区、桐岭社区和双桥社区有步骤地开展各项试点工作,"法务网格工程"试点工作情况如下:

第一,强化领导,整合资源,着力加强"法务网格工程"网络建设。一是制定了方案。根据市司法局统一部署,结合猇亭区工作实际,精心制定了"法务网格工程"工作实施方案,并以猇亭区委政法委的名义印发全区,方案明确了"法务网格工程"工作的指导思想、工作目标、工作任务、工作职责、实施步骤以及工作要求。二是成立了工作机构。为保证"法务网格工程"试点工作的顺利开展,猇亭区司法局成立了局党组书记、局长担任组长,局班子成员任副组长,各业务科室为成员的法务网格工程试点工作领导小组,领导小组下设办公室,办公地点设在司法局基层科,分管局长任办公室主任,具体负责法务网格工程试点的日常工作。三是召开了动员会。2012 年 5 月 2 日,猇亭区召开"法务网格工程"试点工作动员会,猇亭区政法委、区创新办、区司法局、各街办、三个试点社区(桐岭新村、桐岭、双桥)等单位参加了会议,动员会的召开正式启动了猇亭区"法务网格工程"试点工作。会后,各街办、试点社区均按要求制定了活动方案、成立了领导小组、明确了工作职责以及制定了具体措施。猇亭区随后逐步建立健全了区、街办、社区三级"法务网格工程"机构网络和分工负责的协调推进机制。

第二,配备骨干,重视培训,着力加强"法务网格工程"队伍建设。猇亭区依托街办综治信访维稳中心建立了虎牙、云池、古老背等 3 个街办法务指导中心,依托社区综治维稳信访工作站建立了桐岭新村、桐岭、双桥等 3 个法务工作站,依托社区网格建立了 22 个法务工作网格,同进整合三方力量成立了由 46 名人民调解员、13 名法律服务专业人员、46 名法制宣传员、10 名特殊人群关照员、9 名法律援助协办员组成的法务工作队伍。2012 年 5 月中旬,采取分级分层培训的原则,对法务工作人员进行了培训,一是猇亭区司法局组织各司法所长、各试点社区法务工作站长到伍家区八宝塔社区参观学习,进一步明确工作任务及要求;二是司法所所长对 3 个试点社区站长、副站长进行相关台账的业务培训;三是社区法务站负责人对法务联络员就法律事务"四进"网格内容的信息收集上报等工作进行培训指导;四是由司法所长、法务工作站站长就法律事务"四进"网格工作流程及目标任务进行专项培训。

第三,示范引领,精心指导,着力加强"法务网格工程"规范建设。猇亭区司法局将"法务网格工程"纳入局机关科室(干部)周工作责任目标与实绩考核备案制度、司法所及二级单位月度工作目标责任考核通报制度和司法行政年度重点工作(事项)目标责任制度管理体系,坚持周部署、周汇报、月检查、月部署、月通报,加强对"法务网格工程"目标任务的过程管理,每周、每月的考核情况记入科(室)实绩考核档案。并与目标管理效能考核治庸问责奖惩相挂钩,切实加强干部对贯彻落实《实施方案》的监管力度,确保各项工作如期推进。同时,加大各法务指导中心、法务工作站规范建设工作力度,按照"四有"(有匾牌、有办公室、有办公设施、有工作台账),"三落实"(组织机构落实、责任落实、制度落实),"三上墙"(工作职责上墙、工作制度、工作流程上墙)的要求,推进"法务网格工程"规范化建设。湖北省司法厅和宜昌市司法局领导调研猇亭区"法务网格工程"时对该区具备一流的"法务网格工程"硬件基础和法律事务进网格工作进展情况予以了充分肯定。

第四,注重宣传,营造氛围,着力加强"法务网格工程"环境建设。猇亭区司法局组织法务工作五支队伍定期深入社区开展"法务网格工程"重要意义、工作职责、工作内容、工作流程等宣传,让"法务网格工程"家喻户晓。开辟"法务工作进网格"专栏,及时更新法务进网格工作动态、宣传法律法规、反映特殊帮扶等情况,为社区群众提供便捷高效的法律服务。同时,公布司法行政试点社区法律服务人员、法制宣传教育志愿者、街办法务中心人员、试点社区法务工作站人员、社区法务联络员、义务调解员、法律服务专业人员等人员的姓名和联络方式,方便群众咨询和提供上门服务。

猇亭区司法局"法务网格工程"试点工作在启动 1 个月内,结合法务网格工程实施内容,3个试点社区网格员发放法务需求调查表3000余份,为社区居民提供法律咨询1500人次,为12名社区矫正人员和35名安置帮教对象建立了关爱帮扶台账,开展集中法制宣传5次,开展集中矛盾纠纷排查1次,调处矛盾纠纷11起。

第五,试点引路,再添措施,着力加强"法务网格工程"机制建设。一是适时召开试点工作推进会,及时总结试点工作经验,为全区所有社区顺利推进"法务网格工作"奠定基础。二是争取街办党(工)委支持,将"法务网格工程"纳入年度综合考核内容,纳入社会治安综合治理目标考核内容,纳入社区(居、村)干部和网格员绩效考核挂钩内容,将法务网格员纳入先进模范表彰范围。三是及时总结,稳步推进。及时总结工作经验,认真研究解决困难和问题,不断改进工作措施,确保工作取得实效。充分利用宣传媒体广泛宣传"法务网格工程"工作中的好人、好事、好经验和好作法,彰显司法行政职能作用,树立司法行政机关的良好社会形象,为深入推进"法务网格工程",强化基层社会管理创新营造良好的工作氛围。

猇亭区2012年1—5月"法务网格工程"试点情况统计表

试点街道(个)	试点社区(个)	试点社区网格(个)	法务工作队伍情况				
			人民调解员(名)	法律服务专业人员(名)	法制宣传员(名)	特殊人群关照员(名)	法律援助协办员(名)
1	3	22	46	13	46	10	9

法务网格工作情况

人民调解进网格					法制宣传进网格					法律服务进网格			社区矫正安置帮教进网格					
排查受理矛盾纠纷(件)	调解成功(件)	防止民转刑案件(件)	防止群体性上访(件)	(人)	组织开展法制宣传活动			组织法制专题讲座		提供法律咨询(人次)	代办法律援助(件)	提供公证预约(件)	特殊人群数		关照帮扶工作			
					活动场次	参加活动人数	发放宣传资料	场	人				社区矫正人员(名)	刑释解教人员(名)	提供就业培训(名)	帮助安排就业(名)	落实困难救济(名)	帮助申请办理低保(名)
11	11	0	0	0	5	1500	1500	0	0	1500	0	12	12	35	0	0	0	0

4. 西陵区试点实施"法务网格工程"的情况

西陵区司法局坚持以人为本、服务民生,以社会管理"一本三化"新体系为依托,以满足群众基本法律事务需求为出发点,以将司法行政服务职能延伸到基层为落脚点,全面推进"法务网格工程",通过整合司法局、街道、社区、律所和其他社会服务机构的多方力量,建设融"三大职能"(法制宣传、法律服务、法制保障)、"九项工作"(法制宣传、律师服务、公证服务、基层法律服务、法律援助、司法鉴定、人民调解、社区矫正、安置帮教)为一体的综合服务体系,从而为群众第一时间提供法律服务,第一时间提供法律援助,第一时间排查化解矛盾纠纷,第一时间关照特殊人群,有效维护了群众合法权益和社会和谐稳定。该区"法务网格工程"试点工作情况如下:

(1)结合自身情况,满足群众法律事务新需求实施"法务网格工程"

西陵区司法局编制 26 人,目前在岗的只有 18 人,人员缺口较大。司法局下辖七个司法所,其中仅西陵司法所有 2 人,学院、云集和窑湾司法所均为 1人,葛洲坝、西坝和夜明珠司法所工作人员均由机关科室的科长兼任。实施"法务网格工程",通过整合司法行政干部、律师、公证员、社区网格员、基层法律服务工作者、基层人民调解员、社会志愿者等多方力量,调动了更加广泛的社会资源开展法务工作,有助于缓解基层司法行政力量短缺的问题,提高基层司法行政工作的效率和水平。

随着经济发展与社会进步,基层群众对法律事务的需求也日益增长。西陵区作为宜昌市的中心城区,居民对司法行政服务职能有更高的要求和期待。为满足基层群众法律事务的新需求,服务西陵区科学发展和跨越式发展,司法行政系统必须改变过去被动的服务模式。实施"法务网格工程",借助信息化管理,建立以社区(村)为依托、以网格为基础的司法行政服务新体系,打造法律事务进网格工作新平台,把司法行政职能延伸到社区(村)网格,实现主动为群众提供优质、便捷、高效的法律服务。

(2)"法务网格工程"的做法和成效

①提高思想认识,抓好科学统筹

第一,统一思想、提高认识。2012 年年初,区司法局局长多次就"法务网格工程"向区委、区政府、区委政法委进行专题汇报,争取区领导支持。区委、区政府将"法务网格工程"列为 2012 年督办的重点工作,并纳入年终考核项目。5 月 8 日,由西陵区社会服务管理创新综合试点工作领导小组下发《区创新办批转〈西陵区司法行政系统"法务网格工程"实施方案〉的通知》,督导全区各单位和部门认真贯彻执行。2012年5月14日,西陵区司法局组织各试点街道和社区的相关负责人召开"法务网格工程"试点工作推进会。区委政法委书记、市司法局基层科科长出席会议,对"法务网格工程"的工作措施和推进步骤进行了安排部署。为更好地开展工作,西陵区司法局拟向区创新办申请"法务网格工程"工作专项经费5万元。

第二,加强领导、落实责任。自"法务网格工程"启动后,局党组迅速成立"法务网格工程"领导小组,局党组书记、局长担任组长,党组成员、副局长任副组长,局机关各科室负责人为成员。领导小组下设办公室,办公室设在基层科,具体负责整体谋划、工作推动、综合协调和指导督办等。构建党组统一领导,局党组书记亲自抓、负总责,基层科科长具体抓、负主责,各科室和司法所共同参与、齐抓共管、各负其责的工作机制。

第三,试点先行、有序推进。西陵区司法局在充分调研全区各街道和社区的现实状况和实际需求后,选择西陵街道和云集街道2个街道办事处,以及西陵街道的乌龟碑社区、铁路坝社区、土街头社区、石板溪社区,学院街道的四方堰社区和云集街道的果园路社区这6个社区先行试点。试点街道"法务指导中心"和试点社区"法务工作站"均按照计划正式投入运行,实现了标牌、机构、职责、流程、制度和台账的"六统一"。

②加强组织领导,建设"三级组织体系"

第一,建立"三级组织体系",搭建服务平台。在街道依托综治信访维稳中心建立了"法务指导中心",中心主任由街道综治信访维稳中心主任兼任,司法所所长担任副主任。在社区依托综治信访维稳站建立了"法务工作站",站长由社区综治信访维稳站站长兼任,社区人民调解委员会主任担任副站长。在社区依托网格建立法务工作网格,将网格管理员全部吸纳为"法务联络员"。街道办事处将司法行政网格化服务管理机制和成效纳入对社区《千分制考核细则》中,考核分值占整个司法所对社区考核分值的23.3%。社区法务工作站每月对法务联络员的工作情况进行百分制考核,实行统一检查、统一考评,考核成绩纳入全年对网格员的目标考核兑现中。严格实行奖惩机制,层层考评、层层负责,确保工作取得实效。

第二,构建"三项运行机制",规范服务流程。制定《法务指导中心工作职责》《法务指导中心工作流程图》《法务指导中心组织网络图》等制度,并统一制作、上墙。建立三级平台管理机制(网格法务联络员"日排查、即处理"制度、法务工作站"周碰头"制度、法务指导中心"月例会"制度),法务诉求快速反应机制(法务联络员及时了解网格居民的法务需求,通知相关法务工作队伍进行处理;法务工作人员无法处理的,及时上报社区法务工作站;法务工作站无法处理的,及时上报街道法务指导中心)、法务信息综合支撑机制(以电子政务和互联网为基础,在司法所建立法律事务信息管理平台)。

第三,强化"三级平台职责",完善服务内容。街道"法务指导中心"的主要职责是负责辖区法务工作站的业务指导;负责法务工作队伍的组建和业务培训;帮助法务工作站健全制度,规范工作流程和工作台账;对法务工作站工作进行检查考核。社区"法务工作站"的主要职责是:解答居民法律咨询,引导居民依法维护自身合法权益;组织开展法制宣传教育活动,提高居民法律意识;组织开展纠纷排查和调处工作,及时化解矛盾纠纷;协助管理刑释解教和社区服刑人员,提供帮教服务;为经济困难的居民联系法律援助服务;为有需求的居民联系律师、公证和司法鉴定专业服务。"法务联络员"的主要职责是:收集居民法律事务服务需求信息;开展矛盾纠纷排查、简单纠纷化解和不稳定信息上报;帮助有法律事务需求的居民联系法务人员提供服务和帮助。

③整合社会资源,组建"五支法务工作队伍"

第一,组建"五支法务工作队伍",充实服务力量。街道法务指导中心将社区网格管理员全部吸收为网格"法务联络员",同时整合辖区司法行政干部、律师、公证员、基层法律服务工作者、基层人民调解员、社会志愿者等各方力量,组建了五支法务工作队伍。一是人民调解员:每个网格选聘1~2名义务调解员,协助社区调解和化解矛盾纠纷。二是法律服务专业人员:整合司法行政干部、律师、基层法律服务工作者、公证员力量,每个网格确定一名法律服务专业人员,为居民提供义务法律咨询和法律服务。三是法制宣传员:每个网格聘请1~2名法制宣传员,有针对性地进行法律宣传教育,提高居民法律素质。四是特殊人群关照员:按照1∶5(1名志愿者关照5名对象)的比例,建立刑释解教人员和社区矫正人员关照员队伍,协助开展教育、管理、矫治、帮扶工作。五是法律援助协办员:吸纳离退休的法官、检察官、法律服务从业人员和大中专院校法律专业学生,在社区建立一支3~5人的法律援助志愿者队伍,为居民提供法律援助服务。

截至目前,西陵街道、云集街道、学院街道所有试点社区共组建了193人的人民调解员队伍、34人的法律服务专业人员队伍、175人的法制宣传员队伍、53人的特殊人群关照员队伍、45人的法律援助协办员队伍,形成了以网格为基础的司法行政服务新体系。

第二，加强管理培训，提高服务质量。社区法务工作站制作了法务需求调查表，编制了《社区网格法务联络员名册》台账，给每一名法务联络员配备了一本《日常工作记录手册》，以表格化的方式记载了居民预约法律服务、申请法律援助的情况，同时也以台账的形式反映了网格内简单矛盾纠纷的调处，特殊人群接受监管关爱的情况，确保法务工作落到实处。法务工作站站长每周组织法务联络员召开一次工作例会，分析研判法务联络员上报的法律事务需求信息，针对疑难问题及时协调解决，加强跟踪督办和信息反馈。街道法务指导中心每月组织开展一次法律专业知识培训，定期安排法务联络员参加法律知识学习，对其开展法律援助、人民调解、社区矫正安置帮教和法制宣传工作进行规范与指导。

④创新体制机制，推进"四进网格"

第一，法律服务进网格，解决群众困难。健全法律服务工作网络，依托社区法务工作站建立法律服务站，将法律服务延伸到社区网格，方便群众就近申请、就近受援。加强网络平台建设，确保服务质量标准化、工作运行信息化。以老年人、未成年人、残疾人、五保户和特困户为重点法律帮助对象，对行动不便和有紧急事项的居民上门提供法律服务；法务联络员上门了解居民有关法律援助、公证、司法鉴定等专业法律服务需求，及时联系法律援助中心、公证处和司法鉴定中心，为其提供预约服务，并指导其做好相关资料准备。

被四方堰社区居民称为"上访专业户"的熊某某，没想到年过花甲，上访之路终于可以停下。熊某某家住方堰路 38-105 号，几年前，因一宗房屋门面纠纷与一家房地产公司发生了矛盾，之后不停上访，从区里到市里，甚至还想到北京上访。法务联络员得知这一情况后，与社区法律服务专业人员多次上门劝解，告知他运用法律手段，通过正常途径维护自己的合法权益，并帮助他申请法律援助。最后，经过司法程序，终于将这一房屋门面纠纷案圆满解决，熊某某紧锁了几年的眉头也终于舒展开来。

截至目前，试点社区共为居民提供法律援助 3 起，为居民上法制课 27 次，参加人数 700 余人次，上门为残疾人、老年人办理法律服务 29 人次。

第二，人民调解进网格，及时化解纠纷。根据矛盾纠纷的程度和性质，确定不同的调解流程。简单纠纷由网格法务联络员现场调解、就地解决；一般纠纷由法务工作站即社区人民调解调委会主持调解；复杂纠纷由街道法务指导中心即司法所组织调解；疑难或易激化的纠纷，依托综治信访维稳平台录入社会矛盾联动化解信息管理系统，梳理、划分矛盾性质后分流处置；需要及时处理的矛盾,上报到对应的区直、市直部门受理;需要多方协调的矛盾,上报到市区两办一局联合调处;特别重大的矛盾,上报到市综治信访维稳联席会。

方堰路38号一栋居民宿舍楼,下水道经常堵塞,居民反响大,这栋楼都是些散居户,没有产权单位来承担维修责任,须由住户共同承担处理,因长期无人组织维修存在着纠纷隐患。社区法务联络员在知晓这一情况后,与调解员一起主动上门做工作,经过多次协调,终于说服每户居民拿出200元,交给一名住户代表全权处理,隐患得以彻底解决,也将矛盾纠纷化解在网格,化解在萌芽状态。

截至2012年5月底,试点社区共开展矛盾纠纷大排查148次,排查矛盾纠纷142件,防止群休性上访1件,调解矛盾纠纷142起,调解成功142起,调解成功率达到100%。

第三,社区矫正安置帮教进网格,帮助回归社会。法务联络员和特殊人群关照员以"管控网格化"为手段,每月逐一走访管控对象,及时了解和掌握他们的思想、生活状况,对帮教对象加强日常监管的同时,进行思想帮教、心理疏导和困难帮扶,形成"发挥网格管理优势,运用电子政务平台,实时掌控重点信息,教育监管无缝对接"的常态工作机制。对"无家可归、无业可就、无亲可投"的社区服刑人员、刑释解教人员给予人文关怀,及时提供就业培训、低保、困难救济服务,加强部门协调联动,实现帮扶解困社会化,帮助其顺利回归社会。

何某某年轻时因哥们义气,参与群体斗殴,打架伤人后被判刑。入狱后妻离子散,刑满释放后无家可归,在社区一个破棚子里居住,天穿地漏,下雨屋里成河,连起码的生活用具都没有。他整天游手好闲,生活落魄,成了社区一个极不和谐的因素。法务联络员在走访的过程中,了解了何某某的情况后,立即发动网格内的关照团队成员、社区工作室党员和社区入党积极分子20多人,为社区特困户何某某打扫卫生、清晒衣被、修理住房,为他安装了电灯,并送去了食品及锅碗瓢盆等日常生活用品。同时在联络员的带动下,居民群众也纷纷自发捐款捐物,筹集3000多元,为他彻底翻修了房屋,买了家具,连日常用的引火柴都帮他劈好,让他过上了正常的生活。

截至2012年5月底,试点社区共为特殊人群提供就业培训20人、帮助就业11人、落实困难救济35人、帮助申请办理低保8人。

第四,法制宣传进网格,提升法律素养。借助社区的平台效应,利用市民讲坛、市民学校,突出"大家来讲法"的普法特色。整合各职能部门(文体局、建管局、民政局）的资源和优势，加强社区法治文化建设，完善社区公共场所法制宣传教育阵地建设。利用覆盖各社区的法制宣传专栏、法制宣传海报，以点带面，深入推动普法宣传工作。组织区属各律师事务所开展"律师进社区"专题活动，定期开展法制讲座，提供法律服务，宣传法律知识。结合各类主题实践活动和节日，围绕群众关心、关注的社会热点问题，及时有效地开展法制宣传活动。

截至 2012 年 5 月底，试点社区共上街设宣传咨询点 16 次，制作法制宣传栏 38 期、宣传展板 27 块，悬挂宣传横幅 35 条，粘贴标语 2000 余条，举办法制讲座 7 场，发放宣传资料 5100 余份，为辖区居民和社会群众提供法律咨询 80 余人次。

西陵区 2012 年 1—5 月"法务网格工程"试点情况统计表

试点街道（个）	试点社区（个）	试点社区网格（个）	法务工作队伍情况				
			人民调解员（名）	法律服务专业人员（名）	法制宣传员（名）	特殊人群关照员（名）	法律援助协办员（名）
3	6	94	193	34	175	53	45

法务网格工作情况

人民调解进网格					法制宣传进网格					法律服务进网格			社区矫正安置帮教进网格					
排查受理矛盾纠纷（件）	调解成功（件）	防止群体性上访	防止民转刑案件数		组织开展法制宣传活动			组织法制专题讲座		提供法律咨询（人次）	代办法律援助（件）	提供公证预约（件）	特殊人群数	关照帮扶工作				
		（件）	（件）	（人）	活动场次	参加活动人数	发放宣传资料	场	人				社区矫正人员（名）	刑释解教人员（名）	提供就业培训（名）	帮助安排就业（名）	落实困难救济（名）	帮助申请办理低保（名）
142	142	0	1	11	16	1671	5100	7	785	80	3	0	36	159	20	11	35	8

四、宜昌市试点实施"法务网格工程"的内容与特色

宜昌市司法局基层科在调研的基础上，按照上级有关文件要求，结合司法

行政系统工作实际,制定了《法务网格工程实施方案》和工作流程图,经过局领导多次修改和审定,形成了征求意见稿。该《实施方案》明确了司法行政法律事务进网格工作的指导思想、基本原则、工作目标、组织网络体系、运行机制、主要工作内容及实施步骤。按照实施方案,宜昌市法务网格工程的总体构想是:按照加强和创新社会管理的总要求,立足司法行政工作职能,探索建立以社区为依托、以网格为基础,建设融"三大职能"(法制宣传、法律服务、法制保障)、"八项工作"(法制宣传、法律咨询、法律援助、公证预约、司法鉴定、人民调解、社区矫正、安置帮教)为一体的司法行政服务新体系,打造法律事务进网格工作新平台,把司法行政工作扎根到网格,为群众第一时间提供法律咨询服务,第一时间提供法律援助帮助,第一时间提供特殊人群管控帮教,第一时间排查化解矛盾纠纷,让百姓切实感受到"法律服务就在我身边"。从前述各试点区、街道办和试点社区试点的情况可知,宜昌市"法务网格工程"试点实施阶段,主要以"4353"工作内容为重点,整体推进司法行政法律事务进网格:

(一)主动融合,打造"三级法务工作平台"

以街道、社区综治维稳信访工作中心、站为依托,建立"三级平台"组织体系,把司法行政法务网格工程系统纳入全市社会管理创新"一本三化"新体系,凸显司法行政的社会服务管理职能优势。①在街道依托综治信访维稳工作中心建立"法务指导中心",中心主任由街道综治信访维稳工作中心主任兼任,司法所长担任副主任,负责辖区法务工作站的业务指导。②在社区依托综治信访维稳工作站建立"法务工作站",站长由社区综治信访维稳站站长兼任,社区人民调解委员会主任担任副站长,负责解答居民法律咨询,组织开展法制宣传教育活动,组织开展纠纷排查和调处工作,协助管

理刑释解教和社区服刑人员,为经济困难的居民联系法律援助服务,为有需求的居民联系律师、公证和司法鉴定专业服务。③在社区依托网格建立法务工作网格,网格管理员履行"法务联络员"职责,负责收集居民法律事务服务需求信息,开展矛盾纠纷排查、简单纠纷化解和不稳定信息上报,帮助有法律事务需求的居民联系法务人员提供服务和帮助。

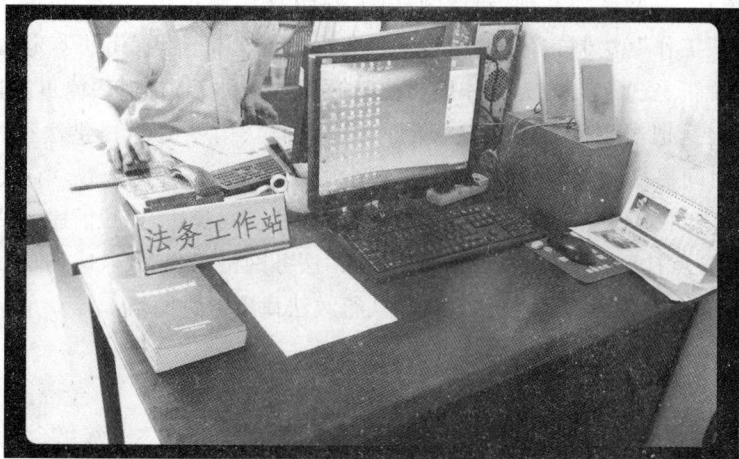

"法务网格工程"的开展的硬件保障

(二)整合资源,建立"五支法务工作队伍"

充分整合三方面力量,即:司法行政机关工作人员、各类法律服务人员以及基层人民调解员、专职社会工作者、网格管理员、社会志愿者等社会力量,建立五支法务工作队伍。①人民调解员。每个网格选聘1～2名义务调解员,协助社区(村)调解和化解矛盾纠纷。②法律服务专业人员。整合司法行政干部、律师、基层法律服务工作者、公证员力量,每个网格确定1名法律服务专业人员,为居(村)民提供义务法律咨询和法律服务。③法制宣传员。每个网格聘请1～2名法制宣传员,有针对性地进行法律宣传教育,提高居(村)民法律素质。④特殊人群关照员。按照1∶5(1名志愿者关照5名对象)的比例,建立刑释解教人员和社区矫正人员关照员队伍,协助开展教育、管理、矫治、帮扶工作。⑤法律援助协办员。吸纳离退休的法官、检察官、法律服务从业人员和大中专院校法律专业学生,在社区(村、居)建立一支3～5人的法律援助志愿者队伍,为居(村)民提供法律援助服务。

(三)建立三项工作运行机制,实行"扁平化"管理与服务

1. 建立法务诉求快速反应机制

居民向网格管理员提出需求信息时,由网格管理员上报法务工作站,通知相应的法务人员进行处理,涉及矛盾纠纷的,通知人民调解员上门现场调解;涉及法律服务的,通知法律服务专业人员解答;涉及社区矫正安置帮教的,通知特殊人群关照员提供服务;涉及法律援助的,通知法律援助协办员提供帮助。涉及居民专业法律服务需求时,由法务工作站站长为居民联系指定的律师事务所、基层法法律服务所、公证处、法律援助中心、司法鉴定中心(所)提供专业法律服务。

2. 建立"三级平台"管理机制

建立法务指导中心"月例会"制度、法务工作站"周碰头"工作制度和法务联络员"日排查、即处理"制度,分析研判辖区法律事务需求信息和矛盾纠纷信息;针对重大疑难纠纷、重点人口特殊情况研究解决方案和针对性措施;收集居民法律事务需求信息,并即时按工作流程处理,加强跟踪督办和信息反馈。

3. 建立法务信息综合支撑机制

充分发挥信息化的综合支撑作用,以电子政务和互联网为基础,建立法律事务信息管理系统。在"社区E通"和"社区综合服务系统"中完善"社区法

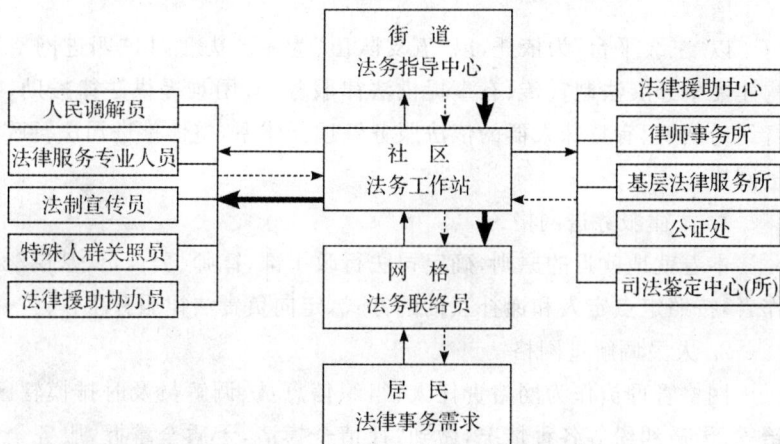

注:　——→ 代表自下而上需求处理工作流
　　　━━▶ 代表自上而下业务指导工作流
　　　┄┄▶ 代表需求处理结果信息反馈流

法务指导中心工作流程图

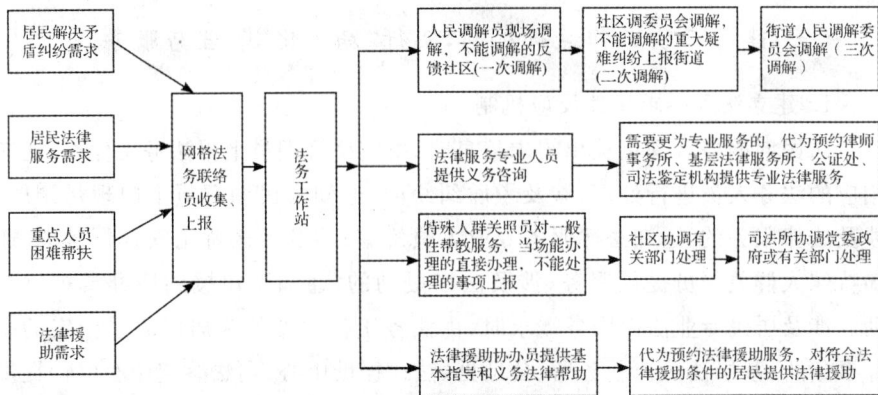

法务工作站工作流程图

务"模块,集成主要法务功能,便于网格员及时收集、反映法律事务需求信息;提升司法行政门户网站的互动服务功能,在司法所建立法律事务信息管理平台,为居民提供人民调解、法律咨询服务;加强各类服务管理人员和对象的基本信息库建设,在全市人口基础信息系统上通过不同图层,实现实时展现、动态管理;在市区两级司法行政机关建立统一的"法务指挥平台",上下联动,增强快速反应、统筹运行的能力。

(四)推进司法行政法律事务"四进"网格,构筑一体化综合服务体系

以"三级平台"为依托,以"五支队伍"为主要力量,以"四进网格"为载体,构建无事开展法制宣传、有事提供法律服务、有困难提供法律援助、有问题进行纠纷调解、有特殊人群的依法服务管理新体系,整体推进司法行政法律事务进网格。

1. 法律服务进网格

本着就地就近的原则,确定司法行政干部、律师、公证员、基层法律服务工作者,按照定点定人和递补互助的方式,定向负责法律服务工作。

2. 人民调解进网格

网格管理员作为网格责任人,组织信息员、调解员及时排摸辖区内人口、治安、矛盾纠纷等各种情况,做到"社情全摸清,矛盾全掌握,服务全方位",充分发挥化解矛盾纠纷的"第一道防线"作用。

3. 社区矫正安置帮教工作进网格

以"管控网格化"为手段,实时掌握本网格内重点人员动态,逐一走访管控

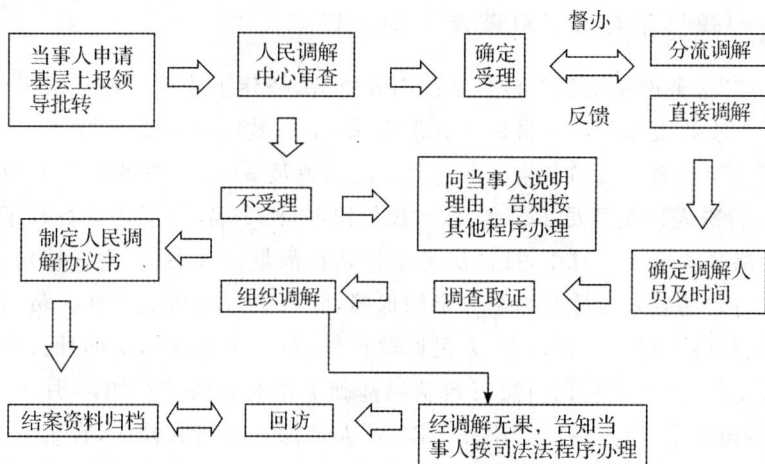

人民调解中心工作程序示意图

对象,及时提供帮教服务,做到底数清、情况明、帮教管控到位,确保不发生"脱管、漏管",最大限度降低重新违法犯罪率。

4. 法制宣传进网格

广泛发动和组织法制宣传教育工作者、普法讲师团成员、普法志愿者深入基层群众,组织开展形式多样的送法活动。结合各类主题实践活动,利用"12·4"等时段、节点,组织开展重点主题法律宣传教育活动。收集居(村)民法律需求信息,以及对法制宣传教育工作的意见和建议,提高法制宣传工作的针对性。

五、"法务网格工程"试点实施取得的成效

宜昌市司法局在试点过程中,先后两次召开会议布置试点,及时组织专项检查。中心四个城区司法局成立了一把手任组长的领导小组及办公室,分别向当地党委、政府和政法委专题汇报,其中,西陵、猇亭的实施方案分别由区创新办和区政法委转发实施,西陵区"法务网格工程"被列入全区创新项目。市司法局在6月4日召开8个试点街道和15个试点社区主要负责人座谈会;6月20日召开现场会,在全市司法行政系统全面推广实施"法务网格工程"。试点实践证明:宜昌推进实施"法务网格工程"取得了明显成效。

(一)强化了司法行政基层基础工作

实施"法务网格工程",整合系统内外资源,搭建了法务工作三级平台,组建了五支法务工作队伍。自试点开展以来,中心城区 8 个试点街道、15 个试点社区、178 个法务工作网格,共组建人民调解员 370 名、法律服务专业人员 114 名、特殊人群关照员 122 名、法律援助协办员 77 名,基层司法行政工作力量在网格整合聚集。其中,社区法务工作站长都是社区书记、主任担任,加强了司法行政基层领导体制力量和组织保障,除司法行政机关工作人员、律师、公证员、基层法律服务工作者、人民调解员外,调动了更加广泛的社会资源开展法务工作,探索了强化司法行政基层基础工作的新路径。如,5 月 15 日上午,西陵司法所长组织社区"法务工作站"人员深入土街头社区,在第 22 个全国助残日到来之际,在 12 号网格盲人宿舍大院开展了"送关爱、送法律、送文艺"活动,为残疾人和居民朋友宣讲法律知识,提供法律咨询和帮助,现场发放法律宣传资料 100 余份,为残疾人解答了法律方面的疑问,辖区残障人倍感温暖。伍家岗区韩家坝社区通过"五个一"对接法务工作与居民需求。每月开展一次"法律进社区"活动,将法制宣传资料、法律服务信息送到网格;每季度开办一期社区法制课堂,辅导社区普法骨干、居民代表学习法律知识;向居民公示一部法律服务联系电话,对法律援助、公证等专业法律服务要求,由法务工作站代为预约法律服务、法律援助机构;建立一本重点帮助对象服务台账,为老年人、未成年人、残疾人、五保户、特困户上门提供法律服务;建立一个社区法律图书角,定期对居民开放,使居民养成遇事找法、解决问题靠法的良好习惯。

(二)强化了特殊人群的服务管理

法务联络员对本网格内的特殊对象掌握、监管、关爱帮扶到位,实时掌握社区矫正对象、刑释解教人员等重点人员变动情况,联合特殊人群关照员每月对管控对象逐一走访,开展思想教育、心理疏导,并积极提供就业培训、低保、困难救济等帮扶服务。试点法务工作站试点以来已累计为 89 名社区矫正人员和 244 名刑释解教人员提供就业培训,帮助安排就业 14 名,落实困难救济 35 名,申请低保 15 名,在监督积极改造的同时,帮助他们树立生活信心,练就生存技能,顺利回归融入社会。如西陵区方堰路 4 号楼"两劳"回归人员秦某,回归后因年龄偏大,无法找到合适工作,面对上有年过八旬的老母、下有上大学的女儿,自感压力过大,无可奈何。社区网格员、特殊人群关照员和社区工作人员到秦某家中了解情况,经常与他交心谈心,开导他积极面对生活,及时帮他找到一份管理农贸市场的工作,办理了养老统筹,解决了他的后顾之忧,现在他对人生重新充满了希望。

(三)促进了司法行政工作规范化建设

目前,各试点街道"法务指导中心"和社区"法务工作站"均已正式投入运行,实现了标牌、机构、职责、流程、制度和台账的"六统一"。试点社区主要做了以下六项规范性工作:迅速培训法务联络员;组建法务工作五支队伍;网格管理员向居民宣传社区法务工作;社区宣传专栏及时更新工作动态、法律法规、特殊困难帮扶等情况;开展居民法务需求调查;编制《社区法务工作站工作记录》《法务工作手册》等表格台账,及时记载反映法务工作情况,促进了基层司法行政工作的规范统一。伍家岗区司法局认真实施"法务网格工程",积极扩大信息员、人民调解员队伍,在组织预防与化解矛盾纠纷的同时,不断规范人民调解工作流程:对一般纠纷,由网格法务联络员及时现场调解;对重点疑难纠纷,及时启动联动机制,按照"社区人民调解委员会——街道人民调解委员会——街道综治信访维稳中心"的流程逐级组织调解或分流处置;对调处结束的纠纷及时回访,督促当事人履行协议,案结事了。如2012年4月底,杨岔路社区法务联络员联系社区人民调解员,经过反复走访做思想沟通和调解工作,终于解决了家住沿江大道165号居民刘先生屋顶多处漏雨长达8年未解决的邻里纠纷。

(四)提升了司法行政工作的地位和作用

宜昌市创新办每月召开工作例会,宜昌市司法局等11个参与全市社会管理创新的重点部门负责人参加会议,汇报上月工作情况,提出下月工作重点需求,宜昌市创新办随后统一下达包括"法务网格工程"工作的具体任务到街道、社区和网格实施,变部门工作为党委政府的中心工作,有力提升了司法行政工作的地位、作用和影响。2012年5月中旬,湖北省司法厅办公室在宜昌调研"法务网格工程"试点情况,调研反映的工作成效得到湖北省司法厅的充分肯定。2012年5月28日至30日,《人民日报》《法制日报》《湖北日报》、湖北电视台、荆楚网、《党员生活》等6家新闻媒体组团到宜昌,先后深入中心城区和夷陵区、当阳市部分街办(乡镇)、社区(村)和市交通事故纠纷、医患纠纷等专业调委会,深度采访报道宜昌市司法行政机关实施"法务网格工程"创新社会管理、构建大调解工作体系、促进社会和谐稳定的新做法和新成效。

(五)为普通百姓构建了一种低成本权利救济机制

在我国当前单位社会逐渐走向解体的过程中,弱势群体依赖单位获得低成本权利救济的机会越来越少,在不断强调建立多元化的纠纷解决机制过程中,建立和完善适合弱势群体的低成本的权利救济机制应该是重要的考量因素。法务网格实际上就是一种弱势群体低成本权利救济机制构建的探索。

20世纪50年代至70年代末,中国社会宏观结构是一个单位社会,国家对社会的整合与控制更多的是依靠单位来实现的。在单位社会中,人们以服从和依赖作为代价,从单位组织换取自身生存与发展的资源、利益或机会。这些资源自然也包括自己的权利遭到他人侵害时可以依赖单位的力量来获得救济。因此,在单位成员遇到纠纷需要解决时,如果有单位的力量介入,常常就能够比较顺利地将纠纷予以解决。这对纠纷当事人而言,不仅在于遇到纠纷有单位可以依赖,而且这种纠纷解决方式的成本十分低廉。

20世纪80年代以后,我国的单位社会开始转向"国家—社区、社会团体—个人"的社会管理体制。在这个社会结构的嬗变过程中,一方面,随着改革开放的深入推进,各单位组织逐渐由"管理型单位"向"利益型单位"转化,单位所承载的意识形态因素和政治要素逐渐淡化,各单位并不将组织成员个人的纠纷解决视为其主要的职能,其必然的后果是单位的纠纷过滤能力大大降低。另一方面,我国社会的原子化趋势逐渐明显,即社会上出现了数以亿计的"非正规性就业人群"。该群体长期游离于组织之外,并事实上成为弱势群体的主体力量,他们在失去了原来依赖的单位组织的同时,也失去了一种低成本的权利救济方式。

为这些原子化状态的群体找到可依赖的单位组织,并且还找到一种成本低廉的权利救济的渠道,就成为当下我国政府化解社会矛盾,实现有效社会管理的重要任务之一。"法务网格工程"构建的"三级平台"组织体系、五支法务工作队伍和三项运行机制就是一种为普通百姓提供低成本权利救济机制构建的一种有益尝试。网格管理员履行"法务联络员"职责,借助"一日双巡"等有效方式,及时收集反映居民法律诉求,法务工作人员在第一时间提供法律咨询和法律帮助,群众不出社区就享受便捷优质的法律服务。

"法务网格工程"的实施在为普通百姓提供低成本权利救济的同时,还推动了社会公平、正义等价值观的整合。普通百姓最明显也是最急迫的问题常常被认为是物质生活的问题,其价值观整合问题由于种种原因一直未能得到应有的重视,其直接的后果就是在纠纷解决过程之中,常常表现为纠纷主体之间由于价值观的差异影响到纠纷当事人对社会公平与正义的观念理解,影响到纠纷解决过程中共识的达成,最为明显的就是拆迁案件中,漫天要价的"刁民"与贪官、黑心开发商以及官商勾结的刻板印象使得人们在对此类纠纷作出判断时往往不问事实本身究竟如何,自然极大地阻碍了此类纠纷的妥当解决。法务网格这种低成本的权利救济机制以社区为组织依托,在法律服务过程中,不断与当事人进行沟通,在沟通的过程中不但实现了普通百姓低成本的权利救济,也使得普通百姓在这种低成本的权利救济过程中逐渐认同了社区这一新的组织,形成了对社区的依赖。更重要的是法律服务的提供者在与当事人进行沟通的过程中还起到了整合社会价值观的作用,进而断推动着社会共识的凝聚。

第三节　宜昌市"法务网格工程"全面实施阶段的情况分析

按照《宜昌市司法行政系统"法务网格工程"实施方案》的要求,全市"法务网格工程"按四个步骤实施,全面实施阶段自 2012 年 7 月开始,通过对试点阶段取得的经验进行总结后,在全市全面实施"法务网格工程"。这一阶段除了推广试点阶段"法务网格工程"的主要做法之外,宜昌市司法局还将法务工作站建设纳入全市司法行政系统年度考核体系,并作为各地评选先进司法局和省级规范化司法所的必备条件。组织开展法务工作站建设示范点创建,并结合司法行政工作年度总结,表彰一批工作成绩突出的先进集体和先进个人。为进一步深入推进"法务网格工程"的实施,宜昌市司法局分别于 2013 年 2 月 20 日和 2013 年 4 月 10 日发布了《关于深入推进"法务网格工程"促进法治宜昌建设的意见》和《关于加强全市法务工作队伍教育培训工作的意见》。2013 年 9 月初,宜昌市司法局又制定出台了《宜昌市"法务网格工程"工作细则》。

一、"法务网格工程"全面实施阶段各区县实施情况介绍

(一)典型社区(村)法务网格工程实施情况

1. 枝江市董市镇马家冲村"法务网格"工程实施情况

枝江市董市镇马家冲村辖三个村民小组,面积 7.8 平方公里,有村民 539 户 1706 人,低保对象 23 户 47 人,残疾人 52 人,共划分 9 个网格,配备网格员 9 名。在枝江市司法局、董市司法所的支持下,针对村民的法律需求,以"四进"网格为载体,进一步延伸司法行政工作触角,全面推进法务进网格工程。

(1)加强领导,构建完备的村法务工作体系

①建立立体化法务工作站。村建立"法务工作站",由该村书记兼任法务工作站站长,村人民调解委员会主任担任副站长,村 9 名网格员担任法务联络员,成立法律服务、人民调解、村矫正安置帮教、法制宣传五支法务网格工作队伍。

②建立规范化法务工作流程。按照网格化管理方式,将法务与社会管理并网运行,形成网格员—村工作站—镇司法所三级信息处理和法律服务平台。首先由网格员将各类信息进行全面收集并及时上报到村法务网格工作站,其次,由村法务网格工作站对信息进行分类,属于人民调解范畴的需求,村法务网格工作站安排人民调解员现场调解,不能调解的反馈到村委会,由村人民调解委员会调解,村不能调解的重大疑难纠纷上报镇工作站;属于特殊人群关照的需求,村法务网格工作站安排特殊人群关照员当场办理;各项法务工作直达村民,最大程度地方便了村民。

③建立常规化法务工作队伍。一是在村党员中选聘有一定协调和沟通能力的老党员组成义务调解员队伍;二是聘请司法行政干部、律师、基层法律服务工作者为法律服务专业人员队伍;三是由网格员和村志愿者组成的法制宣传员队伍;四是邀请村民中的热心人和村专职工作者,专门建立的刑释解教人员和村社区矫正人员志愿者队伍,协助开展教育、管理、矫治、帮扶工作;村现有 9 名人民调解员、聘请了 2 名法律服务专业人员、12 名法制宣传员、3 名特殊人群关照员、3 名法律援助协办员,形成组织网络化、队伍社会化、服务系统化的良好局面。

④建立常态化法务网格管理。法务联系员实行日排查制,每天都要进行

入户排查,并做好配发的《法务工作手册》的记录,每周召开法务联络员例会,法务联络员反馈网格各项工作情况,提出工作建议,将网格内的各项疑难问题提交法务工作站进行协调解决。法务工作站加强反馈信息的督办和检查力度,确保法务工作落到实处。

(2)"四进"网格服务群众

①法律服务进网格,帮扶弱势群众。董市镇马家冲村在实施法务进网格活动中,注重对特殊和困难人群的帮扶,对老年人、未成年人、残疾人和特困户提供上门义务法律服务活动,为有法律需求的困难村民,法务工作站协助向有关专业机构进行联系,义务指导村民做好相关资料准备。从开始实施法务网格工程以来,法务工作站共为为老、弱、病、残等特殊群体办理上门法律服务12人次。

②人民调解进网格,及时化解纠纷。由网格员、村法务工作站、镇调解委员会、各法律专业部门层层联动调处矛盾纠纷。网格内的矛盾,由网格员和义务调解员现场进行解决,如当场调解无效,上报到村法务工作站,由法务站当班人员会同村人民调解委员会参与调处,2012年实施法务网格工程后,村共受理矛盾纠纷15件,调解成功15件,调解成功率达100%。

③社区矫正安置帮教进网格,监督管理到位。村建立了社区矫正对象、刑释解教人员信息台账,由法务网格员和特殊人群关照员对他们定期进行思想帮教、心理疏导、困难帮扶,矫正其犯罪心理和行为恶习,预防特殊人群再犯罪,帮助他们积极融入、顺利回归社会,做到"情况掌握到位、监督管理到位、关爱帮扶到位"。村内2名刑释解教人员和1名村矫正人员都得到有效的管控。对矫正对象张某,村及时帮助他想办法就业,为解决其生活问题,村委会立即研究决定将三组闲置的10余亩堰塘无偿地交给他发展养殖业。后来还根据他有烹调、厨艺等特长,在姚家港社区居委会找到一处门面,让他在此开了一家集早点、快餐于一体的小餐馆,同时帮助他在信用社贷款3000元作为铺底资金。经过一年多的经营,他的生活不仅得到了改善,而且每月有盈利1000多元,通过这些努力,使他顺利回归社会。

④法制宣传进网格,普法宣传多样化。村积极开展各类法制宣传活动,采取发放宣传资料、悬挂宣传标语、开办法制讲座等多种形式的法制宣传活动,有效地激发了村民的学法热情,提高了村民的法律意识和法律素质,构建了和谐的村民关系。2012年实施法务网格工程后,村共组织开展法制讲座2次,宣传栏5期,发放各类宣传资料3000余份,为60余名群众进行了法律咨询

解答。

在村民走访调查中得知,随着普法教育活动的持续开展,村民群众法律意识不断增强,但法律知识面、法律条款的掌握程度都还不够。针对这个问题,董市镇马家冲村法务工作站依托法律专业队伍,在村开展法制主题教育活动,着重宣讲与村民生产生活相关的法律知识。2012 年 5 月村邀请司法所长和法庭庭长为村民进行了婚姻法、征地拆迁等方面法律知识讲座,受到村民的好评。

2. 当阳市王店镇"法务网格工程"实施情况①

当阳市王店镇 16 个法务工作站始终坚持"创新服务、以人为本、司法为民"的工作理念,依托村(居)网格大力实施"法务网格工程",初步形成了"三个第一"的法务网格工作模式,取得了实效。第一时间排查化解矛盾纠纷。截至2012 年 12 月底,共排查、调解矛盾纠纷 269 起,调解率 100%,调解成功率98%,防止群体性上访 3 件,无一例因排查不到位或调解不当引发民转刑案件。第一时间提供法律服务。全镇共配有 16 名法律服务专业人员、32 名法制宣传员、16 名法律援助协办员,发放宣传资料 3200 余份,为村民提供法律咨询 800 人次。第一时间关照特殊人群。全镇共配有 16 名特殊人群关照员,专门从事特殊人群关照工作,辖区内所有社区矫正人员无脱管、漏管,其中 8人参加了就业培训,6 人在法务工作站的帮助下实现了就业,2 人得到低保救助。实施法务网格工程让村民不出村就享受到便捷优质的法律服务,更好地维护了社会和谐稳定。

3. 远安县洋坪司法所推进"法务网格工程"的情况

远安县洋坪司法所按上级司法行政部门的要求,有条不紊地推进法务网格工程,其实施情况为:

首先是组建一支优秀的法务网格队伍。洋坪成立了法务指导中心 1 个,法务工作站 23 个,有 165 名成员组成的法务工作队伍。法务网格工程的开展需要大量的志愿者来从事日常工作。洋坪法务指导中心成员通过商议为每个村(居)挑选综合能力和素质较强的人作为各村(居)的法务工作站的站长和副站长。让站长和副站长推选网格员和法务联络员。推选法务网格成员的宗旨是,充分运用社会资源,把退休的和正在从事法律服务的法律工作者、在职和已不在职的村干部、对青少年有重要影响的各学校校长、老师等都吸纳进法务

---

① 《"三个第一"建设"法务网格工程"》,载《人民调解》2013 年第 1 期。

网格。让洋坪法务网格工程这支队伍不仅庞大而且优秀，为全镇各项工作顺利开展打下了坚实的基础。

其次是做好法务网格工程的宣传工作。法务网格工程刚推广，广大群众并不了解，所以广泛的宣传显得尤为重要。法务指导中心一是在例会上给法务工作站站长、副站长介绍法务网格工程，讲解法务网格中的成员的职责和制度，后让工作站站长发动网格员、联络员的力量在村里进行宣传；二是在法务指导中心、法务工作站、网格每个办公点都设有法务网格的相关公示牌，上面公示有相关工作职责、工作制度、各负责人服务内容和联系号码等。使百姓更快了解法务网格，有事马上就能得到法律服务及援助。

再次是扎实开展法务网格工作。法务网格工程前期，由法务指导中心负责对各网格员和法务联络员进行调解技能培训和法律知识培训，让他们能尽快适应自己的工作。接下来让法务联络员实战，零距离地接触群众。让群众更快得到法律援助，更快消除矛盾纠纷，更易学到法律知识，更懂遵纪守法。全镇开展法务网格工程以来，已初见成效，法务网格队伍排查化解各类矛盾纠纷 193 件，为本镇所有社区矫正人员落实了责任田或工作，为特困矫正人员和刑释解教人员落实了低保或社会救济，接受法律咨询 59 次，举办法制讲座 6 次，发放法律宣传单 5000 余份，建法律知识图书角 23 个，组织普法文艺演出 2 场，组织普法知识竞赛 1 次。提高了群众的法律知识和素养，解决了弱势群体困难，预防了犯罪的发生，切实维护了洋坪的和谐稳定。

法务网格工程的开展让洋坪的司法行政工作扎根更深；吸纳资源更广；为人民服务更周到；为人民解困难更迅速；特殊人群的服务管理机制更完善。越来越规范的司法行政工作，越来越受到老百姓的关注与信赖，司法行政工作在老百姓心中的地位和作用也与日俱增。开展法务网格是司法行政工作的创新，也是司法行政工作发展的趋势。洋坪法务指导中心扎实开展工作，坚持做到走千家，访万户，体民心，解民愁，化纷争，送温暖。让越来越多的老百姓明白法律服务并不远，它就在我们身边。

（二）宜昌市各区县"法务网格工程"全面实施阶段的情况

1. 点军区全面实施"法务网格工程"的情况

点军区司法局"法务网格工程"在区委政法委、区创新办的支持和市宜昌市司法局的指导下，按市局统一部署，结合点军区司法局 2012 年初重点工作，于 2012 年 5 月 18 日召开全区"法务网格工程"工作动员部署会，在点军街办朱市街、五龙社区、谭家河社区有步骤地完成了试点阶段的各项工作任务。点军区司法局贯彻落实全市司法行政系统"法务网格工程"相关情况如下：

（1）再添措施全面领会全市司法行政系统"法务网格工程"现场会议精神

在2012年6月20号全市"法务网格工程"现场会召开后，点军区司法局就全市司法行政系统"法务网格工程"现场会概况和会议主要精神第一时间向区委政府主要领导和分管领导进行了汇报，并就下一阶段工作提出工作设想，得到了区委、政府领导的充分肯定。区长高度肯定了在全区推行"法务网格工程"，是将司法行政职能延伸基层、延伸到网格，是加强和创新社会管理的新举措。点军区司法局要把此项工作抓实做好，确保成效，让老百姓真正感受到"法律服务就在我们身边"。

（2）再次动员稳步推进"法务网格工程"工作

2012年7月27日推进会的召开，全面启动了点军区"法务网格工程"实施的工作：

①成立了组织领导机构。点军区司法局成立了局党组书记、局长担任组长，局班子成员任副组长，各业务科室为成员的法务网格工程工作领导小组，领导小组下设办公室，办公地点设在司法局基层科，分管局长任办公室主任，具体负责法务网格工程的日常工作。各街办法务指导中心明确了分管综治副书记为主任，各司法所所长为副主任。各社区（居、村）法务工作站站长由主任兼任，民调主任为副站长。依托网格建立了法务工作网格，网格员兼任法务联络员。

②制定了工作方案。为稳步推进法务网格工程的开展，点军区司法局下发了《点军区司法行政系统法务网格工程实施方案》（点司发〔2012〕21号），成立了点军区司法行政系统实施法务网格工程领导小组，开展试点工作。与此同时，点军街办下发了文件，成立了法务指导中心，各社区也结合实际制定了实施方案。

③召开了动员会。和实施方案一样，点军区司法局结合实施方案召开了动员会。一是5月18日召开全区"法务网格工程"工作动员部署会，在朱市街、五龙和谭家河三个社区启动"法务网格工程"试点工作。二是7月27日，点军区司法局再次召开"法务网格工程"推进会，同时，街办法务指导中心分别召开了动员会。

④统一了工作制度和工作台账。各街办法务指导中心建立了月例会、业务指导、协调运行、请示报告、便民服务承诺、文书档案管理制度，各社区（居、

村)法务工作站建立了人民调解进网格、法制宣传进网格、法律服务进网格、社区矫正安置帮教工作进网格、周碰头、日排查等制度。在宜昌市司法局基层科的指导下统一了各社区法务工作台账、标识标牌以及工作流程。

⑤完成了"五支队伍"培训。一是队伍建设按要求组建。各社区按宜昌市司法局要求组建了"五支队伍",街办法务指导中心对"五支队伍"进行了专门的业务培训工作,提高了队伍的整体素质。

(3)落实了工作措施

一是建立相关制度。点军区司法局将"法务网格工程"纳入局机关科室(干部)周工作责任目标与实绩考核备案制度、司法所及二级单位月度工作目标责任考核通报制度和司法行政年度重点工作(事项)目标责任制度管理体系,坚持周部署、周汇报、月检查、月部署、月通报,加强对"法务网格工程"目标任务的过程管理,每周、每月的考核情况记入科(室)实绩考核档案;街办党(工)委将"法务网格工程"纳入年度综合考核内容,纳入社会治安综合治理目标考核内容,纳入社区(居、村)干部和网格员绩效考核挂钩内容,将法务网格员纳入先进模范表彰范围。二是适时检查推进工作。点军区司法局先后三次组织专班到三个试点社区检查"法务网格工程"的运行情况,看社区法务工作站制度建设、法律事务"四进网格"工作台账以及"五支队伍"建设等情况,全面总结全区"法务网格工程"试点工作情况,交流工作经验,部署全区"法务网格工程"工作。

(4)加强了队伍建设

自2012年5月中旬"法务网格工程"工作开展以来,点军区依托社区网格建立了23个法务工作网格,同进整合三方力量成立了由23名网格员、51名人民调解员(法制宣传员)、11名法律服务专业人员、51名特殊人群关照员、35名法律援助协办员组成的法务工作队伍。采取分级分层培训的原则,对法务工作人员进行了培训,一是司法所所长对社区站长、副站长进行相关台账的业务培训;二是社区法务站负责人对法务联络员就法律事务"四进"网格内容的信息收集上报等工作进行培训指导;三是由司法所长、法务工作站站长就法律事务"四进"网格工作流程及目标任务进行专项培训。

(5)规范了工作台账

①按照宜昌市司法局法律"四进"网格的工作任务和要求,认真开展了法律服务、人民调解、社区矫正安置帮教和法制宣传,活动有详细记载。自2012年5月"法务网格工程"活动开展以来,结合法务网格工程实施内容,全区社区

网格员发放法务需求调查表 200 余份,为社区居民提供法律咨询 80 人次,为 15 名社区矫正人员和 20 名安置帮教对象建立了关爱帮扶台账,开展集中法制宣传 5 次,开展集中矛盾纠纷排查 6 次,调处矛盾纠纷 25 起。

②按照"三级平台管理机制"的要求,建立了法务指导中心"月例会"制度、法务工作站"周碰头"工作制度和法务联络员"日排查、即处理"制度,分析研判辖区法律事务需求信息和矛盾纠纷信息;针对重大疑难纠纷、重点人口特殊情况研究解决方案和针对性措施;收集居民法律事务需求信息,即时按工作流程处理,加强跟踪督办和信息反馈。

③对居(社区、村)提出的法务需求,按照法务诉求快速反应机制进行处理并建立了工作台账。

(6)加大了工作宣传

点军区司法局组织法务工作五支队伍定期深入社区开展"法务网格工程"的重要意义、工作职责、工作内容、工作流程等宣传,让"法务网格工程"家喻户晓。开辟了"法务工作进网格"专栏,及时更新法务进网格工作动态、宣传法律法规、反映特殊帮扶等情况,为社区群众提供便捷高效的法律服务。同时公布社区法律服务人员、法制宣传教育志愿者、街办法务中心人员、试点社区法务工作站人员、社区法务联络员、义务调解员、法律服务专业人员等人员的姓名和联络方式,编印了相关服务信息,方便群众咨询和提供上门服务。

2. 猇亭区全面实施"法务网格工程"的情况

2012 年以来,猇亭区"法务网格工程"在市司法局的正确领导下,紧紧围绕"法务网格工程"工作的目标任务,精心组织,按步实施,通过四个强化(强化领导、强化培训、强化宣传、强化考核)的工作思路,采取四个结合(与法治单位创建相结合、与居委会换届选举相结合、与"迎创推"活动相结合、与文明创建"三关爱"相结合)的工作措施,实现了"三个零距离"(法律需求零距离、排查化解矛盾零距离、关照特殊人群零距离)的工作效果。目前全区 3 个街办 23 个居(村、社区)全部建立了法务指导中心和法务工作站。猇亭区全面实施"法务网格工程"开展的工作主要有:

(1)用"四个强化"的工作思路推动"法务网格工程"的顺利开展。

①强化领导是关键点。一是精心制定活动方案。为抓好"法务网格工程"工作,猇亭区司法局在开展调研、征求部分人大代表、政协委员建议的基础上,于 2012 年 5 月 2 日以区委政法委文件印发《区司法局"法务网格工程"实施方案》,2012 年 6 月 19 日再次下发了《区司法局关于全面实施"法务网格工程"

的通知》,在全区全面推行法务网格工程。二是及时成立工作机构。猇亭区司法局成立了局长任组长,局班子成员任副组长,各业务科室为成员的法务网格工程试点工作领导小组及办公室,分管局长任办公室主任,具体负责法务网格工程试点的日常工作。三是召开动员会和推进会。2012 年 5 月 2 日,猇亭区司法局召开"法务网格工程"试点工作动员会,区委政法委、区创新办、区司法局、各街办、三个试点社区(桐岭新村、桐岭、双桥)等单位参加了会议,正式启动猇亭区司法局"法务网格工程"试点工作。2012 年 7 月 27 日,猇亭区司法局召开了全区法务网格工程推进会,组织各街办法务指导中心主任、副主任,各居(村、社区)法务工作站站长、副站长,各社区网格员,区司法局机关各科室负责人共 120 人在桐岭新村社区实地学习观摩了"法务网格工程"试点工作经验,认真总结了猇亭区司法局"法务网格工程"试点工作情况,对全区居(村、社区)全面推进进行了研究部署。

②强化培训是着力点。一是队伍建设按要求组建。猇亭区各社区(村)依托网格建立了 60 个法务工作网格,组建了 120 名义务调解员、13 名法律服务专业人员、120 名法制宣传员、53 名特殊人群关照员、23 名法律援助协办员组成的五支法务工作队伍。二是分级分层组织培训。2012 年 5 月 23 日,区司法局组织各司法所长、各试点社区法务工作站长到伍家区八宝塔社区参观学习,进一步明确工作任务及要求;各司法所所长结合月矛盾纠纷排查会对社区站长、副站长进行相关台账的业务培训;6 月上旬,社区法务站负责人对法务联络员就法律事务"四进"网格内容的信息收集上报等工作进行培训指导;6 月下旬由司法所长、法务工作站站长就法律事务"四进"网格工作流程及目标任务进行专项培训。2012 年 7 月 27 日,区司法局结合推进会,局长对各司法所长、社区(居、村)法务工作站站长、法务联络员进行再培训。

③强化宣传是推动点。一是入户宣传。组织法务工作五支队伍定期深入社区深入居民家中开展"法务网格工程"重要意义、工作职责、工作内容、工作流程等宣传,让"法务网格工程"家喻户晓。二是专栏宣传。在各社区利用网站、开辟"法务网格工程"专栏,及时更新法务网格工程工作动态、宣传法律法规、反映特殊帮扶等情况,为社区群众提供便捷高效的法律服务。三是公布联系方式。以电子显示屏或公开栏将司法行政法律服务人员、法制宣传教育志愿者、街办法务中心人员、试点社区法务工作站人员、社区法务联络员、义务调解员、法律服务专业人员等人员的姓名和联络方式在小区、楼栋公开,方便群众咨询和提供上门服务。截至 2012 年 10 月底,共组织留守儿童、流动人口、

未成年人等弱势群体的法律知识讲座 18 场次,发放宣传资料近 1 万份,为居民办理公证、法律援助等法律需求事项 32 件,接受社区居民法律咨询 1500 余人次。

④强化考核是落实点。一是完善考核制度。猇亭区司法局将"法务网格工程"纳入局机关科室(干部)周工作责任目标与实绩考核备案制度、司法所及二级单位月度工作目标责任考核通报制度和司法行政年度重点工作(事项)目标责任制度管理体系,坚持周部署、周汇报、月检查、月部署、月通报,加强对"法务网格工程"目标任务的过程管理,每周、每月的考核情况记入科(室)实绩考核档案。并与目标管理效能考核治庸问责奖惩相挂钩,切实加强干部对贯彻落实《实施方案》的监管力度,确保各项工作如期推进。二是加强检查督办。猇亭区司法局采取明察暗访、随机抽查等形式加大各街办法务指导中心、法务工作站规范建设工作力度,按照"四有"(有匾牌、有办公室、有办公设施、有工作台账),"三落实"(组织机构落实、责任落实、制度落实),"三上墙"(工作职责上墙、工作制度、工作流程上墙)的要求,推进"法务网格工程"规范化建设。2012 年 8 月,区局组织专班对全区所有街办法务指导中心、法务工作站的规范化建设开展了专项检查并在系统内通报。

(2)用"四个结合"的工作措施促进"法务网格工程"工作的全面推开

①坚持与法治单位创建相结合,及时了解法律需求。猇亭区司法局结合法治示范村(居、社区)创建工作,将法律服务、人民调解、特殊人群管控和法制宣传等司法行政事务融入创建活动中,精心设计法务需求调查表,及时了解社区(居、村)和人民群众法律需求,有针对性地开展各项司法行政事务活动,有效维护了基层社会和谐稳定,促进了农村经济健康科学发展,推动了基层法治示范村(居、社区)创建工作顺利开展。截至 2012 年 10 月底,猇亭区 60 名法务联络员利用"一日双巡"走访发放法务需求调查表 13000 余份,真正做到了第一时间了解法律需求。

②坚持与居委会换届选举工作相结合,及时提供法制宣传服务。2012 年 7 月份以来,猇亭区司法局主动服务基层,推动联系点社区居委会换届选举工作的依法有序开展。局领导班子成员在换届工作前期多次深入联系点社区——古老背社区进行调研,全程参与该社区换届各个环节的工作,指导、监督社区两委班子的选举过程,督促选举工作依法有序展开。与此同时,各街办法务指导中心、19 个居委会法务工作站以居委会换届选举为契机,在各社区开展换届专项法制宣传活动,组织开展"三个一"主题宣传(即举办一次法制宣

传讲座、开展一次法律咨询服务、举办一期法律知识专刊)普法教育活动,发放换届选举宣传材料 10000 余份,受教育群众 1 万余人次,有效地服务了居委会换届工作,全区没有出现一起换届选举违法违规案件,没有出现一例人民群众投诉事件。

③坚持与"迎创推"活动相结合,及时排查化解矛盾纠纷。2012 年 6 月份以来,结合"迎创推"活动,各街办法务指导中心、各社区法务工作站坚持开展矛盾纠纷常规排查调处和集中排查调处活动,坚持实行"一月一排查"、"一月一报告"、"一月一通报"制度,做到"排查一件调处一件",把大量群众性、复杂性、易激化的矛盾纠纷消灭在萌芽状态,化解在基层,确保了重要节日和重大活动期间全区社会稳定,共排查矛盾纠纷 406 起,调处成功 398 起,防止群体性上访 25 件。

④坚持与文明创建"三关爱"活动相结合,及时关照特殊人群。从 2012 年 5 月份开始,区司法局结合文明创建"三关爱"活动组织法律志愿服务队深入社区(居、村),各社区法务联络员深入社区网格,广泛开展敬老、爱幼、助残、帮农民工的法律志愿服务 57 次,积极为困难群体和特殊人群排忧解难。

(3)用"三个零距离"的工作成效提升司法行政部门的社会服务管理水平

①实现了法律需求零距离。全区 60 名法务联络员在"一日双巡"走访中,通过向居民发放法务需求调查表实现了法律需求零距离。2012 年 9 月上旬,桐岭新村社区 3 号网格法务联络员在巡查中接到了冯某打来的电话法律求助电话,冯某的配偶唐某于 2012 年 7 月意外死亡,其生前在银行存有存款,但由于不知道密码无法提取,按规定需申请办理继承公证。法务联络员迅速将此情况反映给社区法务工作站,区司法局当即安排公证人员接待了冯某,鉴于被继承人唐某的父母年龄均高达 80 多岁的特殊情况,公证处决定提供上门服务,并向当事人约定上门服务时间和需要提供的资料。同年 9 月 12 日,两名公证人员冒雨依约来到老人住所,公证员按照公证程序对相关资料进行了调查核实。

②实现了排查化解矛盾零距离。各社区法务工作站通过建立法务工作站"周碰头"工作制度、法务联络员"日排查、即处理"工作制度,及时排查调处各类矛盾纠纷。2012 年 8 月 9 日,桐岭社区法务联络员在"一日双巡"活动中,排查到居民董某(继父)与儿子就拆迁房屋补偿分配问题发生了纠纷,随之家庭矛盾也不断升级。在排查到该纠纷后,法务联络员迅速将情况报告给社区法务工作站副站长王金涛。很快,王站长邀请了古老背司法所和区人民法院

驻社区法官参加了该纠纷的沟通调解。经社区调解组织、社区法务工作站以及司法所干部的长达 4 个小时的调解,该拆迁房屋补偿分配纠纷达成协议,父子二人满意而归。

③实现了关照特殊人群零距离。通过组建特殊人群关照员队伍,实现了关照特殊人群零距离。目前,辖区内 73 名社区矫正人员无一人脱管漏管,3 人在法务工作站的帮助下得到了低保救助,3 人得到了就业安置。桐岭社区法务工作站有社区矫正人员 7 人,安置帮教人员 16 人,是各社区特殊人群最多的社区,区司法局按 5∶1 的比例建立了 5 名关照员队伍,协助开展教育、管理、矫治以及帮扶工作。社区矫正对象向某 2011 年 12 月到社区服刑,桐岭社区法务工作人员在了解到其家庭经济困难,主动为其家庭申请享受低保政策。后又因其本人出现精神疾病,古老背街办法务指导中心、社区法务工作站在区民政局的帮助下将其送至宜昌市精神病院免费治疗。其家人对社区法务工作人员的关心帮助表示衷心感谢。

猇亭区"法务网格工程"虽然取得了一定成绩,但也存在一些需要加强和改进的事项,主要表现在各社区法务工作站之间工作发展不平衡,因居委会换届选举人事变化引起的法务工作队伍急需调整与培训等等。

3. 伍家岗区全面实施"法务网格工程"的情况

2012 年全面实施法务网格工程后,伍家岗区司法局按照市司法局"法务网格工程"统一部署,紧密结合工作实际,提出"创新服务、以人为本、延伸触角、司法为民"工作理念,积极依托社区网格,下沉工作职能,网罗人才资源,创新工作机制,大力推进司法行政法律事务"四进"网格。目前已形成网格覆盖、人员到位、职责明确、管理精细、信息共享、渠道畅通、服务有效的工作模式,取得了"凡事不出格,凡事格里调,凡事格里帮"的良好效果。

伍家岗区共有社区 35 个、网格 323 个。实施"法务网格工程"以来,法务网格员共排查、调处矛盾纠纷 380 起,调处成功 365 起,防止群体性上访 6 件;辖区内 98 名重点人员无一脱管、漏管,其中 10 人参加就业培训,8 人在法务工作站的帮助下实现就业,3 人得到低保救助;组织法制讲座 35 场,发放法制宣传资料 3000 余份,为居民提供法律咨询 1000 人(次)。省、市上级部门和市内外县市区代表团先后 10 批 500 余人到伍家岗区调研"法务网格工程",中央、省、市级新闻媒体实地考察并大量报道伍家岗区工作经验。其法务网格工程实施的情况如下:

(1)勤采集,全掌握,法律服务送身边

不论炎夏或寒冬,法务工作队员总是活跃在社区法务网格第一线,采取定期排查与不定期排查相结合、经常性排查和重点时段排查相结合、全面排查和重点区域排查相结合的方式,及时了解掌握群众的思想情况和社会舆论。对不稳定因素和社区居民法律需求,能够就地解决或帮助的,就地处理;一时难以处理的及时向上级有关部门报告,有效实现上下联动、快速反应、协调处理。

根据韩家坝社区等试点社区取得的经验,社区专门编发法务需求调查表以全面了解居民法务需求。在仔细分析调查表基础上,法务联络员通过"一日双巡",认真摸排社区居民详细情况,对辖区网格内重点人员变动情况、家庭困难需要帮扶情况以及就业培训、低保救助等情况一一记录在案,做到底数清、情况明,及时为网格内居民提供相应的法律服务。8月3日上午,韩家坝社区居民陈某怀着忐忑的心情来到社区,向法务工作站提出法律援助申请。工作站通过法务联络员了解到:陈某因身体原因一直未能就业,家有一女,三岁,全家开销全靠丈夫彭某的灵活就业解决,家庭生活十分困难。为帮陈某尽快获得法律援助,社区法务工作站指派专人帮其办理相关手续。不久,陈某的法律援助申请就获得通过。她激动地说:"我以为申请法律援助非常困难,没想到你们在短时间内就解决了,真是太感谢你们啦!"

(2)化纠纷,促和谐,疏通淤堵保稳定

当前,各种社会矛盾日趋多样化、复杂化、群体化,房地产开发项目拆迁、企业遗留问题、小区物业管理、劳资关系等新型矛盾纠纷不断凸显,婚姻家庭纠纷、邻里纠纷、社区纠纷等传统矛盾纠纷仍然高发不减,而这些传统纠纷却因为与群众的生活紧密度更显现出调解的重要性。

夷陵大道168号第1栋楼因化粪池堵塞导致污水外溢,严重影响环境卫生。社区安排专业人员进行清掏,费用由该楼所有用户平摊。其中居民张某拒绝交费,并与社区工作人员小王发生激烈争吵,甚至要拳脚相向。不仅两人关系恶化,整栋楼的环境卫生也迟迟无法改善。社区志愿者冯师傅听闻,一方面多次主动与张某交谈,细细疏导,好言相劝;另一方面结合自己的切身体会向年轻人小王传授工作经验,引导他们注意工作方式方法。通过冯师傅的调解,两人原本淤堵的情绪顺利得到化解,小王与张某握手言和,张某现场将50元的清掏费缴清,整个小区的卫生环境也迅速得以改善。

(3)宣法律,动真情,母女二人展笑颜

网格调解员在调处矛盾纠纷时,坚持情理与法理相结合,不仅用真情感化,更需要用法律疏导,使当事人能够充分认识到自己行为的危害性,有效敦促了当事人自省自悔,预防了矛盾纠纷的再次发生。如2012年8月9日,合益路社区一大早便接待了一位50多岁的阿姨。阿姨姓周,她一边撩开衣袖,让工作人员看她胳膊的瘀青,一边向法务工作站站长倾诉她的心酸。据了解,周阿姨从小对女儿何某严加管教,由于教育方式欠妥,致使母女俩关系一直不太融洽。2012年8月8日夜里,母女俩因小事发生口角,何某竟大打出手将母亲打伤。了解情况后,合益路法务工作站站长立即组织社区律师、心理咨询师上门走访。一方面,社区律师严肃认真地向何某宣讲《治安管理处罚法》以及《婚姻法》中有关赡养条款等法律法规,使其增强法律意识,充分认识自己行为的危害性;另一方面,心理咨询师耐心细致地对何某进行情绪疏导和心理辅导,化解儿时受母亲打骂的阴影。在法与情面前,何某含泪向母亲赔礼道歉,并诚心表示以后不会再发生此类事情。母女冰释前嫌,其乐融融。

法务网格工程启动以来,法务联络员收集信息、奔走普法、平纷止争、关爱特殊人群,用平实的言语、诚恳的态度、实干的精神,在伍家岗区做好了人民调解信息员、普法教育宣传员、矛盾纠纷调解员、特殊人群关爱员、和谐建设监督员、法律援助协办员,为维护辖区平安稳定、促进社会和谐做出了突出贡献。

4. 远安县全面实施"法务网格工程"的情况

远安县司法局根据市司法局的统一安排和2012年"6·20"会议精神的要求,结合远安县实际,不断创新工作举措、延伸服务触角,全力推进司法行政法律事务"四进"网格,打造司法服务新品牌。

(1)争取领导重视,形成工作合力

宜昌市司法局6·20"法务网格工程"现场会召开以后,远安县司法局迅速向县委县政府分管领导和县委政法委汇报,阐明"法务网格工程"建设的指导思想、重要意义、方法步骤和时间要求,远安县委县政府分管领导和政法委非常重视"法务网格工程"建设,签署意见,明确将"法务网格工程"纳入全县网格化管理体系建设序列,工作统一部署,人员统一使用,并要求各乡镇、县直相关单位要密切配合,务必使"法务网格工程"融入全县社会管理网格之中。此后,远安县司法局迅速召开专题会研究部署,成立以局长为组长、分管领导、基层股和相关股处室负责人为成员的领导小组和工作专班,制发了《远安县司法行政系统"法务网格工程"实施方案》,明确了"法务网格工程"建设的指导思想、基本原则、工作任务、和方法步骤和主要措施。

(2)抓试点以点带面,快启动全面推开

①选好试点,外出"取经"。根据社会管理的重点区域,远安县司法局选定

鸣凤镇辖区内的三个社区为全县"法务网格工程"建设的试点单位。并于2012年6月27日组织三个社区的书记、主任到宜昌市伍家区韩家坝社区进一步参观学习开展"法务网格工程"的经验,使试点单位对"法务网格工程"建设及利用现代化手段推进法律服务、人民调解、矫正帮教、法制宣传进网格有了深入直观的了解和认识,为法务网格工程建设奠定了基础。

②破解难题,确定模式。远安县司法局认真分析了远安县与宜昌城区之间存在的五个方面的差异:一是远安县大都是农村,组织体系和管理体系与宜昌城区社区完全不同;二是远安县城区社区成立得较晚,组织体系和管理体系不全,城区存在村民、居民混住的局面;三是远安县社区网格化管理起步较晚,社区网格管理员招录不齐,一个网格管理员要管几个网格;四是村(居)委员会办公室紧张,相关的制度版面无地方悬挂;五是法务"四进"的人才奇缺。为了建立符合远安实际的法务网格工程,远安县司法局组织人员深入社区、乡镇、村组调查研究,逐一破解了"法务网格工程"建设过程中的难题,确立了符合远安实际的工作模式:一是依托招录的社区网格管理员和村治调中心户建立了法务联络员队伍,并根据情况一个网格管理员暂时负责几个网格的法务联络员职责;二是整合资源,依托村(居)干部、人民调解员、律师、法律服务工作者、社会志愿者建立了人民调解员、法律服务人员、法制宣传员、特殊人群关照员和法律援助协办员"五支队伍";三是带领施工人员现场查勘,在村(居)治调主任办公室确定"法务网格工作站"制度版面悬挂地点,因地制宜制作制度版面,既保证工作站长、办公室、制度版面配套合一,又保证不影响村(居)办公楼的整体美观;四是为了凸显"法务"特色,远安县司法局将网格法务联络员的职责明确为"六类",即:信息采集、调解纠纷、法律咨询、法制宣传、特殊关爱、法律援助;五是在精心筹划的基础上,远安县司法局在三个社区按照既定的模式建立了规范的村(居)法务工作站和法务工作网格。

③以点带面,全面铺开。试点建成之后,远安县司法局召开全县司法所所长会议,现场参观了三个社区的法务网格过程建设模式,有力推动了远安县"法务网格工程"建设。为了方便全县开展法务网格工程建设,局基层股根据既定的模式,将"法务指导中心"和"法务工作站"的工作流程图、网络图、工作职责、工作制度等编制作成统一模块,下发到各司法所统一采用;印制下发了"人民调解"、"法制宣传"、"法律服务"、"社区矫正帮教安置"等"法务网格工程"的工作台账和工作档案目录等资料117套;远安县司法局投资1万余元,为各试点社区和七个法务工作指导中心制作了制度版面、公示版面117块,宣

传资料 1200 余份。在试点带动下,各乡镇迅速行动,目前全县形成了乡镇、村(居)、屋场(小区)三级法务工作平台;建立了人民调解员、法律服务人员、法制宣传员、特殊人群关照员和法律援助协办员"五支队伍"共计 2350 人,形成了进法律服务、人民调解、矫正帮教、法制宣传进网格的法务工作队伍,做到了制度上墙,台账齐全,工作落实。

(3)法律"四进"民众受益

①人民调解工作进网格。人民调解进网格,及时化解纠纷。"法务网格"简单明了地将民间纠纷在"第一时间"由法务联络员主持调解,对复杂疑难的纠纷,司法所也可以在"第一时间"掌握纠纷信息进行化解调处,简化了程序,提高了调解成功率。真正做到了"预防走在排查前、排查走在调处前、调处走在激化前"。据统计,仅 2012 年 7—10 月,全县村居开展矛盾纠纷排查 45 次、调解矛盾纠纷件 428 件,调解成功率达到 99%,防止群体性上访 5 件 78 人,防止群众性械斗 1 件 18 人,防止因纠纷引起自杀事件 1 件 1 人。如 2012 年 7 月,嫘祖社区居民陈某某反映说丈夫经常打骂、虐待她,引起家庭矛盾,社区调解主任和网格法务人员第一时间来到居民家中耐心劝说,夫妻都会有一些小矛盾,但是争吵起来,不要说话攻击对方或者揭对方的短处,也不要翻旧账,更不能动手,以免造成难以弥补的错误。夫妻两人都应该静下心来,想想对方的优点,宽点想窄点过,没有什么过不去的坎。社区调解主任和网格法务人员通过近两个小时的调解,终于化解了夫妻两人之间的矛盾。

②社区矫正帮教安置工作进网格

担负特殊人群管理服务任务,为特殊人群解忧。社区帮教安置进网格,监督管理全方位。法务联络员和特殊人群关照员以"管控网格化"为手段,每月逐一走访管控对象,及时了解和掌握他们的思想、生活状况。对"无家可归、无业可就、无亲可投"的社区服刑人员、刑释解教人员给予人文关怀,及时提供帮教服务,加强部门协调联动,实现帮扶解困社会化,帮助其顺利回归社会。健全社会力量参与社区矫正工作机制,加强专群结合的社区矫正帮教队伍建设,充分发挥社区工作人员、社会团体和志愿者作用。建立健全接收、管理、考核、奖惩、解除矫正规范工作流程,避免脱管、漏管。如鸣凤镇居民刘大妈,现年 73 岁,早年丧夫,她一人含辛茹苦地把 4 个子女拉扯大,其中有一儿一女先后去世,余下两个儿子,都是刑释解教人员,其中二儿子是个残疾人同时也离婚了,二儿子自己租了一间房子居住,三儿子长期在外打工,无人关照老人,老人的生活十分困难。2012 年 8 月 8 日该镇第 9 网格特殊人群关照员李静和另一名工作人员在社区走访时发现老人住在两座四层高楼之间一条不到1米宽的小巷内。一间低矮阴暗的土房子四面透风,走进屋里只见墙的一面露出一个大洞,里面的家当是一台"吱呀呀"叫的老式电扇和一张旧床,这就是她的家和她的全部家当。眼前的景象让人心里一沉,李静看在眼里,她回到社区及时将这一情况向社区领导反映了这一情况,社区曾书记得知这一情况后非常重视,在查看刘大妈的资料后,发现老人低保已满两年,可以申请廉租房,于是社区曾书记亲自为老人写了申请廉租房的申请书。时值盛夏8月,天气炎热,李静一遍又一遍跑民政局和房管局,还主动联系县房管局工作人员顶着烈日到老人家进行住房情况核查,经过她的努力,老人申请到了困难户廉租房。同时在走访时得知由于老人以前在老屋居住时地面潮湿,这次有新房住了不想再住一楼的想法后,通过和房管局联系为老人调剂到比较舒适二楼居住。9月14日,低保老人刘大妈在社区和各级组织的帮助下,终于从居住了几十年的低矮土坯房里搬进了宽敞明亮的沮阳小区安泰廉租房,李静走访老人时,老人对她说道:"新房太亮了,有点刺眼。"李静记在心里,她到商店买来窗帘、挂钩,在老人的窗户上挂上了窗帘。由于老人一人在家,李静不放心,隔三岔五地就到老人家里去坐坐,陪老人聊聊天和老人拉拉家常,帮老人做做家里卫生,看看老人在生活上有什么困难,把老人当自己亲人一样照顾。老人住进40多平方米的新房,心情十分激动,她高兴地说:"感谢党的好政策,感谢领导对我的关心。这是我一辈子住的最好的房子,我不在担心下雨房子漏雨了。"

③法制宣传教育工作进网格。担负法制宣传任务。法制宣传进网格,普法宣传按需服务。法务工作站工作人员和网格员,承担起法制宣传的责任,借助居民讲坛、学校、围绕居民关心、关注的社会热点问题,及时有效地开展法律讲座、办宣传展板、悬挂宣传标语、发放宣传资料和普法书籍等形式,近距离地对居民进行普法教育,推动了社区民主法制建设。为适应"六五"普法各类对象的学法需求,依法治县办公室与县移动公司联合建立了移动法制短信发送平台,编发法制短信30000多条。为了深化"法律进校园"活动,县司法局、县教育局、县依法治县办公室组织力量创作制作了10集《孙大胜》校园法制宣传动画片,在全县幼儿园、中小学免费发行播放。五个月以来社区共上街宣传3次,开展法制讲座5次,制作法制宣传栏3期,发放书籍共5000余本,为辖区居民和提供法律咨询45余人次。

④法律援助工作进网格。法律服务进网格,使广大人民群众感受到法律服务在身边。远安县将全县26名律师、法律工作者分配到乡镇和社区。法律

服务进网格是社区法务工作建立法律服务站,将法律服务延伸到社区网格,方便群众就近申请、就近受援。组建律师、公证、司法鉴定等法律专业人员,根据网格员日常巡查情况,围绕劳动就业、征地拆迁、安全生产、食品药品安全等热点问题,为人民群众的生产生活开辟法律服务渠道,解决专业性强、人员有限、法律服务受限等问题。自开展法务网格以来,律师、法律服务工作者解答人民群众法律咨询 20 多次,法律援助 5 起,为社区居民上法制课 5 次,参加人数 600 余人。

引导居民群众采取正常渠道依法依规维权,有效化解了大量纠纷。如洋坪镇任家岗村一组村民王某某到洋坪司法所法律援助工作站,要求提供法律援助,工作站张所长接待了王某某,她反映:"自己生育了一个儿子,六个女儿,六个女儿先后出嫁外地。老伴 2010 年去世后,便和儿子、儿媳一起居住,由于积劳成疾,落下一身疾病,生活难以自理。媳妇抱怨自己是累赘,儿子也觉得独自一人承担母亲的赡养,几个姐妹不闻不问太不公平。于是儿子、媳妇就将自己赶出了家门,从此没了安身之处。"张所长听完叙述,对王某某的儿女的不孝行为深感气愤,当天张所长亲自将王某某送回家,正好王某某儿子、媳妇都在家,张所长告诫他们:"遗弃老人是违法的,严重的还要判刑的。"听了这话,王某某的儿子、儿媳这才同意老人进门。张所长接着又劝说道:"人人都是父母生,人人都会年老体衰,父母的今天也将是我们的明天,我们对父母怎样,将来孩子就会对我们怎样。"王某某的儿子终于被张所长说动了,同意赡养母亲,但提出要求和几个姐妹来共同承担母亲的赡养义务。随后张所长分别向王某某的几个远嫁外地的女儿打了电话,要求她们回来讨论母亲的赡养问题,而她们都找各种理由拒绝承担赡养母亲的责任,不愿意回娘家讨论赡养的事,调解陷入了僵局。

为了尽快能解决王某母亲的赡养问题,张所长决定另辟蹊径。在征求王某母亲的意见后,张所长决定通过起诉来帮老人维权。接受了老人的委托,张所长开始紧锣密鼓地收集各种证据材料,起草相关法律文书,于 2012 年 7 月 11 日作为老人的委托代理人出庭代理诉讼,将王某某的六个儿女告上法庭。在庭审中,当审判长提出原、被告是否愿意接受调解时,被告不同意,张所长又不厌其烦地耐心细致地做工作,同时宣传相关的法律规定,最终子女们同意调解。案件在审判长的主持下,也在张所长晓之以理、动之以情地劝说和教育下,王某某的儿女们这时才明白自己的行为法理不容,并都对自己的行为悔恨不已,愿意承担母亲的生活费,照顾母亲的生活起居。最终六儿女商量共同承担老人的生活费、医疗费等费用,让母亲安享晚年。

建立基层法律服务工作者与社区网格沟通联系的公示制度,有效地方便了基层人民群众。服务社区和网格公示法律服务人员基本信息和联络方式,为公民提供免费的法律咨询,当居民有特殊需求或急事时,由社区出面联系律师或者法律工作者到场或入户提供咨询服务,实现社区居民和社区网格法律服务人员点对点交流和"菜单式"个性化服务。嫘祖社区根据一网一格在辖区内公示栏挂上了网格法务联络员公示牌。社区的李大妈看到后难掩兴奋之情,她高兴地说道:"现在的政策就是好,以后遇到什么事啦,我们还有自己免费的法律顾问呢!"

"法务网格"是一种全新的社区管理模式,也是一项服务居民的实践探索。在今后的工作中,远安县司法局将在总结经验的基础上,加快脚步、加大力度、加强领导,坚持于"要在落实、活在参与、重在服务、贵在坚持"上努力实践,把这项工作作为强化社区服务为民办实事来抓,以满足群众法律事务需求为主线,立足司法行政工作职能,建设融人民调解、法律咨询、法律援助、公证服务、社区矫正、安置帮教、司法鉴定、法制宣传等多项工作为一体的综合服务体系,"零距离"地满足群众基本法律需求,"第一时间"排查化解矛盾纠纷,"全天候"防范重新违法犯罪为目标的"法务网格工程",让百姓切实感受到"法律服务就在我身边",实现基层司法行政工作主体、工作环节、工作方式、工作手段的创新,充分彰显司法行政工作的职能优势和地位作用,更好地维护社会和谐稳定。

5. 秭归县全面实施"法务网格工程"的情况

2012 年 6 月 29 日,秭归县司法局局长在全县司法行政系统半年工作总结会上,向全县各司法所及机关股室传达了全市"法务网格工程"现场会会议精神,对"法务网格工程"相关工作进行了安排部署,并于 7 月 10 日下发了《秭归县司法行政系统"法务网格工程"实施方案》(秭司〔2012〕22 号),要求各司法所将"法务网格工程"作为下半年工作重点来抓,搞好调查摸底等前期准备工作。自"法务网格工程"全面铺开以来,秭归县司法局主动出击,积极作为,采取三项主要措施,确保全县"法务网格工程"整体规范推进,各项工作取得实效。

一是积极争取领导重视。秭归县委、县政府将"法务网格工程"纳入县委政府日常工作进行安排部署。成立了以县委常委、政法委书记为组长,县公安局长、法院院长、检察院检察长为副组长,县直相关单位负责人为成员的"法务网格工程"领导小组;2012 年 8 月 6 日,县委办公室、县政府办公室印发了《秭归县"法务网格工程"实施方案》(秭办文〔2012〕85 号),在全县范围进行安排部署。2012 年 8 月 9 日,全县召开了"法务网格工程"电视电话会议,县委副书记出席会议并进行了安排和部署,要求各乡镇高度重视"法务网格工程",精心组织,统筹推进,稳步实施,年终由县委政法委牵头组织检查验收,验收结果将纳入全县社会治安综合治理考核重要内容,确保"法务网格工程"工作取得实实在在的效果。县财政前期解决 30000 元用于全县法务指导中心及工作站基本建设。

二是规范推进试点工作。秭归县司法局成立了以局长为组长的领导小组和工作专班,确定茅坪、归州、郭家坝、两河口、沙镇溪、九畹溪等六个乡镇为"法务网格工程"工作重点乡镇,并由各个副局长分片包点负责。分管副局长带队深入基层,与社区、村镇干部共同商讨具体工作,依托网格管理员及民调中心户长确定网格法务联络员,对相关工作进行了业务培训,指导法务指导中心及各社区(村)法务工作站建立,完善组织网络、工作制度、工作职责、工作流程和工作台账,划分法务工作网格,依托政法各部门干部职工、律师、法律工作者、村(居)人民调解委员会调解员、社区矫正志愿者、退休老干部、老教师、老党员组建五支法务工作队伍。2012 年 8 月 20 日,秭归县法务网格工程领导小组办公室印发了《关于印发"法务网格工程"相关工作制度的通知》(秭法务〔2012〕1 号),全县统一规范了工作流程、工作职责、工作制度、工作台账,统一制作了工作制度版面、法务团队公示版面,确保全县"法务网格工程"规范实施。

三是定期开展指导督办。为确保全县"法务网格工程"整体迅速推进,县司法局定期召开司法所长会议,对各地"法务网格工程"各项工作指导督办,2012 年 8 月 10 日,县司法局召开了司法所长工作会议,听取各所"法务网格工程"前期工作开展情况,要求各所迅速向党委、政府汇报,成立工作领导小组、制定实施方案、划分网格范围、确定网格管理员、落实五支法务工作队伍。10 月 9 日,秭归县司法局再次召开司法所长工作会议,了解掌握各地工作情况和存在的问题,组织司法所长现场参观了茅坪镇法务指导中心及三个社区法务工作站的工作情况,要求各地要结合各地实际组织开展法务工作"四进网格"活动。

截至 2012 年 10 月底,全县 12 各乡镇共成立法务指导中心 12 个,法务工作站 193 个,实现了组织网络、工作职责、工作制度和工作流程的规范统一,建立法务工作网格 1246 个,组建法务工作队伍 7569 名。共排查受理各类矛盾纠纷 1948 件,成功调解 1946 件,有效预防民转刑案件 6 件,群体性上访 11 件 203 人次;组织开展法制宣传活动 130 场次,参加人数 60000 余人,发放现场资料近 30000 份;为 600 余人次提供法律质询服务,为 9 人次提供公证预约服务,代办法律援助案件 30 件,为困难群众挽回经济损失 370 多万元;为 160 余名社区矫正、安置帮教对象提供法律知识及就业技能培训,为 26 名刑满释放人员落实困难救济。

6. 兴山县全面实施"法务网格工程"的情况

根据《2012 年宜昌市社会管理创新综合试点工作要点》、《宜昌市司法行政系统"法务网格工程"实施方案》、宜昌市社会管理创新"一对接两跟进"会议精神,兴山县"法务网格工程"的实施情况如下:

(1)统一思想,充分认识"法务网格工程"工作全面开展的重要性

兴山县司法局及时向兴山县委、县政府、县委政法委主要领导汇报"法务网格工程"工作,充分开展"法务网格工程"是应对社会管理工作新情况新问题的有力举措;拓宽司法行政工作参与社会管理与服务路径、推进"法务网格工程"是延伸基层司法行政工作触角,彰显司法行政职能优势和功能作用。这有利于积极争取、借助、整合各种资源,形成齐抓共管的工作合力。借助平台,建成把法制宣传教育、人民调解、社区矫正、安置帮教、法律服务、法律援助等多项工作融为一体的综合服务体系,对做好群众工作、社会管理创新具有重要意义。

(2)提高认识,加强领导

为加强"法务网格工程"的组织领导,司法局成立实施"法务网格工程"领导小组,司法局党组书记、局长担任组长,局党组成员、副局长任副组长,局机关各科室主要负责人为成员。

(3)整合力量,打造法务工作"三级平台"

一是依托街道(乡镇)综治信访维稳中心建立"法务指导中心",其主任由街道综治信访维稳中心主任兼任,司法所长担任副主任,负责辖区法务工作站业务指导。二是依托社区(村)综治信访维稳站建立"法务工作站",其站长由社区(村)综治信访维稳站站长兼任,社区(村)人民调解委员会主任任副站长,负责解答居民法律咨询,组织开展法制宣传教育活动,组织开展纠纷排查和调处工作,协助管理刑释解教和社区服刑人员,为经济困难的居民联系法律援助服务,为有需求的居民联系律师、公证和司法鉴定等专业法律服务。三是依托

网格(治调中心户)建立法务工作网格,网格管理员(中心户长)履行"法务联络员"职责,负责收集居民法律事务服务需求信息,排查矛盾纠纷、化解简单纠纷、上报不稳定信息,帮助有法律事务需求的居民联系专业法务人员提供法律服务和法律援助。

(4)精心组织,建好"五支队伍"

一是人民调解员。每个网格选聘 1 名义务调解员,协助社区(村)调解和化解矛盾纠纷。二是法律服务专业人员。整合基层司法行政机关干警、律师、公证员、基层法律服务工作者力量,每个网格确定一名法律服务专业人员,为居(村)民提供义务法律咨询和法律服务。三是法制宣传员。每个网格聘请 1 名法制宣传员,有针对性开展法律宣传教育,提高居(村)民法律素质。四是特殊人群关照员。按照 1∶5(1 名志愿者关照 5 名对象)的比例,建立刑释解教人员和社区矫正人员关照员队伍,协助开展教育、管理、矫治、帮扶工作。五是法律援助协办员。吸纳离退休法官、检察官、公安司法干警以及法律服务专业人员、大中专院校法律专业在校学生,在每个社区(村)建立一支 3～5 人的法律援助志愿者队伍,为居(村)民提供法律援助服务。

(5)试点先行,以点带面

经兴山县司法局领导班子商量决定,先在古夫镇 1～2 个社区做试点,探索解决人员、场所、职能、运行和保障五大问题,通过实践,逐步摸索出一套法务工作站运行的基本模式,为全面推开法务工作站建设创造条件。

(6)制定方案,进行试点

兴山县司法局召开了党组会讨论制定了兴山县《关于开展"法务网格工程"的实施方案》,并报兴山县社会管理创新工作领导小组,兴山县社会管理创新工作领导小组办公室以兴社创办文〔2012〕12 号文件下发到各乡镇、县直各单位。又确定将兴山县古夫镇夫子、龙珠二个社区作为试点,探索解决人员、场所、职能、运行和保障五大问题,通过实践,逐步摸索出一套法务工作站运行的基本模式,为全面推开法务工作站建设创造条件。由于兴山县网格工程试点乡镇古夫镇网格员于 2012 年 7 月 25 日才到位,其有关工作略显滞后。

7. 夷陵区全面实施"法务网格工程"的情况

2012 年 6 月 20 日全市司法行政系统"法务网格工程"现场会议后,夷陵区司法局高度重视,积极行动,将"法务网格工程"纳入当前工作的重点内容,及时安排部署,确保 2012 年内在全区全面推开。

(1)及时汇报,争取领导支持

2012年6月21日,局党组书记、局长向区委政法委书记汇报了全市司法行政系统"法务网格工程"现场会议精神,提出了夷陵区司法行政法律事务"四进"网格的初步方案。分管副局长、基层科长向分管的政法委副书记、综治办主任、区创新办进行了详细汇报。司法行政法律事务"四进"网格工作得到了区委政法委、综治办、创新办的高度重视和支持,一是将司法行政法律事务"四进"网格纳入区社会管理创新试点,二是将司法行政法律事务"四进"网格与全区社会管理创新推进工作同时安排和部署,三是要求司法局做好司法行政法律事务"四进"网格的实施方案、队伍的建立、网格员的培训等前期准备工作。

(2)制定和完善实施方案,确保"四进"网格工作顺利实施

2012年6月25日,夷陵区司法局召开了局机关全体干部会议,认真传达了全市司法行政系统"法务网格工程"现场会议精神,安排部署了夷陵区司法行政法律事务"四进"网格的工作安排,一是成立了以局长为组长,分管副局长任副组长,相关人员为成员的领导小组,夷陵区司法局基层科负责"法务网格工程"的具体工作。二是制定夷陵区司法行政法律事务"四进"网格实施方案,三是争取夷陵区政法委、区创新办的支持和重视,将司法行政法律事务"四进"网格纳入夷陵区社会管理创新试点,四是在"四进"网格工作启动之前,组织夷陵区司法局机关科室负责人、司法所长到中心城区进行工作学习和考察,借鉴宜昌市中心城区"四进"网格的经验和做法。五是召开夷陵区司法局全局系统"法务网格工程"动员会议,2012年8月8日召开了所有机关干部、司法所长、律师事务所主任、法律服务所主任参加的"法务网格工程"动员会议,安排部署了"四进网格"工作,明确了各部门的工作任务。

2012年7月9日,夷陵区司法局组织中层以上干部,专题讨论"四进"网格实施方案,为使方案切合实际,具有操作性,又将方案发各司法所征求意见,同时送到夷陵区创新办征求意见,力求完善,便于操作,形成了比较完善的实施方案。

(3)扎实做好基础工作,及时推进"四进网格"工作

夷陵区为及时跟进,全面推进"四进网格"工作,确保工作规范化开展,夷陵区司法局主要做了四个方面的基础工作:一是建立了以乡镇(街道、开发区、发展大道新区)综治办为依托、以司法所为主体的14个"法务指导中心"。目前,夷陵区各司法所按照要求并结合各地实际,进行建立"法务工作站"和开展"四进网格"的准备工作。二是整合力量,调配人员,组建"五支队伍"。夷陵区司法局将司法行政干部、律师、法律工作者作为"五支队伍"的基本力量,在全

区统一调配,确保每个网格有一名法律专业人员为群众就近服务。三是实行标牌、机构、职责、流程、制度和台账"六统一"。标牌、制度和台账由夷陵区司法局统一制作和印制,发到各司法所,确保基础工作规范化。四是做好网格员的培训准备工作。

8. 长阳县全面实施"法务网格工程"的情况

自宜昌市司法行政系统"法务网格工程"现场会之后,长阳县司法局把"法务网格工程"纳入了重要议事日程,作为 2012 年司法行政工作的一件大事来抓,其"法务网格工程"实施的情况如下:

一是县局成立了"法务网格工程"领导小组,由局长任组长,分管基层工作的副局长任副组长,机关各股室负责人为领导小组成员。

二是制定了长阳土家族自治县司法行政系统"法务网格工程"实施方案;对"法务网格工程"的具体实施进行了安排部署。

三是在司法行政系统内部召开了"法务网格工程"动员大会,统一思想认识,进行安排部署。

四是积极主动向有关领导汇报工作,争取领导的支持和重视。长阳县委常委办公会听取了长阳县司法局"法务网格工程"专题汇报,长阳县政法委全体委员会议听取了"法务网格工程"情况汇报。

五是长阳县司法局向长阳县社会管理综合治理委员会提交了《关于将"法务网格工程"纳入网格化管理的请示》,长阳县社会服务管理创新综合试点工作领导小组办公室以长社创办〔2012〕3 号《关于县司法局将"法务网格工程"纳入网格化管理请示的批复》,同意将"法务网格工程"纳入长阳县城区网格化服务统一管理。

六是选择在龙舟坪镇枫竹园、花坪、龙门、四冲湾、湖口 5 个社区开展试点工作。以长阳县城区网格化统一服务管理为依托,构建"法务网格工程"平台,实现法制宣传、人民调解、法律援助、社区矫正工作四进网格。

七是由龙舟坪司法所具体组织对 32 名网格员进行了业务培训,同时组织镇分管领导、社区书记和部分网管员赴西陵区进行观摩学习和实地考察。

八是长阳县司法局与龙舟坪镇党委政府召开联席会议,共同协商开展"法务网格工程"的有关事宜,争取镇党委政府的重视与支持,镇人民政府投入 3 万元,为开展"法务网格工程"提供了经费保障。

九是在赴西陵区参观学习的基础上,借鉴西陵的做法和经验,结合长阳县的实际情况,制作了相关的工作制度、工作流程和工作手册。

9. 枝江市全面实施"法务网格工程"的情况

为了认真落实《宜昌市司法行政系统法务网格工程实施方案》和宜昌市司法局法务网格工程现场会精神,充分发挥司法行政机关在服务社会管理创新中的独特优势,进一步提高司法行政机关的社会服务管理水平,切实将司法行政职能向社区(村)下移,真正实现"零距离"接触服务对象,"第一时间"为民众提供法务服务,枝江市法务网格工程实施情况如下:

(1)高度重视,积极行动

宜昌市司法局法务网格工程建设动员会结束后,枝江市司法局召开局办公会,迅速传达市级会议精神,局办公会决定:一是成立枝江市法务网格工程工作领导小组;二是制定枝江市法务网格工程实施方案;三是确定示范点,迅速启动相关工作。2012 年 5 月 4 日,枝江市正式成立了"法务工程工作领导小组",制定出台了法务网格工程实施方案,并确定了马家店街道办丰坪巷社区、董市镇马家冲村、枝江市姚家港化工园等三个法务工程建设示范点。宜昌市法务网格建设现场会后,枝江市司法局党组又将宜昌现场会精神和枝江市法务网格建设进展情况向枝江市委、市政府领导作了专题汇报,市委常委、政法委书记指示枝江市司法局拿出建设方案,把法务网格建设作为社区网格建设工程的一项重要内容。马家店街道办事处非常重视法务网格工程建设工作,2012 年 5 月 10 日办事处印发了实施方案,成立了以党委书记任组长的法务网格工程建设领导小组和分管政法工作的副书记任主任的法务指导中心,办事处为法务网格建设批拨了专款。试点单位丰坪巷社区积极开展试点建设,成立了法务工作站,设立了专门的法务网格办公室,为网格人民调解员发放了聘书。

(2)抓住重点,突出特色

为了把法务网格工程建成服务百姓的民心工程、维护稳定的前沿工程,枝江市司法局根据本地实际,着力抓好四个方面的工作:第一,健全组织。一是建立"中心、站、网格"三个工作平台,即:在街道(镇)建立"法务指导中心",在社区(村)建立"法务工作站",根据居民(村民)居住分布情况合理设立"法务工作网格"。二是着重建立好三支队伍:①法务网格员队伍。即在每个网格聘请一名法务网格员,履行法制宣传员、民间纠纷调解员、特殊人群帮教员、法律援助联络员等法务职能;②法务工作信息员队伍。即把网格内居(村)民信任的中心户长、无职党员、退休干部和教师、德高望重的老人和热心服务群众的老板等精英组织起来,组成法务工作信息员,让这些信息员与法务网格员一道,广泛宣传法律知识,积极调解邻里纠纷,主动反馈各种信息,热情做好帮教工作,让其成为网格法务工作的重要力量。③法务工作指导员队伍。即在每个"法务指导中心"建立一支由司法所干警、司法局职能科室负责人、法律服务所、律师事务所等法务专业人员组成的法务工作指导员队伍,负责指导各法务工作站开展法务工作,接受法务网格员咨询和应邀为网格内居(村)民提供法务服务。第二,完善制度。为了确保法务网格工程建设不走样,法务工作不脱钩,枝江市司法局组织建立了岗位责任制度、工作衔接制度、服务承诺制度、例会学习制度、考核奖惩制度和工作流程等一系列工作制度和工作规范。第三,规范建设。要求各法务指导中心、法务工作站要达到"四有"(有匾牌、有办公室、有办公设施、有工作台账),"三落实"(组织机构落实、责任落实、制度落实),"两上墙"(岗位公示上墙、工作制度上墙),"一份工作手册"(为每个法务网格员印制一份工作手册,内容主要包括:法务工作基本知识、法务工作日常工作记载、特殊人群基本信息、网格员职责、法务工作指导员信息)。第四,强化保障。为确保法务网格工程顺利实施,枝江市要求要把法务网格员工资、法务工作经费纳入街道(镇)财政预算,将法务网格员纳入先进模范表彰范围。

(3)试点先行,效果明显

为了确保法务网格工程建设质量和效果,枝江市司法局坚持典型引路,认真抓好示范点建设。根据宜昌市司法局的要求和枝江市领导的意见,枝江市司法局与试点镇(街道)领导进行了认真分析研究,进行了多次协调,使建设资金、网格人员工资待遇、办公场地迅速得到了落实。马家店和董市司法所不等不靠,积极主动开展示范点建设。至 2012 年 8 月底,在丰坪巷社区设立法务网格 13 个,确立法务网格员 13 人,聘请法务信息员 130 人,聘请兼职人民调解员 13 人,在马家冲村设立法务网格 9 个,确立法务网格员 9 人,聘请法务信息员 45 人,两司法所及时对网格员进行了业务培训。在建设试点方面,枝江市突出"三化"特点,收到较好效果。一是实现法务网格法务服务便捷化。枝江市司法局通过明确法务网格员"四员"(法制宣传员、民间纠纷调解员、特殊人群帮教员、法律援助和公证业务联络员)职责、密布信息员,畅通了居民群众法务需求信息渠道,使居民及时得到了法律服务,解决了居民法务需求"迅速办"的问题。如丰坪社区四格两居民为地界产生争执引发肢体冲突,该网格网格员接到信息员报告后迅速赶到现场举行调解,避免了矛盾进一步升级,使双方矛盾纠纷得到了及时化解。同时,通过给网格员配备法务工作业务指导员,对社区居民提出的而网格员不能解决的法律需求,能够迅速反馈到相关业务单位,安排业务单位迅速办理,极大方便了居民群众法律需求。二是实行法务网格员业务工作记载一本化。为了方便法务网格员开展工作,明确工作规范,枝江市司法局为网格员制发了工作手册,手册包括常用法律知识、工作职责、基本信登记表、工作记载表等14项内容,有效解决了法务网格员在处理法律事务时"办什么、怎么办"的问题,同时为考核网格员工作提供了量化记载。三是对法务网格员业务指导实现了常态化。为了有效指导法务网格员业务工作,枝江市司法局成立了法务工作指导员队伍,将指导员基本信息印发给网格员,从而有效解决了网格员在遇到居民需求而自己无法解决而出现的"找谁办"的问题。同时枝江市司法局定期组织法务工作指导员到网格指导法务工作,保证了业务指导实在有效,提升了网格员素质,提高了为群众办事的效率。

通过开展法务网格工程建设试点,摸索出了一些经验,枝江市以此为基础在全市全面建设法务网格工程。

10. 宜都市全面实施"法务网格工程"的情况

宜都市司法局紧紧抓住宜都作为社会管理创新的试点城市的契机,将"法务网格工程"融入全市社会管理创新工作大局,不断丰富社会管理创新体系内容,逐步建立起以法务工作站为依托,以网格为基础的司法行政服务新体系,将人民调解、法制宣传、社区矫正安置帮教、法律服务四大司法行政职能融入基层网格,通过最大限度激发社会活力、最大限度增加和谐因素、最大限度减少不和谐因素,让老百姓切实感受到"法律服务就在我身边"。

(1)积极谋划,稳步推进法律服务进网格

一是及早启动。为了确保法务网格工程扎实有效开展,宜都市司法局就宜都市开展法务网格工作的情况向宜都市委、市政府领导进行专题汇报,宜都市委、市政府、市政法委领导高度重视,专题研究,确定将法务网格工程纳入全市社区网格建设工作,确定一个端口,将法务网格工程直接接入全市社区网格管理信息系统,确保全面有序推进。

二是全面融入。宜都市司法局积极主动与宜都市综治办联系,邀请综治办领导和专业人员指导司法行政机关开展"法务网格"工作,为司法行政工作融入全市网格化管理中创造了服务平台。在工作推进过程中,要求司法行政的法律服务、人民调解、法制宣传、特殊人群管理等各项工作职能全面融入宜都全市网格化管理中。

三是选准试点。2012年5月25日,宜都市司法局成立了法务网格工程领导小组,制定法务网格工程实施方案,并确定陆城街道办事处解放社区、红花套镇渔洋溪村城区及农村两个法务工程建设农村试点,细化目标责任,落实工作任务、工作要求和完成时限,为全市全面推进法务网格工程提供保障。在推进试点工作中,宜都市司法局领导多次带队到试点单位与当地党委、政府和司法所进行沟通与研究,分析解决在试点工作中存在的问题和情况,使方案、制度、人员、办公场地等都得到了落实,使得试点地区法务网格工作取得了良好效果,得到了人民群众的好评。

(2)整合资源,切实增强网格化管理工作力量

一是整合司法行政网格四员。以网格为单位,对宜都全市基层司法行政工作力量进行了优化,为每个网格配备了由"人民调解员、法律服务员、法制宣传员、特殊群体关照员"组成的司法行政网格四员,为法务网格工作提供了基础性力量。

二是加强司法所建设。大力推进基层司法所的规范化建设,司法所的人员力量得到加强,基层司法行政工作的推进力度不断强化,服务质量有效提升,司法所成为司法行政部门直接服务于网格群众的中坚力量。

三是建立综合法律服务团队。依托市局和全市法律服务机构的力量,建立了综合法律服务团队,定期深入基层为司法行政基础网格服务人员提供业务指导帮助。

(3)关注民生,大力提升法务网格工作实效

一是人民调解进网格,矛盾化解在身边。网格管理员作为网格责任人,首要任务就是要及时化解网格内的矛盾纠纷,充分发挥第一道防线作用,维护社会和谐稳定。自法务网格工作开展以来,网格员按照"一联二及时三公开四必到五摸清"的方式开展工作,即联系一批志愿者,及时巡查、及时调解纠纷,公开职责、身份、联系方式,坚持群众有问题反映必到场、群众遇到特殊困难必到场、群众产生纠纷必到场、发生重大突发事件必到场,摸清家庭信息、经济状况、就业技能、生活需求、内心意愿等。充分发挥了矛盾信息员、纠纷第一调解员的重要作用。在农村试点红花套镇渔洋溪村,以地理信息电子化为基础,制作村电子地形图,编制农户门牌号,按照属地原则,以村民小组为单位,将全村划分成6个管理网格,并在电子地图上进行标识,每个网格推选1名网格管理员。通过网格定位,明确管理职责,有效避免了服务出现"真空"和"盲区"。自创新社会管理以来,宜都市司法局以"和谐新农村,幸福渔洋溪"为目标,创新管理体制、管理方式、管理方法,构建起村委会主导、网格协同、村民参与的法务管理服务格局,基本做到了村情全摸清、矛盾全化解、服务全方位,实现了村

民富裕、家庭幸福、村内和谐。如 2012 年 7 月,红花套镇帝元食品厂一女工起床后突发头痛,被送到医院后因抢救无效死亡,网格员按到食品厂报告后,迅速赶到现场进行调解,并及时通知法务工作站,避免了矛盾进一步激化。鉴于事件重大,法务指导中心派出副主任专门负责处理此事,并劝服工厂从人道主义精神出发,赔偿死者亲属各类费用计 6 万元整。就这样,法务网格上下齐动,仅两个半小时,就成功化解了一起突发病亡纠纷,在维护死者家属利益的同时也减轻了厂方的负担,有力地促进了一方和谐。

二是特殊人群管理工作进网格,帮教管理在身边。宜都市司法局将特殊群体安置帮教与网格化管理有机结合,实现社区矫正和安置帮教工作的全面覆盖。由特殊群体管理员积极配合市基层科通过定期走访排查,对网格内社区矫正对象和刑释解教人员进行监管,及时了解、掌握他们的思想状况和活动情况,提供就业、法律咨询等服务,鼓励他们积极参加公益劳动。通过生活上帮助、心理上疏导、就业上安置、社会上关爱,使他们顺利融入社会。陆城刑释人员余某刑满释放后,因患有灰质脊椎炎,家庭生活极度困难,社区网格员走访了解情况后,及时向司法所汇报,将其纳入重点帮教对象,不仅为他送去困难慰问金和法律书籍解决短期困难,更通过每月走访谈话,建立朋友之情,让其有受到社会尊重与认同之感,从心灵深处走出罪犯的阴影,积极融入社会。

目前,宜都市已基本将社区矫正对象、刑释解教对象全部实行了信息化科学管理。在工作中,各网格员和关照员每月逐一走访社区矫正对象和刑释解教人员,及时了解和掌握他们的思想状况、活动情况及存在的问题和困难,做到情况明。对生活困难的对象,及时提供帮教服务,自法务网格开展以来已帮助解决就业培训 11 人、低保 61 人、困难救济 8 人。

三是法制宣传进网格,法律宣传心贴心。网格员们为了当好法制宣传员,首先自己率先带头学法用法,而且重视法律普及和宣传工作,结合自身特点,发挥社区、乡村公共文化场所的作用,使这些地方成为传播法治文化的重要阵地,他们还以村法制宣传骨干、市普法讲师团成员、各地普法志愿者为依托,组织开展文艺会演、戏曲、书画等形式多样的送法活动,围绕人民群众关心关注的社会保障、安全生产、医疗卫生、食品安全和社会救助等热点问题,把法律送到群众手中。胜利社区专门建立了一条 30 米长的社区法制宣传长廊,采取通俗易懂、言简意赅的宣传方式,使百姓在家门口就能享受到实用法律宣传教育带来的好处。

11. 西陵区全面实施"法务网格工程"的情况

西陵区司法局坚持以人为本,服务民生,以全市社会管理"一本三化"服务新体系为依托,以满足群众基本法律事务需求为出发点,以司法行政服务职能延伸到基层为落脚点,采取五项措施全面推进"法务网格工程"实施,在西陵、学院、云集等三个街道实现了全覆盖,法务"四进"网格工作取得明显成效,先后迎接了 14 批次的领导视察、专家调研和外地学习考察,得到了各级领导充分肯定和社会广泛好评。"法务网格工程"实施的情况如下:

一是领导重视,保障到位。2012 年初,西陵区委、区政府将"法务网格工程"列为 2012 年督办的重点工作,并纳入年终考核项目管理。2012 年 5 月 8 日,西陵区社会服务管理创新综合试点工作领导小组下发《区创新办批转〈西陵区司法行政系统"法务网格工程"实施方案〉的通知》,督导全区各单位和部门认真贯彻执行。2012 年 5 月 14 日,西陵区司法局组织各试点街道和社区的相关负责人召开"法务网格工程"试点工作推进会,西陵区委常委、政法委书记对实施"法务网格工程"的工作措施和推进步骤进行了安排部署。西陵区创新办为西陵区司法局预算了"法务网格工程"工作专项经费五万元。

二是健全机制,规范运行。载试点经验的基础上,西陵区司法局完善了《法务指导中心工作职责》、《法务指导中心工作流程图》、《法务指导中心组织网络图》等制度,并统一制作上墙。为社区法务工作站制作了法务需求调查表,编制了《社区网格法务联络员名册》台账;给每一名法务联络员配备了《日常工作记录手册》,以表格化的方式记载了居民预约法律服务、申请法律援助的情况,同时也以台账的形式反映了网格内简单矛盾纠纷调处、特殊人群接受监管关爱等情况,确保法务工作落到实处。坚持法务工作站每周工作例会制度,分析研判法务联络员上报的法律事务需求信息,针对疑难问题及时协调解决,加强跟踪督办和信息反馈。

三是强化培训,提升素质。街道法务指导中心每月组织开展一次法律专业知识培训,定期安排法务联络员参加法律知识学习,对其开展法律援助、人民调解、社区矫正安置帮教、法制宣传等工作进行规范指导。2012 年 7 月 25 日、26 日,西陵区司法局组织全区各街道(乡)、开发区分管领导、相关工作人员和各社区(村)骨干 100 余人,进行了为期 2 天的基层法律实务集中培训。培训会传达了市司法局"法务网格工程"现场会精神,邀请市司法局业务部门负责人作专题辅导,区司法局长在全区深入推进"法务网格工程"进行了全面动员和部署。

四是加强考核，落实责任。实行奖惩机制，层层考评、层层负责，确保工作取得实效。街道办事处将司法行政"法务网格化"服务管理机制和工作成效纳入对社区《千分制考核细则》，考核分值占司法所对社区考核分值的23.3％。社区法务工作站每月对法务联络员的工作情况进行百分制考核，实行统一检查、统一考评，考核成绩纳入对网格员全年目标考核重要内容，奖惩兑现。

至 2012 年 10 月底，西陵区在西陵、云集、学院 3 个街办 41 个社区共组建了"五支队伍"。其中，人民调解员队伍 660 名、法律服务专业人员队伍 103 名、法制宣传员队伍 664 名、特殊人群关照员队伍 68 名和法律援助协办员队伍 134 名。法务工作站共排查受理矛盾纠纷 588 件，调解成功 583 件；组织开展法制宣传活动 56 场次，发放宣传资料 18000 份，参加人数 17000 人；提供法律咨询 135 人次，提供公证预约服务 3 人次，代办法律援助 20 件；为 40 名社区矫正人员和 25 名刑释解教人员提供就业培训，帮助安置就业 25 名，落实困难就济 55 名，申请办理低保 60 名，有效搭建了"零距离满足人民群众基本法律需求，近距离防范重新违法犯罪，第一时间排查化解矛盾纠纷"的为民服务大舞台。

二、宜昌市"法务网格工程"全面实施阶段的主要内容分析

在"法务网格工程"全面实施阶段，宜昌市各区县根据宜昌市总体工作安排，各区县的主要工作内容是夯实基层基础，根据各自的具体情况不断创新"法务网格工程"工作机制，其主要工作内容为：

（一）完善网络、健全机制，"法务网格工程"深入实施

进一步完善"三级平台"组织网络，规范法务网格工作流程，健全法务网格工作制度，确保"法务网格工程"规范、协调、常态化运行。根据全市"法务网格工程"方案的总体要求，各地在实践中不断探索完善法务工作"三项机制"的操作性、实用性、科学性。伍家岗区司法局严格按照市司法局的统一要求，建立法务指导中心、法务工作站、法务网格三级平台，在没有实行网格化管理的行政村，法务网格按 100～150 户进行合理划分，指定司法行政干部管理指导，确保"法务网格工程"不漏一户。长阳县司法局创建了"金字塔"管理机制，即指

导中心、工作站、网格员、居民户依次推进,层层管理,建立三级平台管理机制、法务信息综合支撑机制、应急处理机制,全面推进"法务网格工程"。远安县积极与县政法委联系,争取将"法务网格工程"与全县社会管理网格化工作同部署、同检查,使"法务网格工程"融入全县社会管理网格之中。

(二)强化措施,督促落实,促进"法务网格工程"长效发展

为全面深化"法务网格工程",提升基层司法行政工作服务发展、维护稳定的能力和水平,市司法局制定下发了《宜昌市司法局开展"百优法务联络员"、"百优法务工作者"评选表彰活动的通知》,探索建立一套科学的"法务网格"管理考核和激励机制,最大限度激发法务网格工作队伍的工作积极性,不断提升法务网格工作队伍服务能力和水平。宜昌市司法局将"法务网格工程"建设纳入全市司法行政系统年度考核体系并作为各地评选先进司法所和省级规范化司法所的必备条件,积极组织开展法务工作站建设示范点创建。宜昌市司法局集中开展了全市司法行政工作会议贯彻落实情况检查。通过检查考核,进一步敦促各地加强"法务网格工程"规范化建设和健全完善法务网格管理体制机制。当阳市司法局开展了"法务网格工程"工作"1+3"竞赛活动,在全市范围内评选表彰示范法务指导中心,示范法务工作站和示范法务网格员。通过示范评比活动将"法务网格工程"不断引向深入。枝江市司法局制定了"法务网格工程"单项工作考核办法,量化考核标准,将其与相关责任人年度考核、职务晋升和绩效考核奖挂钩,强化责任落实,促进长效发展。

(三)注重规范、强化培训,全面提升法务工作队伍综合素质

宜昌市司法局制定了《宜昌市"法务网格工程"工作细则》,对"法务网格工程"平台建设、队伍建设、工作流程、工作机制、工作制度、工作台账档案等方面进行细化和规范。"法务指导中心"和"法务工作站"规范运行,不仅要做到"五有"(有人员、有办公场所、有办公设备、有公章、有宣传栏),"四落实"(组织落实、机构落实、制度落实、责任落实),"两上墙"(工作职责上墙、工作流程上墙),"一台账"(内容包括:人民调解、法制宣传、法律服务、社区矫正等日常工作登记),还要实现"六统一"(统一标牌、统一机构、统一职责、统一流程、统一制度、统一台账),同时保证法务网格的各项工作标准规范。如网格法律服务专业人员要有选拔确认公示、定位递补规则、服务质量标准、奖励处罚制度;人民调解工作要有定性要求、定量指标、定期考核、定额奖励、定时通报;对特殊

人员要有具体的教育、管理、矫治、帮扶措施；法制宣传要有阵地建设、宣传内容、活动方式、信息上报、成果展示等。市司法局向市创新办提交了《宜昌市社区网格管理员应知应会法律专业知识》，由市创新办统一下发到街道法务指导中心、社区法务工作站和网格管理员手中，变部门工作为党委、政府的重心工作，不断提高社区网格管理员的法律意识、大局意识，更好地、更加规范地服务社区居民。

为培养造就高素质的法务工作队伍，2013年上半年，市司法局分期分批组织开展了全市执业律师、基层法律服务工作者、司法鉴定人员等法务专业人员集中教育培训，全市989名法务专业人员参加了培训。通过大规模组织法务工作队伍集中培训，广大法务工作人员进一步增强了加强政策法规和业务知识学习的紧迫感，提升了职业道德和执业纪律意识，开阔了拓展业务的新思路，为推进"法务网格工程"科学发展奠定了坚实基础。夷陵区、伍家岗区、猇亭区、远安县等地按照市司法局《关于加强全市法务工作队伍教育培训工作的意见》要求，采取集中培训、以会代训、以考促训、以奖激训等方式，分级分层次对法务指导中心主任、法务工作站长、法务联络员进行培训，提高了法务工作队伍政治业务素质。

（四）加强调研、推广经验，提升"法务网格工程"的影响力

为树立"法务网格工程"品牌，市司法局制作了"法务网格工程"宣传片、编制了《"法务网格工程"宣传手册》，扩大宣传范围，提升"法务网格工程"知名度。同时，利用全市司法行政工作会议贯彻落实情况检查、全市司法所规范化建设、《湖北省人民调解工作规定》修订工作专题调研以及"人民调解社区行"、"婚姻家庭矛盾纠纷专项排查化解"等活动，深入基层一线发现和培育典型，切实加强"法务网格工程"工作经验的总结提炼和先进典型的宣传推介。

三、"法务网格工程"全面实施阶段取得的成效

宜昌市通过建立以"法务网格"为基础的信息化、扁平化、人性化的社会管理服务新体系，将法治建设工作的触角有效延伸至社会基本自治单元，更好地满足了人民群众的法务需求，群众切身感受到"法律服务就在身边"。真正实现了"法治社会群众共建、法治成果群众共享"，法治在社会管理中的重要作用得以有效发挥。截至2012年年底，全市共建立法务指导中心109个、法务工

作站 1601 个、法务网格 11757 个,明确法务联络员 11757 人,组织法务工作者
39043 名,实现了"法务网格"城乡"全覆盖"。有关各区县在组织建设和队伍
建设的详细情况参见 2012 年宜昌市"法务网格工程"推进情况统计表和宜昌
市 2013 年 1 月全市法务网格工程的组织建设和队伍建设情况统计表。

2012 年宜昌市"法务网格工程"推进情况统计表

工作事项		工作完成情况
工作总体推进情况	组织建设	本辖区有 109 个街道(乡镇),已成立法务指导中心 109 个
		本辖区有 1601 个社区(村),已成立法务工作站 1601 个
		建立法务工作网格 11757 个,共有法务联络员 11757 名
	队伍建设	人民调解员 12707 名
		法律服务专业人员 2543 名
		法制宣传员 11887 名
		特殊人群关照员 5139 名
		法律援助协办员 9505 名
	规范化建设	107 个法务指导中心实现了标牌、组织网络、工作职责、工作制度和工作流程统一上墙公示
		1589 个法务工作站实现了标牌、组织网络、工作职责、工作制度和工作流程统一上墙公示
		9657 个法务工作网格实现了法务工作队伍名单及联系方式在网格上墙公示
		共印制发放《社区法务工作站工作记录》5490 册,印制发放法务联络员《法务工作手册》21183 册
主要工作成效		人民调解进网格。排查受理矛盾纠纷 14563 件;调解成功 14087 件;防止民转刑案件 286 件;防止群体性上访 280 件 15218 人
		法制宣传进网格。组织开展法制宣传活动 1674 场次,发放宣传资料 430690 份,参加人数达 738910 人
		法律服务进网格。提供法律咨询 9052 人次;提供公证预约服务 529 人次;代办法律援助 502 件,为群众避免和挽回经济损失 2204.78 万元
		社区矫正安置帮教进网格。为 858 名社区矫正人员和 935 名刑释解教人员提供就业培训;帮助安排就业 294 名;落实困难救济 269 名;申请办理低保 229 名。

2012 年,全市共调解各类矛盾纠纷 25572 件,调解成功率达 97%。共开展法制宣传 889 场次、法制文艺演出 98 场次,发放普法书籍 278 万册、资料230 万份;共提供法律咨询 14571 人次,公证服务 14029 人次,司法鉴定事项5367 件;共办理法律援助案件 1649 件、事项 19515 件,为群众避免和挽回经济损失 7147 万元。共为社区矫正和刑释解教人员提供就业培训 748 人次,帮助安排就业 178 名,落实困难救济 1484 名、办理低保 199 名,帮助他们重树信心、顺利融入社会。

宜昌市 2013 年 1 月全市"法务网格工程"组织建设和队伍建设情况统计表

区县	组织建设						队伍建设					
	辖区街道(乡镇)	成立法务指导中心	辖区社区(村)	成立法务工作站	建立法务工作网络	法务联络员数	组建法务工作队伍	人民调解员	法律服务专业人员	法制宣传员	特殊人群关照员	法律援助协办员
	个	个	个	个	个	名	名	名	名	名	名	名
宜都市	11	11	146	146	240	240	1200	240	240	240	240	240
枝江市	9	9	214	214	1945	1945	3574	1527	264	1193	238	532
当阳市	10	10	173	173	1085	1085	4300	1210	30	1100	980	980
远安县	7	7	117	117	467	467	2350	482	467	467	467	467
兴山县	8	8	96	96	1226	1226	4348	1264	783	1264	490	547
秭归县	12	12	193	193	1246	1246	6323	1323	209	1398	685	2708
长阳县	12	12	159	159	688	688	2768	688	16	688	688	688
五峰县	8	8	108	108	843	843	961	792	20	807	126	23
夷陵区	12	12	194	194	2257	2257	6700	2816	146	2630	685	2354
西陵区	7	7	75	75	715	715	2171	865	165	841	115	185
伍家区	5	5	51	51	410	410	2043	805	179	564	312	183
点军区	5	5	52	52	575	575	1796	575	11	575	60	575
猇亭区	3	3	23	23	60	60	329	120	13	120	53	23
总计	109	109	1601	1601	11757	11757	39043	12707	2543	11887	5139	9505

　　2013 年上半年,全市 13 个区县的各级法务机构按照宜昌市司法局的统一安排,认真落实四进网格,各方力量密切配合,取得了显著的成绩,各区县 2013 年 1—4 月和 6 月的成效分别参见宜昌市"法务网格工程"实施情况汇总表(2013.1—2013.6)等统计表。排查受理矛盾纠纷 11142 件,调解成功 10777 件,调解成功率 97%;开展法制宣传 2654 场次,提供法律咨询 11146 人次,提供公证预约服务 506 人次,代办法律援助案件 320 件,为 2018 名社区矫正人员和 2826 名刑释解教人员提供就业培训,帮助安排就业 264 名,落实困难救济 292 名,申请办理低保 125 名,为构建"法治宜昌"、建设"平安宜昌"做出了积极贡献。宜昌市司法行政系统"法务网格工程"被评为宜昌市政法系统第二届"十佳政法工作品牌"。

宜昌市"法务网格工程"实施情况汇总表(2013.1—2013.6)

时间	人民调解进网格的成效					法制宣传进网格的成效			法律服务进网格的成效				社区矫正进网格的成效				
	排查受理矛盾纠纷	调解成功	防止民转刑案件	防止群体性上访		开展法制宣传活动	发放宣传资料	参加人数	提供法律咨询	提供公证预约服务	代办法律援助	为群众避免和挽回经济损失金额	提供就业培训		帮助安排就业人数	落实困难救济人数	申请办理低保人数
													社区矫正人员	刑释解教人员			
	件	件	件	件	人	场次	份	人	人次	人次	件	万元	名	名	名	名	名
2013.1	1662	1611	48	93	939	490	58913	89926	1570	61	52	555.8	455	1062	78	122	20
2013.2	1360	1319	25	33	510	294	38210	42324	1226	50	55	358	320	408	26	68	22
2013.3	2026	1969	28	37	946	461	68273	85191	1429	118	43	734	349	357	57	35	17
2013.4	2012	1954	36	57	782	475	49827	65797	1871	115	36	945.48	312	351	25	24	13
2013.5	2015	1935	30	29	252	458	66481	95414	2750	87	56	724.47	302	387	59	26	19
2013.6	2067	1989	36	36	637	476	93539	73677	2300	75	78	808	280	261	19	17	34
总计	11142	10777	203	284	4339	2654	375243	452329	11146	506	320	4125.97	2018	2826	264	292	125

　　由此可知,"法务网格工程"的实施取得了显著效果,从理论上讲,这实际上是我国国家权力在部分基层领域退出后,面对社会转型带来的诸多矛盾,国家权力重返基层部分领域的一种方式。之所以出现国家权力重返部分基层领域,是因为我国单位社会逐渐走向解体后,数以亿计的非正规就业人群由于没有了传统意义的"单位"作为依靠而出现了原子化状态,这一状态使得基层政

府在社会治理方面遇到困难,在刚性稳定的思维下,面对数以亿计处于原子化状态的人群,政府无法及时掌握动态,也难以满足其纷繁复杂的法务诉求。宜昌市法务网格工程实施为政府提供了权力渗透到基层,及时掌握基层动态提供了切入点,有利于实现维护社会稳定的目标。该工程为老百姓实现低成本的权利救济提供了制度化的渠道。所以能够得到市委、市政府的大力支持,得到基层普通百姓的欢迎。

宜昌市 2013 年 1 月"法务网格工程"实施情况汇总表

地区	排查受理矛盾纠纷(件)	调解成功(件)	防止民转刑案件(件)	防止群体性上访(件)	防止群体性上访(人)	开展法制宣传活动(场次)	发放宣传资料(份)	参加人数(人)	提供法律咨询(人次)	提供公证预约服务(人次)	代办法律援助(件)	为群众避免和挽回经济损失金额(万元)	提供就业培训·社区矫正人员(名)	提供就业培训·刑释解教人员(名)	帮助安排就业人数(名)	落实困难救济人数(名)	申请办理低保人数(名)
宜都市	178	175	0	2	13	11	3000	3000	110	22	0	207.47	5	8	0	9	3
枝江市	97	93	1	1	10	11	20000	43000	34	1	9	31	323	868	4	2	1
当阳市	189	176	26	35	183	162	12509	12436	111	1	7	25	2	10	31	26	2
远安县	110	107	0	0	0	7	1655	1655	25	0	5	0	0	0	0	14	2
兴山县	103	100	4	2	16	27	3300	3975	135	13	5	13.50	68	110	24	5	1
秭归县	153	153	1	5	43	219	11849	12810	195	2	5	172.87	46	44	8	33	5
长阳县	288	282	7	2	11	15	2000	3500	320	3	2	45	0	0	0	0	0
五峰县	67	64	0	0	0	8		4000	10	2	5	10	0	0	0	0	0
夷陵区	196	187	6	10	161	1	200	200	31	0	2	1	0	0	0	18	0
西陵区	66	64	0	1	12	5	600	800	55	5	0	2	0	0	0	7	0
伍家区	73	69	0	2	157	5	500	650	14	1	1	0	0	2	1	0	1
点军区	59	59	2	30	0	5	900	1200	158	9	1	6	0	6	2	6	3
猇亭区	83	80	1	3	333	14	2400	2700	372	2	1	40	8	15	7	2	2
总计	1662	1611	48	93	939	490	58913	89926	1570	61	52	555.84	455	1062	78	122	20

宜昌市 2013 年 2 月"法务网格工程"实施情况汇总表

地区	人民调解进网格的成效					法制宣传进网格的成效			法律服务进网格的成效				社区矫正进网格的成效				
	排查受理矛盾纠纷	调解成功	防止民转刑案件	防止群体性上访		开展法制宣传活动	发放宣传资料	参加人数	提供法律咨询	提供公证预约服务	代办法律援助	为群众避免和挽回经济损失金额	提供就业培训		帮助安排就业人数	落实困难救济人数	申请办理低保人数
													社区矫正人员	刑释解教人员			
	件	件	件	件	人	场次	份	人	人次	人次	件	万元	名	名	名	名	名
宜都市	131	130	0	3	67	11	3500	3500	95	21	0	104.64	3	5	0	0	7
枝江市	65	63	1	1	30	6	1	12000	12	0	29	5	0	0	1	1	0
当阳市	145	143	6	8	75	82	5565	5322	77	1	2	58	243	282	4	17	4
远安县	93	90	0	0	0	9	2160	2160	88	1	2	3.5	0	0	0	7	0
兴山县	88	79	4	4	56	26	6040	6854	103	0	6	14.6	56	94	2	2	1
秭归县	104	104	0	2	11	111	14876	5299	98	1	5	51.64	9	6	7	20	0
长阳县	278	273	3	4	25	13	800	1500	260	0	5	35	0	0	0	0	0
五峰县	78	72	1	3	29	4	0	899	34	1	0	0	0	0	0	3	2
夷陵区	170	168	3	2	26	1	180	300	50	1	1	13.7	0	2	1	8	0
西陵区	55	54	0	0	0	3	150	200	34	3	0	0	0	0	0	0	2
伍家区	56	51	0	0	0		235	380	21	0	0	0	1	2	0	1	3
点军区	37	37	7	4	46	5	890	1310	186	9	5	6	1	2	2	6	3
猇亭区	60	55	0	2	145	18	3813	2600	168	7	2	65.5	7	15	8	3	0
总计	1360	1319	25	33	510	294	38210	42324	1226	50	55	357.58	320	408	26	68	22

宜昌市 2013 年 3 月"法务网格工程"实施情况汇总表

地区	人民调解进网格的成效					法制宣传进网格的成效			法律服务进网格的成效				社区矫正进网格的成效				
	排查受理矛盾纠纷	调解成功	防止民转刑案件	防止群体性上访		开展法制宣传活动	发放宣传资料	参加人数	提供法律咨询	提供公证预约服务	代办法律援助	为群众避免和挽回经济损失金额	提供就业培训		帮助安排就业人数	落实困难救济人数	申请办理低保人数
													社区矫正人员	刑释解教人员			
	件	件	件	件	人	场次	份	人	人次	人次	件	万元	名	名	名	名	名
宜都市	192	182	0	7	184	11	1000	2100	105	32	0	476.23	3	2	0	0	5
枝江市	97	97	2	3	40	27	37000	36841	177	1	4	9.5	15	11	17	0	0
当阳市	195	190	10	3	43	126	1852	8977	117	1	3	85	251	261	6	17	3
远安县	142	141	0	0	0	8	1160	1160	36	1	0	0	0	0	0	0	0
兴山县	122	120	4	5	33	33	6740	11140	85	0	7	9.7	41	54	3	1	0
秭归县	159	159	2	0	0	187	4521	7950	136	1	5	40.64	28	3	3	4	1
长阳县	335	327	3	6	40	15	1000	2300	320	56	3	45	0	0	0	0	0
五峰县	129	116	1	2	19	9	200	1327	64	0	0	1.3	0	0	19	0	0
夷陵区	267	262	4	3	66	2	5000	2000	15	2	5	10	1	12	1	1	2
西陵区	161	159	1	2	10	13	3900	5700	35	0	1	2	1	1	0	0	0
伍家区	73	66	0	0	0	5	1170	1176	25	0	0	2	2	2	1	1	0
点军区	49	48	1	2	28	6	870	1310	201	12	6	8	2	2	2	5	4
猇亭区	105	102	0	4	483	19	3860	3210	113	12	2	46.8	5	9	5	1	0
总计	2026	1969	28	37	946	461	68273	85191	1429	118	43	734.17	349	357	57	35	17

宜昌市 2013 年 4 月"法务网格工程"实施情况汇总表

地区	人民调解进网格的成效					法制宣传进网格的成效			法律服务进网格的成效				社区矫正进网格的成效				
	排查受理矛盾纠纷（件）	调解成功（件）	防止民转刑案件（件）	防止群体性上访（件）	防止群体性上访（人）	开展法制宣传活动（场次）	发放宣传资料（份）	参加人数（人）	提供法律咨询（人次）	提供公证预约服务（人次）	代办法律援助（件）	为群众避免和挽回经济损失金额（万元）	提供就业培训·社区矫正人员（名）	提供就业培训·刑释解教人员（名）	帮助安排就业人数（名）	落实困难救济人数（名）	申请办理低保人数（名）
宜都市	185	179	2	8	331	14	1300	2200	98	47	0	497.57	4	2	0	0	3
枝江市	93	91	1	1	15	27	21000	4775	161	5	8	92.3	10	13	2	0	0
当阳市	239	228	5	28	293	147	5916	27516	120	3	0	120	259	267	14	9	1
远安县	155	152	0	0	0	22	1907	2850	114		2		0	0	0	0	0
兴山县	169	165	5	5	13	53	4775	8195	135	.0	7	132	23	49	1	0	0
秭归县	159	159	1	1	3	130	3455	6178	170	2	5	45.11	5	1	3	6	1
长阳县	350	341	13	6	53	25	1500	3500	500	28	2	35					
五峰县	119	110	0	2	12	7	36	850	40			5	0	0	0	3	0
夷陵区	233	229	8	4	37	13	2000	200	112		3	5	5	13	2	2	3
西陵区	145	142	0	1	10	15	4000	4500	83	11	0	3.5	1	1	0	0	0
伍家区	90	85					938	1193	33		4		2	3	1		
点军区	63	62	1		12	12	2000	3200	265	19	0	6	3	2	2	4	5
猇亭区	12	11	0	0	0	5	1000	1000	40	0	0	5	0	0	0	0	0
总计	2012	1954	36	57	782	475	49827	65797	1871	115	36	945.48	312	351	25	24	13

第四节　宜昌市法务网格工程取得显著成效依赖的条件分析

宜昌市法务网格工程的顺利实施并取得了显著的成效，需要我们弄清楚其依赖的条件，以便其他地方在决定借鉴此经验时参考，通过对宜昌市 13 个区、市、县法务网格工程实施情况的全面调查研究后,我们认为,宜昌市法务网格工程顺利实施依赖的条件主要有四个方面。

一、各级党政领导的大力支持

宜昌市司法局在牵头实施法务网格工程中,积极争取各级党委、政府的统一领导和支持,抢抓机遇,强化对接,把法律事务进网格服务系统纳入全市社会管理创新"一本三化"新体系,得到宜昌市委、市政府领导的高度重视和支持,"法务网格工程"工程纳入到了全市社会管理创新2012年工作要点和市创新办"一对接两跟进"重点工作内容,司法部部长到湖北调研司法行政系统社会管理创新工作时,宜昌市司法局就法务网格工程工作构想向部、省领导做了专题报告,得到了司法部和省厅的重视和肯定。正是由于各级领导的大力支持,才使得该项工作得以顺利推进。

二、科学的运行机制

建立科学的运行机制是法务网格工程得以顺利运行的关键。在管理体制上,通过不断强化规范管理来提高工作水平。法务指导中心和法务工作站的规范运行,不仅要做到标牌、机构、职责、流程、制度和台账"六统一",还要实现法务进网格的各项工作标准规范统一,才能不断提高工作水平。比如,网格法律服务专业人员要有选拔确认公示、定位递补规则、服务质量标准、奖励处罚制度;人民调解工作要有定性要求、定量指标、定期考核、定额奖励、定时通报;对特殊人员要有具体的教育、管理、矫治、帮扶工作措施;法制宣传要有阵地建设、宣传内容、活动方式、信息上报、成果展示等。

在队伍建设上不断整合资源。在法务网格工程的实施过程中,市司法局一直强调要抓好队伍的跟踪动态管理,及时掌握人员变动情况,及时衔接,及时补充,及时调整,及时上报,保证五支法务工作队伍最基本的力量。宜昌市中心四个城区121个社区划成1110个网格,每个网格配备1名网格管理员。通过整合基层司法行政机关工作人员、各类法律服务人员、基层人民调解员以及社区专职社会工作者、1110个网格管理员、10.8万名社会志愿者等系统内外资源,形成了力量倍增的五支法务工作队伍。在实际工作中必须积极协调配合,才能最大限度地整合社会资源,确保法务工作相对稳定的五支队伍。

在工作机制上,根据全市"法务网格工程"方案的总体要求,试点单位在实践中不断探索完善法务工作"三项机制"的操作性、实用性、科学性。特别是针对实际运行中发现的问题,不断完善组织结构,优化工作流程,减少工作环节,做到人往一线走,财向工作投,物向基层流,工作关口前移,工作重心下沉,真正实现扁平化指挥、集约化联动、个性化工作、人性化关爱、全程化服务,才能不断增强工作效能。

在工作的操作层面,始终坚持因地制宜,以保障工作最大程度地落到实处。在保持法务网格工程基本原则和总体框架不变的前提下,要坚持分类指导实施推进。对已经实现网格化管理的街道(乡镇)、社区(村),要严格按照全市的统一方案实施;对于没有实现网格化管理的乡镇、村(居),要依托农村治调中心确定法务联络员,相应组建法务工作队伍,确定联系服务范围。只有因地制宜开展法务四进工作,才能确保法律服务、人民调解、社区矫正安置帮教、法制宣传等法务工作在基层落到实处。

三、良好的信息化基础设施

在法务网格工程实施之前,宜昌市已经探索出了"一本三化"的社会管理体系。其中的网格化管理为法务网格工程的实施提供了基础性的条件,另外,宜昌市城区的信息化建设也较为完善。这使得宜昌市司法局推进的这项工作可以充分借助以网格为基础的整个社会管理服务信息数字化体系,共享社会管理综合信息平台,发挥现代信息技术在法务网格工程中的基础性、关键性作用。如网格管理员每天深入社区网格动态采集人口、房屋,特别是新生人口、流入人口基本信息。网格采集的信息首先与全国人口库进行基础性关联比对,形成人口基本信息,然后再将人口基本信息与部门专业信息进行综合性关联比对集成综合信息,全部进入互联共享的社会管理综合信息平台。这

社区 E 通

为充分了解社区有关社会矛盾、了解市民的法务诉求奠定了基础。

四、高额的财政投入

如前所述,宜昌市法务网格工程依赖于宜昌市进行社会管理创新机制探索奠定的硬件和软件基础。其相应的硬件设施投入很高,据统计,仅仅 2011 年,市、区两级财政就投入 4900 万元,用于支持宜昌城区全面推进网格化管理。在电子政务建设上,投入资金 7000 多万元,支持电子政务建设。① 另外,在人员经费开支方面,仅仅是网格员工资开支一项就是一笔不小的开支,目前宜昌市有 1110 个网格,这意味有 1110 个网格员需要政府支付工资,以 2012 年招聘方案的工资标准计算,全年的工资需要 1918 万元。随着物价水平的不断上涨,人力成本的必将不断上升,这笔开支也将变得更加庞大。实际上,这个工资标准远远不能与网格员的实际付出相匹配,后文将对此予以论述。

第五节　宜昌市法务网格工程运行中存在的问题

宜昌市实施"法务网格工程"取得了显著的成效,但调研结果显示,法务网格工程在实施的过程中也存在一定的问题,这些问题主要有以下几个方面。

一、网格员权限界定不清、法律素养难以满足法务网格工程对其提出的岗位要求,加上工作繁重,网格员从事法务工作的积极性有待提升

调研显示,普通市民对网格员的了解状况还有待提升。统计表明,普通市民对网格员权限很了解的占 5.3%,比较了解的占 16.9,有一点了解的占 21.4%,不了解的占 56.4%,也就是说有 56.4% 的普通居民并不了解网格员的真实身份,对于网格员究竟是居委会的工作人员还是政府工作人员,居民对

---

① 《宜昌市财政加大投入支持社会管理创新综合试点》,财政部网站,http://www.mof.gov.cn/xinwenlianbo/hubeicaizhengxinxilianbo/201205/t20120509_649326.html,最后访问日期:2013/年 9 月 8 日。

非诉低成本权利救济机制构建实证研究——以宜昌市法务网格工程等为例

这一问题没有一个整体的认识,通常居民把网格员和政府工作人员等同,扩大了网格员的实际权限,一些居民基于对个别政府工作人员的误解,常常增加了网格员的工作难度。例如居民常常依靠社区解决劳动纠纷等问题,在网格员参与的情况下,希望他们能够代表政府解决,但是很多情况下,社区网格员并没有相关权限,这容易引起纠纷当事人的误会,认为他们推卸责任,也为他们的后续工作带来很大的压力。

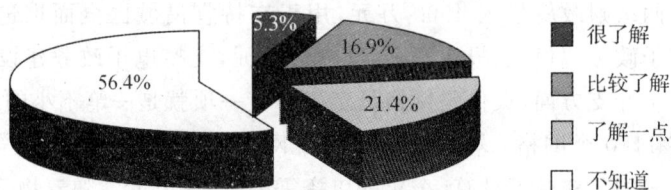

普通居民对网格员的身份了解情况

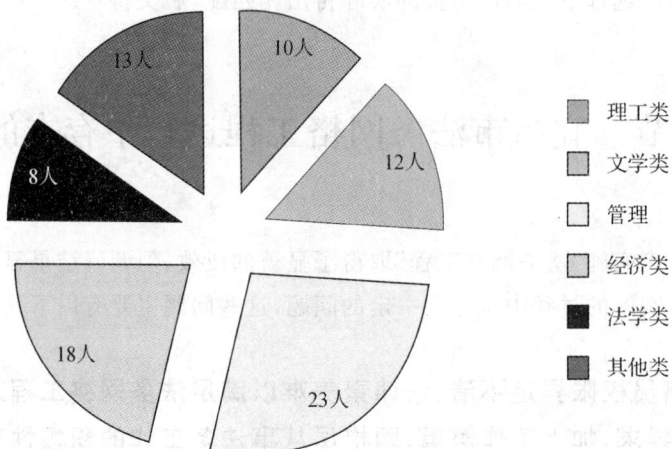

网格员学科知识结构图

社区网格化管理的具体实施需要网格管理员的参与,同样法务网格工程的实施也需要网格员参与。但是,宜昌市网格员却缺乏法律专业知识。调研情况显示,宜昌市社区网格管理员专业结构较为复杂,在我们调研的 84 名网格员中,理工类的 10 人,文学类的有 12 人,管理类的有 23 人,经济类的有 18 人,法学类的有 8 人,其他类的 13 人。由此可知,网格员绝大部分不是法学专业毕业,学法学的人只占 9.5%,为了推进法务网格工程,部分社区最多配备一名法学专业毕业生,有的社区根本没有法学专业人员。[①]

由于法务网格工程从试点到在宜昌市全面推行,其间隔时间较短,推进的速度快,宜昌市司法局和社区在很短的时间内也难以举办大规模的培训。宜昌市司法局在 2013 年 4 月集中举办了一些骨干人员的培训,而针对所有基层网格员的培训,尤其是法律专业知识培训很少,部分社区由于种种原因也未能落实司法局要求的培训任务,一些网格员只能自己学习相关知识,但是又由于网格员工作综合性强,工作量大,网格员了解法律专业知识的机会不多。

从宜昌市网格员招聘方案中可以看出,网格员工作职责一般是社区信息采集、综合治理、劳动保障、民政服务、计划生育、城市管理等六项职责。[②] 社区网格化管理是社会管理模式的创新,这种模式将社区地图信息、小区信息、楼栋信息、房屋信息模块、人口信息(人口信息查询、常住人口、流动人口、残疾人、老年人、低保人员)、单位门店信息、校园信息、党建信息(党员信息、社会职务、少数民族、宗教信息)、计划生育信息、特殊人群信息、治安信息模块(值班室信息、巡防队信息、红袖标信息、案发情况)、经济发展(招商引资、安全生产)数字化、信息化,这些工作使得网格员实际上承担十分繁重的工作。正是由于社区网格化管理的这种特点,网格员要处理的工作极具综合性。网格员日常的工作重心往往在于"民政残联,人口计生,劳动保障,文化体育"这几项传统民政工作。通常只有居民寻求网格员调解纠纷时,网格员才会接触到法务工作。也就是说,网格员常常是被动发现问题,缺乏主动性。导致网格员在法务网格工程中积极性不高的另一个重要原因是网格员的岗位定性为公益性岗位,待遇较低。其待遇与其工作量严重不匹配,从事比较复杂的法务工作却不会让其待遇提高,不能激发其工作的积极性。

从宜昌市网格员招聘公告中可以得知,2011 年 5 月招聘的网格员工资一般为 1250 元(工资构成为基本工资:900 元/月;年限补贴:50 元/月,每年增长1 次;年度考核奖金:300 元/月;通过国家社会工作师登记注册的增加 50～100 元/月)2012 年 5 月网格员录用后月工资为 1440 元(其工资构成为为基本

---

① 部分数据来源于 2013 年 6 月 20 在西陵区调研时收集到的资料,也可参见西陵区街道办《西陵区社区网格管理员和法务联络员花名册》。

② 宜昌市社区网格管理员招录工作领导小组:《社区网格管理员招聘方案》,宜昌人事信息网,http://www.hbycrs.gov.cn/xingxi/adminwj/showimgsy.asp? id＝3919&wenhao＝,最后访问日期:2013 年 9 月 11 日。

工资:1140 元/月;月考核奖金:300 元/月)。按照宜昌市人力资源和社会保障局劳动关系科提供的数据显示,2011 年宜昌市分区域月最低工资标准如下:(一)宜昌市市区 750 元;(二)夷陵区、宜都市、当阳市、枝江市 670 元。(三)兴山县、秭归县、远安县、长阳自治县、五峰自治县 600 元[1]。而历次对网格员的招聘条件均要求是 35 岁以下,且具有大学专科以上文化程度。[2] 由此可以看出,对宜昌市网格员履职条件较高,但其待遇很低。在宜昌市主城区周边区县调查显示,还有区县的网格员拿到手的工资只有 600 多元,在没有配备"社区E 通"的情况下,也没有通讯费补贴。如此待遇是很难调动起网格员的工作积极性的。我们在访问一位网格员时,请他谈谈他做网格员的感受,他用他的手机上网,打开了一篇名为《我是一名悲哀的宜昌网格员》,他告诉我们,帖子本身的内容不一定全是真的,但里面有一段跟帖基本上说出了他们这个群体很多人的心声,里面多数的内容也是他想说的。这个跟帖的内容是:"我们做着比我们待遇多好多倍的事情,福利却没有我们。我们没有年假,正常的节假日还要无偿值班。我们承受居民的谩骂,任何部门都要对我们下达任务,那请问是不是有了网格员其他部门应该取缔了,要他们何用?领导都是只会嘴巴说,出了事责任都是我们的,那要你们领导是做什么的?网格员就是最底层的,没有人给我们撑腰,没有人帮我们打抱不平,我们默默地奉献在这个不值得奉献的岗位上,浪费我们的大好青春,求被重视,求待遇改善,求同工同酬,求尊重求理解。"[3]由此可知,网格员对于目前的待遇是渴望加以改善的,调研中,部分网格员对于工作的积极性不高,思想也不太稳定,一部分网格员表示,如果目前的待遇得不到改善,就有可能离开这个岗位,在与一些社区负责人交流时,他们对此也感到一丝担忧,因为之前有一些网格员就出现过这种情况,社区花很多精力指导才招聘来的网格员,这些网格员在熟悉了业务,工作能力增强后,很多人选择了离开网格员岗位。

---

① 宜昌市政风行风热线网,http://hfrx. cn3x. com. cn/showinfo. php? id＝usF%2Bq7uGv7s＝。

② 《2012 年宜昌市社区网格管理员招聘公告》,湖北公务员资讯网,http://www. hb-gwy. org/2012/0520/12204. html;宜昌市社区网格管理员招录工作领导小组:《社区网格管理员招聘方案》,宜昌人事信息网,http://www. hbycrs. gov. cn/xingxi/adminwj/show-imgsy. asp? id＝3919&wenhao＝,最后访问日期:2013 年 9 月 11 日。

③ 《我是一名悲哀的宜昌网格员》,天涯社区,http://bbs. tianya. cn/post-297-19848-1. shtml,最后访问日期:2013 年 9 月 11 日。

二、法务网格工程推进速度偏快，影响了实施效果

宜昌市实施法务网格工程从市司法局提出到主城区一些社区试点到全市推广，再到周边区县乡镇的试点与推广进程偏快，一部分地区在并不完全举办条件的情况下匆忙实施，尤其是在信息化设施基础薄弱的农村地区。该工程的快速推进可以从宜昌市法务网格工程推进的过程及下属区县的实施方案内容可以看出。

2011年11月24日至25日，中央综治委在宜昌召开全国加强和创新社会管理工作座谈会，总结推广宜昌等8个全国试点地区的典型经验。2012年2月，司法部部长在湖北调研社会管理创新，听取宜昌市司法局实施"法务网格工程"前期准备工作汇报后，表示应大力支持，也希望宜昌积极试点，为全省乃至全国司法行政系统创新社会管理创造经验。2012年4月，市司法局制定出台了《宜昌市司法行政系统"法务网格工程"实施方案》。根据宜昌市法务网格工程实施方案，全市"法务网格工程"按以下四个步骤实施：第一阶段：试点引路，先行先试（2012年4月—5月）。西陵区、伍家岗区、点军区、猇亭区各选择2~3个社区先行试点，探索解决人员、场所、职能、运行和保障五大问题，通过实践，逐步摸索出一套法务工作站运行的基本模式，为全面推开法务工作站建设创造条件。第二阶段：统一标准，规范制度（2012年6月上旬）。及时总结试点经验，明确法务工作站的建设标准和工作职责，为法务工作站建设在全市推广奠定基础。按照"五有"要求，统一法务工作站建设标准，即有完整的组织机构；建有五支法务工作队伍；一套规范的工作制度；有完善的工作机制；有固定的办公场所和经费保障。第三阶段：培育典型，现场推进（2012年6月中旬）。在上述试点取得经验的基础上，选择一个试点社区，召开全市法务网格工程现场推进会，交流法务工作站建设情况，总结典型经验和案例，部署把试点工作向全市具备网格化条件的社区（村）推开。第四阶段：总结表彰，长效发展。宜昌市司法局将法务工作站建设纳入全市司法行政系统年度考核体系，并作为各地评选先进司法局和省级规范化司法所的必备条件。组织开展法务工作站建设示范点创建，并结合司法行政工作年度总结，表彰工作成绩突出的先进集体和先进个人。

市司法局在2012年6月4日召开8个试点街道和15个试点社区主要负责人座谈会；6月20日召开现场会，在全市司法行政系统全面推广实施"法务

网格工程"。下属区县纷纷制定法务网格工程的实施方案,如根据调研所得到的某县实施方案的情况同样也表明其实施步伐较快。如在某区县制定的实施方案中,法务网格工程在该县实施分为四个阶段,即第一阶段:试点先行阶段(2012年7月初—8月底);第二阶段:全面实施阶段(2012年9月初—10月初);第三阶段:健全提高阶段(2012年10月中旬—11月中旬)。

2012年8月上旬,宜昌市司法局下发了《关于开展"法务网格工程"工作专项督办检查的通知》,并组织专班对各地"法务网格工程"推进情况进行督办检查。截至10月底,"法务网格工程"实现了在全市75%的街道(乡镇)和68%的社区(村)的覆盖。全市共建立法务指导中心80个、法务工作站1054个、法务工作网格8520个,组建五支法务工作队伍共3万多名。但长阳县、五峰县、点军区、西陵区的法务指导中心和法务工作站建设进展较缓慢,尤其是长阳县,其法务指导中心应建11个,实际建设1个,已建占应建成的比例为9%;法务工作站应建159个,实际建成5个,已建占应建成的比例为3%。然而,短短两个月后,在2013年1月,长阳县法务指导中心应建11个,实际建设11个,已建占应建成的比例为100%;法务工作站应建159个,实际建成159个,已建占应建成的比例为100%,详细情况请参见下表"截至2012年10月30日,宜昌市各地'法务网格工程'在辖区内覆盖情况"和第三章中附表"宜昌市2013年1月全市'法务网格工程'组织建设和队伍建设情况统计表"。同样的情况也出现在五峰县、西陵区和点军区。

截至 2012 年 10 月 30 日,宜昌市各地"法务网格工程"在辖区内覆盖情况

县市区名称	法务指导中心			法务工作站		
	应建	已建	已建占应建比例	应建	已建	已建占应建比例
宜都市	10	10	100%	146	146	100%
枝江市	9	9	100%	214	214	.100%
当阳市	10	9	90%	173	156	90%
远安县	7	7	100%	117	117	100%
兴山县	8	8	100%	96	96	100%
秭归县	12	12	100%	193	193	100%
长阳县	11	1	9%	159	5	3%
五峰县	8	1	12.5%	108	1	0.9%
夷陵区	12	12	100%	194	8	4.1%

续表

县市区名称	法务指导中心			法务工作站		
	应建	已建	已建占应建比例	应建	已建	已建占应建比例
西陵区	7	3	43%	75	41	55%
伍家区	5	5	100%	51	51	100%
点军区	5	1	20%	52	3	5.8%
猇亭区	3	3	100%	23	23	100%

从前述方案的内容以及 2012 年 10 月和 2013 年 1 月有关组织建设的统计表可以得知,宜昌市司法局这项工作从试点到在全市推行用时为 3 个月,下属区县从试点到最后的进入长效发展阶段仅仅四个半月,在这个过程中,既需要做组织建设,又需要开展队伍建设,还需要制定统一的硬件建设标准,建立和完善相应的制度。这是一项十分复杂的工作。在如此短暂的时间内,在全市推行法务网格工程,必然会出现因为推进速度过快而导致的队伍建设滞后的问题,因为在如此短的时间内,是很难就法务网格的队伍建设达到适合法务网格工程实施需要的状态的,这必然会影响到该工程的实施效果。同时,在迅速推进该项工作的过程中,对于典型的培育时间也很短,这使得所树立的典型取得的经验是否是真正的典型,短时间内探索出的经验是否具有可操作性,是否具有可复制性等都值得再探讨。之所以做出这样的判断,是因为我们在一个被称为典型的社区调研时,该社区负责人和网格员均表示,对于法务网格工程实施过程中的一些问题并没有真正弄得十分清楚,其社会矛盾化解机制是否能够真正长期坚持下去缺乏足够的信心,例如联系该社区的律师常常因为其业务较忙无法及时到社区现场提供法律服务,他们大多不计报酬,单纯依靠律师的公益心是难以持久的,对这类参与主题的激励机制,实际上他们目前也在探索当中,诸如此类问题,无疑会影响到法务网格工程的长效实施。

三、组织结构较为松散,司法行政部门与其他部门的配合还有提升空间

法务网格工程打造"三级法务工作平台",建立"五支法务工作队伍",这些措施有力地推动了相关工作的实施,但是其组织结构较为松散,这种松散来源

于设置机构人员的岗位属性以及其特殊的身份与工作职责等方面的因素,如"法务指导中心"的主任是由街道综治信访维稳工作中心主任兼任,司法局并非其直接的上级主管部门,加上主任还有其他诸多工作需要处理,这在很大程度上影响了"法务指导中心"主任的岗位职责的落实。又如五支法务工作队伍中的诸如人民调解员、特殊人群关照员、法律援助协办员等,其与司法局没有人事隶属关系,对其补助金额低,有的甚至根本就没有,这使得这类人员与法务网格实施组织的联系并不是很紧密。

法务网格工程是由宜昌市司法局提出的在司法行政系统内开展的一项举措,尽管得到了宜昌市委市政府的支持,尤其是受到了宜昌市创新办的重视和支持。但由于行政部门之间客观存在的一些障碍,以及其他种种原因,使得该项工作与其他党政部门之间的协调沟通机制存在障碍,如个别地方思想上不重视,认识不到位,存在着可做可不做的认识;在访问个别地方领导的领导时,也能发现其对此项工作并不重视,动作迟缓,个别地方甚至有的工作还基本停留在方案和纸面上。目前主要是司法行政机关在推动,目前尚未获得其他部门的大力支持。这些配合存在问题的主要有:第一,网格民警难以真正到位。由于与社区对口的网格民警往往也身兼数职,无法经常到社区。这种情况对于突发事件的解决增加了难度,也增加了安全隐患。① 如在居民之间遇到纠纷需要调解,往往居民不信任网格员,涉及经济赔偿时直觉相信警察能给于更公正的处理,而网格民警又往往不能及时到场。第二,法务工作人员配合不到位。与社区对口的志愿律师的日程安排和社区的安排难以协调。由于社区居民纠纷往往具有突发性,但法务工作人员由于主要的工作不在社区而从事其他工作,如律师很可能当时在外地,或者在会见当事人等,往往不能及时出现在纠纷现场,而社区或者网格员又没有专业的法律知识,这对化解居民纠纷十分不利。

2013 年 9 月初,宜昌市司法局制定出台了《宜昌市"法务网格工程"工作细则》,该《细则》明确规定律师、基层法律服务工作者、司法鉴定人员、公证员一年内两次以上拒绝为网格内群众提供相关法律服务或服务态度、服务质量受到当事人投诉的,将按照规定暂缓年度注册。但对这些一般是免费提供服务的人员加上如此责任,以后谁会来做这项工作呢? 再说,这一规定的法律依据仍然值得斟酌。

---

① 此数据来源于某社区的格警签到簿。

四、主要依赖政府的力量来推进法务网格工程的实施,社会参与的途径缺乏,尤其是 NGO 组织参与缺乏制度性渠道,影响了该模式的可复制性

　　网格化管理方式的立意在于管控,而非社会/社区自治,带来的积极效果就是,利用政府的权力推进,进展快,立竿见影,但对于"培育社会,促进社会自治;建立有限政府"的目标实现帮助较小,也会导致政府建设法务网格的成本高昂,如果投入不足,即存在效果不佳甚至形同虚设。目前,调动行业组织等非政府组织这些社会自治力量参与法务网格工程的措施缺乏,使得推进法务网格工程的过程中,成本较高,这也使得宜昌市法务网格工程模式的亮点的可复制性不高。

五、部分基层司法所基础薄弱影响了法务网格工程的实施成效

　　司法所是司法行政机关最基层的组织机构,是县(区、市)司法局在乡镇(街道)的派出机构,负责具体组织实施和直接面向广大人民群众开展基层司法行政各项业务工作。它与公安派出所、法庭共同构成我国乡镇(街道)一级的政法体系,成为中国基层司法运行机制中不可缺少的重要组成部分。在基层社会治安综合治理机构体系中,司法所是司法行政系统参与基层综合治理工作的重要成员单位,处在化解人民内部矛盾、预防和减少犯罪的第一线。但宜昌市基层司法所的建设不平衡,个别地方由于种种原因,其软硬件建设不能完全到位,法务指导中心、法务工作站标志标牌不明显,工作制度、工作台账建立不全,相关工作流程、制度没有上墙,甚至一些地方还存在有所无人、有人无为的状况。一些司法所与建设规范高效的工作机制和运行模式还有一定差距。如法务指导中心"月例会"、法务工作站"周碰头"等会议制度没有落实,相关会议记录不全。个别地方的"五支队伍"缺乏统一的花名册,没有按照市司法局方案要求落实到位,在社区网格没有公示法务人员的联系方式。

六、法务"四进"网格的落实力度有待进一步加大

　　一是有的地方的"法律进社区"、法律知识辅导等活动流于形式,没有按照宜昌市司法局要求定期开展,也缺乏规范的相关活动记录;对辖区内老年人、

未成年人、残疾人、五保户和特困户等重点法律帮助对象没有统计造册;二是人民调解工作记录登记内容不能完全反映基层工作实际;三是对辖区内的特殊人群没有统计造册或内容不全,有关的走访、关爱帮扶没有留下工作痕迹;四是不了解辖区居民的法务需求,法制宣传针对性、多样性、实效性不强。

第六节　完善宜昌市法务网格工程
运行机制的几点建议

宜昌市法务网格工程通过一年多的实施,在取得显著成效的同时,也存在一定的问题,为了更好地推进法务网格工程,更充分地发挥其在社会管理创新中的积极作用,我们在运行机制上有以下几个方面是建议。

一、通过法律明确网格员的"行政辅助人"身份,也明确政府职能转移的依据、范围、对象及政府职能转移的信息公开等内容

目前,社区网格员参与社会管理成为我国一项十分引人注目的社会管理创新举措,这为我们观察社会管理创新提供了一个新的视角,网格员与政府的关系如何?法律地位如何?其所透视出的政府职能转移问题该如何受到法律规制等问题值得大家关注。从社会管理创新试点城市来看,网格员由政府出台相关政策、面向社会实施招聘,聘用时与街道办事处或社区网格管理监管部门签订劳动合同。有关此问题的论述详见本书"社区网格员参与社会管理的法律思考"部分的内容。

二、在农村适当选取试点村(社区),采取加大科技投入、鼓励和引导人才流向农村等措施积极探索农村网格平台建设的合理路径

创新农村社会管理,推进农村网格平台建设是一项系统复杂的工作,不可能一蹴而就,在这个"摸着石头过河"的探索创新过程中难免会遇到各类接踵而至的难题。结合宜昌市实际,推进农村网格平台建设应主要从以下几个方面着手:

一是通过推行先期试点,以点带面逐步推进农村网格平台建设。2012年,宜昌市确定宜都为农村社会管理创新试点县市,全面实施农村及城镇社区网格化管理。其思路是:将村、社区划分为若干单元网格,每一网格招聘1名网格管理员,并在市、乡、村设立三级网格管理机构,将网格管理员纳入村(社区)后备干部管理,增加村(社区)网格管理层级和力量;以信息化为支撑,在农村建设人口、法人、"三权"(房权、地权、林权)三大基础信息系统和居住人口、流动人口两大服务系统。宜都市作为全省县域经济十强县,加之其地形、区位等优势,但这些都是秭归、长阳、兴山和远安等山区县所无法相比的。创新农村社会管理,实施网格化平台建设必须先行试点,例如先在城区和平原县市的农村先行试点,再逐步向山区县加以推进。在网格数量、职能范围、人员管理等方面也应结合各个县市区的实际情况来逐步摸索,切忌搞"一刀切"。

二是加大科技投入力度,以信息化为支撑搭建农村网格平台。农村网格化平台的搭建和运作高度依赖信息化。信息化水平的高低直接影响着网格平台运作的水平。因此,必须坚持信息化支撑,加大硬件方面的科技投入力度,建设高标准现代通信网络终端,建立良好的日常管理维护机制,并加大政府各职能部门的信心共享平台整合力度,把关系农民日常生活的计生、医疗、户籍、民政救急、法律服务与诉讼纠纷等服务管理平台的信息化建设作为重点。

三是加强人才队伍建设,积极鼓励和引导人才流向基层。"事在人为"强调的是发挥人的主观能动性的重要意义。农村网格平台建设,必须依赖拥有综合素质高、业务技能强的人才队伍。电子信息技术、社会服务、户证管理、法律服务、应急处置等专业型人才是搭建网格平台并保证其有效运转的基础。因此,在人才遴选招录、提拔任用、福利保障等方面应想方设法吸引人才、用好人才、留住人才。

四是坚持管理与服务并重,实现高效管理与人性化服务同步迈进。创新农村社会管理和不断改进服务群众的方式方法是促进农村发展稳定的两个方面,不可偏废其一。在加强对广大农村地区进行有效管理的同时,更应不断转变政府职能,建设服务型政府。政府相关职能部门应围绕乡村道路交通建设、环境保护、养老就医、住房建设等民生关注点上转变职能,坚持人员、资金、技术向农村倾斜的政策导向。

三、建立和完善社会参与主体的权力授予机制、资格认定机制、行为规范机制、救济配套机制

法务网格工程中的社会主体在参与治理的过程中,国家必须建立并落实四项机制:第一,权力授予机制。从公民依据《宪法》所享有的通过各种途径和形式管理社会事务的参与权(权利),上升到公民或其他社会组织从事社会管理的行使权(权力),这不是一个必然的跃迁,而需要地方政府授予治理的权力。如果没有权力授予机制,任何人可以恣意干涉基层司法行政工作,对正常的工作秩序势必造成冲击。2010 年宜昌市委市政府联合发布 5 个相关文件,建立了"法务指导中心(街道层面)—法务工作站(社区层面)—法务工作网格"的组织机构,赋予各级机构相应的社会管理权力。第二,资格认定机制。参与治理的社会主体的资格条件是社会管理创新的质量保障,《宜昌市城区社区网格管理员招录培训方案》详细规定了网格管理员的招录条件、招聘程序、培训方案和招聘考试等内容,从而在身体状况、品行作风、业务素质等方面确保网格管理员的质量。律师、公证员、基层法律服务工作者、法律专业在校生等志愿者群体参与有相应的职业资格准入机制为保障,实际上还有其他一些社会主体也参与到了法务网格过程,对这些主体的资格认定需要有一定的制度予以规范。第三,行为规范机制。行为规范的重点在于划清刚性权力与弹性权力。宜昌市的各个法务工作站编制工作记录表,实现标牌、机构、职责、流程、制度和台账的"六统一"。第四,救济配套机制。救济包括两个方面,对行使治理权力的社会主体的救济和对治理权力相对方的救济。前者可以以劳动合同的形式预设救济机制,网格管理员与所在社区签订劳动合同,按照国家法律规定参加社会保险,当网格管理员在职务行为中受伤时可以按照工伤处理,其财产损失由侵害人赔偿,社区承担补偿义务。后者所遭受的损害如果由网格管理员故意或重大过失行为造成,那就按照侵权责任进行赔偿;如果网格管理员履行了谨慎勤勉的义务,其损害就由相对方自行承担。[①]

---

① 钱侃侃:《治理视角下的基层司法行政工作机制创新——以宜昌市"法务网格工程"为例》,载《京化工大学学报》(社会科学版)2013 年第 2 期。

四、加强与财政等有关部门的协调,争取更多财力和人力等的支持

网格员是网格化管理的核心连接点,法务网格工程的长效实施很大程度上依赖于网格员队伍。即使是维持网格员现有经费开支标准,也是一笔不小的开支,更别说以后在农村全面推广网格化管理,以及还要不断提高网格员的工资待遇。因而需要加强财政部门的支持,争取将为了实现社会的有效管理而转移出去的职能产生的这笔费用列入财政预算,以保证这笔经费的及时足额到位。

另外,司法行政部门还应该积极与各级党委和政府沟通,加强协调,以便在法务网格工程实施过程中获得有力的支持。

五、将法务网络工程作为法务网格工程的发展方向

网格化管理虽然重心体现了服务,却忽略了治理内涵,缺少社会学的理念视野。从社会长远发展来看,网格化管理会更进一步强化"大政府、小社会"的关系格局,从而使社会管理变成名副其实的"管理社会",无法促进社会自我管理、自我服务的自主性。也难以达成"党委领导、政府负责、社会协同、公众参与"的社会管理新格局。

网络化治理作为一种新型公共治理理论,秉持一种合作型秩序观。[①] 网络化治理在价值理念上强调互相合作、彼此信任、利益协调、公共服务与包容发展的融合。结合我国实情,其具体体现为强调党委、政府、社会组织、公众作为社会治理的多元主体,但网络化治理的核心主体仍然是政府,社会组织与公众则是不可缺少的参与主体。网络化治理主张通过价值共识形成合作机制,通过公众组织化形成信任机制,通过利益共容形成协调机制,通过公共文化建设培养公众的公共精神与公共理念,从而有利于真正实现"党委领导、政府负责、社会协同、公众参与"的社会管理新格局。通过网络化治理,真正使基层社会管理达到"纵到底、横到边",在纵向层面使政府形成克服层级结构"碎片化"的权力线;在横向层面形成克服社会参与、区域合作不足的行动线。网络化治

---

① 斯蒂芬·戈德史密斯、威廉·D.埃格斯:《网络化治理:公共部门的新形态》,孙迎春译,北京大学出版社 2008 年版。

理以"善治"为追求目标,即在价值层面上追求公共利益最大化、在工具层面上追求有限资源的最优配置。[①] 因而,法务网格工程发展的方向应该是法务网络工程,实现从法务网格化管理到法务网络化治理的转型,需要做好以下几方面的工作:

(一)加强法务网络工程中的社会参与主体建设、促进多元主体参与格局

首先,法务网络工程不能脱离我国实际,抛开"党委领导"的政治方向。但坚持党委领导,并非倡导党委组织包揽一切,而是优化重塑党委与政府、社会组织之间的关系,从而巩固基层党组织在社会中的权威地位。加强基层党组织建设,旨在通过基层党组织发展达到在社会民间组织的全覆盖,提升党员的政治素质,强化党员带头追求社会公平、公正、正义的责任,积极有效传播社会主义核心价值理念,从而巩固基层党组织在社会中的权威地位。

其次,加强基层群众自治组织建设,通过进一步规范选举、强化监督,推动基层民主政治建设。除了加强基层程序民主建设,提升基层群众自治组织的自治能力,还必须进一步规范基层政府组织与群众自治组织的关系,明确基层群众自治组织干部服务与发展的职责。宜昌市法务网格工程实施服务于宜昌市特大城市建设的同时,也应是创新基层民主自治的过程,因为该工程的实施始终强调吸引社会主体的积极参与。在这个过程之中,都必须始终坚持尊重市民或农民的主体地位,发挥其主体性作用。法务网格平台建设好不好关键是要看这个平台能否使得市民或农民的法务诉求得到更好的满足。

最后,吸引更多的社会力量以合理的方式加入到法务网络工程的建设中来。法务网格工程需要通过不断调整激励机制吸引更多的人参与其中。如为解决网格员的法律素养不能满足工作需要的问题,除了以后招聘时适当增加法学专业人才的招聘比例外,更多的应该是采取积极措施去调动既有的专业法律人才。除了离退休的政法干警,实际上高校法学专业的高年级学生才是真正应该动员起来的力量。目前,高校的法学人才培养正朝按照教育部和中央政法委提出的卓越法律人才培养方向进行。而卓越法律人才培养的重要内容之一就是要培养具有良好实践能力的高级法律人才,在此过程中,高校的法

---

① 井西晓:《挑战与变革:从网格化管理到网格化治理——基于城市基层社会管理的变革》,载《理论探索》2013 年第 1 期。

学专业学生需要大量的实践机会,而法务网格工程实施又需要大量的法律人才参与,双方如果能够携手,将产生双赢,甚至是多赢的效果。目前最大的问题是探索一种合适的机制来保障双方的利益和各自的诉求。

(二)强公共文化建设,促进社会价值共识,推进社会矛盾化解

网络化治理的核心运行机制是通过培育社会资本形成社会信任与合作关系,而这种关系的维系不再仅仅是利益的纠葛,更是一种价值上的共识与相互认同。[1] 而社会价值共识与社会认同的形成,其根本在于通过社会公共文化建设,把社区建设成文明祥和的社会共同体。在一个共同体中,信任水平越高,合作的可能性就越大[2]。只有不断促进社会价值共识的形成,很多社会矛盾才能有效地化解。

(三)权限下放,促进基层治理的多元与差异

赋予地方基层司法行政部门相应的自主权限,以促进地方自治能力建设,进而促进地方法务网络工程推进的多元与差异。要改变现有压力型体制下的考核机制,同时改革"条块分割"体制转向注重对"块"的凌虐行政组织从消极"维权"到积极"治权"的转变。

结　语

20世纪50年代至70年代末,中国社会宏观结构是一个单位社会,在这一社会结构下,国家对社会的整合与控制,不是直接面对一个个单独的社会成员,更多的是依靠单位来实现的。20世纪80年代以后,随着中国逐渐由计划经济向市场经济体制过渡,单位社会被认为是一种"丧失活力的社会"、"平均主义的社会",于是走出"单位社会"是中国现代化的必然选择。走出单位社会

---

① 胡象明、唐波勇:《整体性治理:公共管理的新范式》,载《华中师范大学学报》(人文社会科学版)2010年第1期。

② 罗伯特·D.帕特南:《使民主运转起来》,王列译,江西人民出版社2001年版,第200页。

那种基于"国家—单位—个人"的社会管理体制后,转向的是"国家—社区、社会团体—个人"的社会管理体制。在这个社会结构的嬗变过程中出现了两大问题:

一是我国社会的原子化趋势不断明显。伴随着改革开放的步伐,在市场化的强劲冲击下,传统的单位社会堡垒开始松动甚至走向解体,其直接后果是社会上出现了数量庞大的"非正规性就业人群"。非正规就业人群迅速膨胀的一个直接后果是使大量人群长期游离于组织之外,成为原子化的孤独的个体,在劳动力市场上亦是真正的无所依赖的弱者。在社会保障体系尚不健全的情况下,当社会非正规性就业成为一种普遍的常态,非正规就业人数剧增时,多数人的生活似乎都充满了不确定性,其社会运行自然充满了风险。

二是在社会结构嬗变的过程中,昔日由单位组织承载的社会公共性发生严重的萎缩。在转型过程中,单位组织昔日承载的诸多社会责任开始转移到社区,单位所承载的意识形态因素和政治要素开始淡化,单位的社会文化功能也开始逐渐走向消解,而现代社会的公共文化服务体系尚未建立起来,遂导致目前中国城市公共文化服务体系出现严重的供给不足。其直接的后果就是引发严重的公共精神生活的危机,在社会矛盾化解过程中常常表现为纠纷主体之间由于价值观的差异而导致的共识难以达成,从而严重影响基层政府社会矛盾化解能力的发挥。如普通百姓尤其是被拆迁人心中较为普遍的每个拆迁案件中一定存在贪官、黑心开发商以及官商勾结的刻板印象;而开发商、一些基层政府工作人员又常常认为被拆迁人故意漫天要价,"刁民"的刻板印象也时常存在于他们心中。双方不正常的刻板印象严重影响到具体社会矛盾的化解,加剧了社会治理难度。普通百姓和基层政府之间的这种误会在不能及时得到消除的情况下,彼此的信任也随之受到严重影响,其结果就是基层政府无法及时掌握动态,因而难以满足其纷繁复杂的利益诉求。

法务网格工程的实施,为老百姓尤其是弱势群体实现低成本的权利救济提供了制度化的渠道,自然受到了普通百姓的欢迎。该工程以社区为组织依托,在法律服务过程中,不断与当事人进行沟通,在沟通的过程中不但实现了普通百姓低成本的权利救济,也使得普通百姓在这种低成本的权利救济过程中逐渐认同了社区这一新的组织,形成了对社区的依赖。与此同时,国家也借助法务网格工程通过司法行政系统强化了法律服务提供能力、社会矛盾信息的收集与化解能力,在满足普通百姓的法务诉求的过程中加强了对社会稳定的维护力度。即法务网格工程的重大意义在于为国家权力重新渗透到基层，及时掌握基层社会矛盾动态提供了切入点，极大地促进了社会的稳定，因而得到了各级党委和政府的大力支持。更重要的是法律服务的提供者在与当事人进行沟通的过程中还起到了整合社会价值观的作用，进而不断推动着社会共识的凝聚，极大地提升了国家政治权威的合法性。

参考文献

1. [美]拉塞尔·M.林登：《无缝隙政府》，汪大海等译，中国人民大学出版社 2002 年版。

2. [日]白井均等：《电子政府》，陈云、蒋昌建译，上海人民出版社 2004 年版。

3. 王诗宗：《治理及其中国适用性》，浙江大学出版社 2009 年版。

4. 斯蒂芬·戈德史密斯、威廉·D.埃格斯：《网络化治理：公共部门的新形态》，孙迎春译，北京大学出版社 2008 年版。

5. 俞可平：《治理与善治》，社会科学文献出版社 2000 年版。

6. 中共中央宣传部理论局：《论党的群众工作——重要论述摘编》，学习出版社 2011 年版。

7. 胡象明、唐波勇：《整体性治理：公共管理的新范式》，载《华中师范大学学报》（人文社会科学版）2010 年第 1 期。

8. 李培林等：《中国社会和谐稳定报告》，社会科学文献出版社 2008 年版。

9. 汪习根、钱侃侃：《网格化管理背景下的制度创新研究——以全国社会管理创新试点城市宜昌为样本》，载《湖北社会科学》2013 年第 3 期。

10. 孙建军等：《从"管制"到"服务"：基层社会管理模式转型——基于舟山市"网格化管理、组团式服务"实践的分析》，载《中共浙江省委党校学报》2010 年第 1 期。

11. 阎耀军：《城市网格化管理的特点及启示》，载《城市问题》2006 年第 2 期。

12. 杨志军：《多中心协同治理模式研究：基于三项内容的考察》，载《中共南京市委党校学报》2010 年第 3 期。

13. 田星亮：《论网络化治理的主体及其相互关系》，载《学术界》2011 年第 2 期。

14. 竺乾威:《公共服务的流程再造:从"无缝隙政府"到"网格化管理"》,载《公共行政评论》2012 年第 2 期。

15. 田毅鹏:《城市管理"网格化"模式与社区自治关系刍议》,载《学海》2012 年第 3 期。

16. 唐德龙:《从碎片化到网络化:治理何以转向?》,载《中国图书评论》2010 年第 9 期。

17. [美]李侃如:《治理中国:从革命到改革》,胡国成、赵梅译,中国社会科学出版社 2010 年版。

18. 阎耀军:《城市网格化管理的特点及启示》,载《城市问题》2006 年第 2 期。

19. Vasudha Chhotray and Gerry Stoker, *Governance Theory and Practice:a Cross-disciplinary* Approach[M], New York:Pal-grave Macmillan, 2009,p115.

20. Shoshana Zuboff, *In the Age of the Smart Machine:the Future of Work and Power*[M], New York:Basic Books,1988.

21. 李洪雷:《德国行政法学中行政主体概念的探讨》,载《行政法学研究》2000 年第 3 期。

22. 俞楠:《论行政辅助人》,中国政法大学硕士论文 2006 年。

23. [日]盐野宏:《行政法Ⅲ》,有斐阁 1997 年版,第 86~87 页。

24. 胡象明、唐波勇:《整体性治理:公共管理的新范式》,载《华中师范大学学报》(人文社会科学版)2010 年第 1 期。

25. 罗伯特·D. 帕特南:《使民主运转起来》,王列译,江西人民出版社 2001 年版。

26.《2012 年宜昌市社区网格管理员招聘公告》,湖北公务员资讯网,http://www. hbgwy. org/2012/0520/12204. html。

27. 宜昌市社区网格管理员招录工作领导小组制定《社区网格管理员招聘方案》,宜昌人事信息网,http://www. hbycrs. gov. cn/xingxi/adminwj/showimgsy. asp? id=3919&wenhao=,最后访问日期:2013 年 9 月 11 日。

第一章　宜昌市法务网格工程运行机制实证研究

附件一　宜昌市法务网格工程运行状况访谈提纲

访谈时间：

调查机构：

调查人员：

记录员：

一、调研目的

(一)了解宜昌市法务网格工程实施现状

(二)为完善我国法务网格工程运行机制提出建议

二、调研项目

(一)宜昌市法务网格工程的组织与队伍建设的情况

1. 宜昌市法务网格工程的组织机构状况

2. 宜昌市法务网格工程的工作队伍的人员构成

3. 宜昌市法务网格工程运行的基本模式

(二)宜昌市法务网格工程实际运行的具体情况

1. 居民(村民)对宜昌市法务网格工程认识的基本情况

2. 居民(村民)最希望各级组织体系能提供什么样的服务

3. 社区、街道办事处的领导和包括网格员在内的工作人员是如何看待法务网格工程的

4. 法务网格工程的实施对需要安置帮教的特殊群体究竟能够起到多大程度的积极作用

5. 法务网格工程对基层社区自治力量的培育是否会产生消极影响

6. 法务网格工程对促进社会矛盾化解机制的建立与完善究竟能够产生多大的效果，其长效机制如何建立

(三)宜昌市法务网格工程取得的成效

(四)宜昌市法务网格工程运行中存在的问题

(五)各类社会参与主体对法务网格工程进一步完善的建议是什么

附件二　宜昌市法务网格工程运行状况调查问卷

您的基本情况(　　)

性别：A. 男

　　　 B. 女

您的身份是(　　)

A. 司法行政系统的领导干部

B. 司法行政系统一般工作人员

C. 网格员

D. 法务人员

E. 街道办事处(乡镇)工作人员

F. 居(村)委会工作人员

G. 居民(村民)

H. 社区工作人员

I. 司法行政机关以外的党政机关工作人员

J. 其他

您的年龄是(　　　)

A. 20 岁以下

B. 20—30 岁

C. 31—40 岁

D. 41—50 岁

E. 51—60 岁

F. 60 岁以上

您的学历是(　　　)

A. 小学及以下

B. 初中

C. 高中

D. 大学专科

E. 大学本科及以上

1. 您知道宜昌市法务网格工程吗?(　　　)

A. 知道

B. 听说过,但不很清楚

C. 不知道

2. 您是如何知道宜昌市法务网格工程的?(　　　)

A. 亲身经历

B. 身边人和事

C. 媒体宣传

D. 其他(请说明)

3. 您了解网格员的工作性质吗?(　　　)

A. 很了解

B. 比较了解

C. 有一点了解

D. 不了解

4. 您了解网格员的工作内容、程序、方法、原则等知识吗?(　　　)

A. 很了解

B. 比较了解

C. 有一点了解

D. 不了解

5. 您接受过网格员给您提供的法律服务吗？（   ）

A. 经常有过

B. 偶尔有过

C. 从来没有过

6. 您认为网格员给您提供的法律服务质量（没有接受过法律服务的不填写本项）

（   ）

A. 很好

B. 一般

C. 差

D. 很差

E. 不清楚

7. 您在社区（村）内接受过法律专业人员给您提供的法律服务吗？（   ）

A. 经常有过

B. 偶尔有过

C. 从来没有过

8. 您是否出现过在社区（村）内，急需法律专业人员给您提供法律服务，但联系不上的

情况？（有过此经历的填写）（   ）

A. 经常有过

B. 偶尔有过

C. 从来没有过

9. 您认为您所在的社区在实施法务网格工程后，社区（村委会）社会矛盾化解力量增

强了吗？（   ）

A. 增强了

B. 明显增强了

C. 没有什么变化

D. 变差了

10. 您遇到纠纷后，您是否愿意将纠纷交由向社区有关工作人员处理？（   ）

A. 愿意

B. 不愿意

C. 看情况

11. 在下列人员中，您最愿意将您的纠纷交由谁来处理？（   ）

A. 法官

B. 纠纷双方都认识的熟人

C. 网格员

C. 如律师之类的法律专业人员

D. 社区(村委会)的调解员

E. 警察

F. 其他

12. 影响您选择纠纷解决人员的主要因素有哪些?(　　)

A. 是否是认识的人

B. 纠纷解决人员的公正与否

C. 花费的金钱的多少

D. 花费的时间多少

E. 是不是有权力的人

F. 其他

13. 您认为您身边的人民调解员处理纠纷是否公平?(　　)

A. 公平

B. 基本公平

C. 不公平

14. 您认为社区(村委会)在实施法务网格工程后,处理纠纷是否比以前更及时?(　　)

A. 比以前及时

B. 不如以前及时

C. 没有什么变化

15. 对法务网格工程中的网格员的工作状态满意情况(　　)

A. 满意

B. 基本满意

C. 不满意

16. 对社区(村委会)在实施法务网格工程后,提供的法律服务态度满意情况(　　)

A. 满意

B. 基本满意

C. 不满意

17. 对社区或(村委会)进行调解的处理程序满意情况(　　)

A. 满意

B. 基本满意

C. 不满意

18. 对网格员收集有关信息的态度(　　)

A. 满意

B. 基本满意

C. 不满意

19. 对人民调解的处理结果满意情况（　　　）

A. 满意

B. 基本满意

C. 不满意

附件三　矛盾纠纷排查调处登记表

序号	当事人姓名	当事人住址或工作单位	时间	排查反映出的主要问题及矛盾纠纷事项	纠纷类型	调处结果	回访	备注

[填表说明]纠纷类型栏填写：城镇房屋拆迁、移民安置、企业改制、涉法涉诉、行政执法、劳动合同、企业军转、医患纠纷、婚姻家庭、邻里纠纷、城市低保、教育或其他。

附件四　法律服务登记表

姓名		性别		年龄		联系电话	
家庭住址							
法律服务需求							
服务方式	□解答咨询　　　　□调解　　　　□择时预约咨询 □提供法律宣传资料　　　　□与相关部门协调 □建议向相关部门要求解决　　　　□其他方式						
服务情况							
备注							

附件五　特殊人群监管帮扶情况记载表

姓名		性别		联系电话	
家庭住址					
人群类型			时间		
特殊人群需求	○矛盾纠纷调解　　　○法律咨询　　　○心理咨询 ○申请法律援助　　　○就业培训　　　○申请低保 ○申请困难救济　　　○其他：_____				
监管帮扶效果					

注：人群类型分为社区矫正人员、刑释解教人员。

附件六　社区法制宣传活动记载表

_____社区法制宣传活动记载表

活动时间		活动地点	
参与人员			
活动形式及主题			
活动内容			
意见反馈			

第一章　宜昌市法务网格工程运行机制实证研究

附件七　网格内重点人员基本情况统计表

网格内重点人员基本情况

姓名	性别	出生年月	家庭住址	工作单位	联系电话	类别	备注:(详细情况说明)

附件八　网格内重点法律帮助对象花名册

重点法律帮助对象花名册

社区网格	姓名	性别	年龄	家庭住址	联系电话	所属类型						备注
						老年人	未成年人	残疾人	五保户	特困户	其他	

附件九　宜昌市司法行政系统"法务网格工程"实施方案

为充分发挥司法行政机关的职能作用,进一步提高司法行政机关的社会服务管理水平,根据《2012年宜昌市社会管理创新综合试点工作要点》和市社会管理创新"一对接两跟进"会议精神,市司法局党组研究,决定在全市司法行政系统组织实施"法务网格工程"。现制定以下实施方案:

一、指导思想、基本原则和工作目标

(一)指导思想

以邓小平理论和"三个代表"重要思想为指导,深入贯彻落实科学发展观,准确把握加强和创新社会管理的总要求,努力满足基层群众法律事务的新需求,建立以社区(村)为依托、以网格为基础的司法行政服务新体系,打造法律事务进网格工作新平台,把司法行政职能延伸到社区(村)网格,主动为群众提供优质、便利、高效的法律服务,推动全市科学发展和跨越式发展。

(二)基本原则

1.坚持以人为本。突出为民、利民、便民,更新服务理念,改进服务方式,着力增强工作的主动性、时效性、针对性,实现管理与服务的有机统一,努力做到服务好、管到位。

2.坚持党政领导。积极争取党委、政府的统一领导,抢抓机遇,强化对接,把法律服务进网格、人民调解进网站服务系统纳入全市社会管理创新"一本三化"新体系,凸显司法行政的社会服务管理职能优势。

3.坚持整合资源。立足实际,着眼当前,坚持整合人员队伍,整合方法手段,整合资金投入,夯实基层基础,努力形成基层法律事务工作合力。

4.坚持改革创新。解放思想,先行先试,注重重点突破、示范带动,整体推进、分类指导,创新手段、信息支撑,丰富载体、完善制度,努力形成长效机制。

(三)工作目标

立足司法行政工作职能,建设融"三大职能"(法制宣传、法律服务、法制保障)、"九项工作"(法制宣传、律师服务、公证服务、基层法律服务、法律援助、司法鉴定、人民调解、社区矫正、安置帮教)为一体的综合服务体系,为群众第一时间提供法律服务,第一时间提供法律援助帮助,第一时间排查化解矛盾纠纷,第一时间关照特殊人群,让百姓切实感受到"法律服务就在我身边"。

二、主要工作任务

(一)推进司法行政法律事务"四进"网格

1.法律服务进网格。本着就地就近的原则,确定司法行政干部、律师、公证员、基层法律服务工作者,按照定点定人和递补互助的方式,定向负责法律服务工作。

(1)每月开展一次"法律进社区(村)"活动,把法制宣传资料、法制信息和法律服务送到网格社区(村),积极为居(村)民进行义务法律咨询,做到咨询有记录、接待有登记。

(2)每季度至少对社区(村)普法骨干、居(村)民代表等举办一期法律知识辅导班、专题法制讲座等,提高居(村)民的法律意识和法律素质。

(3)以老年人、未成年人、残疾人、五保户和特困户为重点法律帮助对象,对行动不便和有紧急事项的居(村)民上门提供法律服务。

(4)为社区(村)内生活确实困难但又不符合法律援助条件的居(村)民,提供义务的法律帮助。

(5)对于社区(村)居(村)民的法律援助、公证、司法鉴定等专业法律服务需求,及时向有关专业机构进行预约,并指导居(村)民做好相关资料准备。

2. 人民调解进网格。网格管理员作为网格责任人,要积极组织信息员、调解员,充分发挥化解网格内矛盾纠纷的第一道防线作用。

(1)全面掌握社情民意,及时排摸辖区内人口、治安、矛盾纠纷等各种情况,做到底数清、情况明;

(2)做好现场调解工作,对发现一般矛盾纠纷现场调解,就地解决,一时难以解决的要及时报告;

(3)重大疑难纠纷三级联动化解。对网格发生的矛盾纠纷,人民调解员确实难以调解的,按照"社区(村)人民调解委员会→街道(乡镇)人民调解委员会→街道(乡镇)综治信访维稳中心"工作流程逐级组织调解或分流处置。同时,街道(乡镇)法务指导中心采取指定调解、委托调解、邀请调解、联合调解等形式,负责各类复杂、疑难矛盾纠纷的受理和调处工作。

3. 社区矫正安置帮教工作进网格。以"管控网格化"为手段,确保不发生"脱管、漏管"现象,最大限度减少重新违法犯罪率。网格管理员和特殊人群关照员要做到:

(1)实时掌握本网格内重点人员变动情况,每月由司法所负责提供花名册,网格管理员和关照员对变动人员进行核实,做到底数清。

(2)网格员和关照员每月要逐一走访管控对象,及时了解和掌握他们的思想状况、活动情况及存在的问题和困难,做到情况明。

(3)及时提供帮教服务。一般性帮教服务,当场能办理的就直接办理;需要帮助解决就业培训、低保、困难救济的,通过相关工作程序,及时分流或上报处理。

(4)对发生社会和家庭矛盾纠纷的管控对象,与调解组织取得联系,及时予以化解,需要走法律途径解决的,为其提供法律咨询服务。

4. 法制宣传进网格。

(1)加强法制宣传教育阵地建设。进一步完善社区(村)公共场所法制宣传教育设施,大力加强法制公园、法制广场、法制长廊等普法园地建设,发挥社区、乡村公共文化场所如图书馆、文化场馆的作用,使其成为传播法治文化的重要阵地,建立一批法制宣传教育示范基地。

(2)开展经常性的法律宣传教育。广泛发动和组织法制宣传教育工作者、普法讲师团成员、普法志愿者深入基层群众,组织开展文艺会演、文学、戏曲、书画等形式多样的送法活动,围绕人民群众关心关注的社会保障、安全生产、医疗卫生、食品安全和社会救助等热点问题,把法律送到群众手中。

(3)组织开展法制宣传教育主题活动。围绕各级党委政府的中心工作,结合各类主题实践活动,利用"12·4"等时段、节点,每年至少组织开展一次重点主题法律宣传教育活动。

(4)组织一次法务需求调查。收集居(村)民法律需求信息,以及对法制宣传教育工作的意见和建议,提高法制宣传工作的针对性。

(二)建立法务工作三级组织体系

以街道(乡镇)、社区(村)综治信访维稳工作中心、站为依托,建立"三级平台"组织体系。

1. 在街道(乡镇)依托综治信访维稳工作中心建立"法务指导中心",中心主任由街道(乡镇)综治信访维稳工作中心主任兼任,司法所所长担任副主任。其主要职责是:负责辖区法务工作站的业务指导;负责法务工作队伍的组建和业务培训;帮助法务工作站健全制度,规范工作流程和工作台账;对法务工作站工作进行检查考核。

2. 在社区(村)依托综治信访维稳工作站建立"法务工作站",站长由社区(村)综治信访维稳站站长兼任,社区(村)人民调解委员会主任担任副站长。其主要职责是:解答居(村)民法律咨询,引导居(村)民依法维护自身合法权益;组织开展法制宣传教育活动,提高居(村)民法律意识;组织开展纠纷排查和调处工作,及时化解矛盾纠纷;协助管理刑释解教和社区服刑人员,提供帮教服务;为经济困难的居(村)民联系法律援助服务;为有需求的居(村)民联系律师、公证和司法鉴定专业服务。

3. 在社区(村)依托网格建立法务工作网格,网格管理员履行"法务联络员"职责:收集居(村)民法律事务服务需求信息;开展矛盾纠纷排查、简单纠纷化解和不稳定信息上报;帮助有法律事务需求的居(村)民联系法务人员提供服务和帮助。

(三)建立五支法务工作队伍

充分整合三方面力量,即:司法行政机关工作人员、各类法律服务人员以及基层人民调解员、专职社会工作者、网格管理员、社会志愿者等社会力量,建立五支法务工作队伍。

1. 人民调解员。每个网格选聘1~2名义务调解员,协助社区(村)调解和化解矛盾纠纷。

2. 法律服务专业人员。整合司法行政干部、律师、基层法律服务工作者、公证员力量,每个网格确定一名法律服务专业人员,为居(村)民提供义务法律咨询和法律服务。

3. 法制宣传员。每个网格聘请1~2名法制宣传员,有针对性地进行法律宣传教育,提高居(村)民法律素质。

4. 特殊人群关照员。按照1:5(1名志愿者关照5名对象)的比例,建立刑释解教人员和社区矫正人员关照员队伍,协助开展教育、管理、矫治、帮扶工作。

5. 法律援助协办员。吸纳离退休的法官、检察官、法律服务从业人员和大中专院校法律专业学生,在社区(村、居)建立一支 3~5 人的法律援助志愿者队伍,为居(村)民提供法律援助服务。

(四)建立法务工作三项运行机制

1. 建立"三级平台"管理机制。

(1)建立法务指导中心"月例会"制度。法务指导中心每月召开一次工作例会,主要内容是:分析研判辖区法律事务需求信息和矛盾纠纷信息;针对重大疑难纠纷、重点人口特殊情况研究解决方案和针对性措施;按照上级统一部署,下达具体工作任务。

(2)建立法务工作站"周碰头"工作制度。法务工作站每周召开一次碰头会议,清理法务事务需求处理情况,研究工作改进措施。

(3)建立法务联络员"日排查、即处理"制度。网格管理员随时收集居(村)民法律事务需求信息,并即时按工作流程处理,加强跟踪督办和信息反馈。

2. 建立法务诉求快速反应机制。居(村)民向网格管理员提出需求信息时,由网格管理员上报法务工作站,按以下工作流程处理:

(1)通知相应的法务人员进行处理,涉及矛盾纠纷的,通知人民调解员进行上门现场调解;涉及法律服务的,通知法律服务专业人员解答;涉及社区矫正安置帮教的,通知特殊人群关照员提供服务;涉及法律援助的,通知法律援助协办员提供帮助。

(2)法务人员不能处理的,及时将信息反馈给法务工作站,由法务工作站站长负责处理;涉及居(村)民专业法律服务需求时,由法务工作站站长为居民联系指定的律师事务所、基层法律服务所、公证处、法律援助中心、司法鉴定中心(所)提供专业法律服务;

(3)法务工作站不能处理的,上报街道法务指导中心处理。

3. 建立法务信息综合支撑机制。充分发挥信息化的综合支撑作用,以电子政务和互联网为基础,建立法律事务信息管理系统。

(1)在"社区 E 通"和"社区综合服务系统"中完善"社区法务"模块,集成主要法务功能,便于网格员及时收集、反映法律事务需求信息;

(2)提升司法行政门户网站的互动服务功能,在司法所建立法律事务信息管理平台,为居民提供人民调解、法律咨询服务;

(3)加强各类服务管理人员和对象的基本信息库建设,在全市人口基础信息系统上通过不同图层,实现实时展现、动态管理。

(4)在市区两级司法行政机关建立统一的"法务指挥平台",上下联动,增强快速反应、统筹运行的能力。

三、实施步骤

全市"法务网格工程"按以下四个步骤实施:

(一)试点引路,先行先试(2012 年 4 月—5 月)。西陵区、伍家岗区、点军区、猇亭区各选择 2~3 个社区先行试点,探索解决人员、场所、职能、运行和保障五大问题,通过实践,逐步摸索出一套法务工作站运行的基本模式,为全面推开法务工作站建设创造条件。

（二）统一标准，规范制度（2012年6月上旬）。及时总结试点经验，明确法务工作站的建设标准和工作职责，为法务工作站建设在全市推广奠定基础。按照"五有"要求，统一法务工作站建设标准，即有完整的组织机构；建有五支法务工作队伍；有一套规范的工作制度；有完善的工作机制；有固定的办公场所和经费保障。

（三）培育典型，现场推进（2012年6月中旬）。在上述试点单位取得经验的基础上，选择一个试点社区，召开全市法务网格工程现场推进会，交流法务工作站建设情况，总结典型经验和案例，部署把试点工作向全市具备网格化条件的社区（村）推开。

（四）总结表彰，长效发展。市局将法务工作站建设纳入全市司法行政系统年度考核体系，并作为各地评选先进司法局和省级规范化司法所的必备条件。组织开展法务工作站建设示范点创建，并结合司法行政工作年度总结，表彰一批工作成绩突出的先进集体和先进个人。

四、工作要求

（一）提高认识，加强领导。各地要从服务中心、服务民生、服务基层的高度，充分认识法律事务进网格的现实意义，做到思想上不动摇、工作中不畏难。为加强"法务网格工程"的组织领导，市司法局成立实施"法务网格工程"领导小组，市司法局党组书记、局长张德才担任组长，局党组成员、副局长李文锋、曹正权任副组长，市局机关各科室主要负责人为成员。领导小组下设办公室，办公室设在基层科。各试点区也要成立相应组织领导机构，为试点工作提供坚强的组织领导保证。

（二）加强调研，制定方案。各试点单位要按市局的总体部署，迅速组织工作专班开展专题调研，结合实际制定具体实施方案，确定试点社区。各地实施方案4月30日前上报市局领导小组办公室。

（三）加强协调，组织实施。各试点区司法局要加强与街道党委、政府的协调，按照"三级平台、五支队伍"的组织网格体系建设要求，建好工作平台，落实工作队伍，健全工作机制，并认真组织实施。

（四）加强总结，确保实效。试点地区要坚持边试点、边总结、边完善，及时总结试点工作经验，认真研究解决试点工作中的困难和问题，不断改进工作措施，确保工作取得实效。要充分利用报刊、电视、广播、网络等媒体，加强试点工作宣传，为深入推进"法务网格工程"营造良好的工作氛围。

2012年4月23日

第二章
宜昌市医疗纠纷第三方调解机制运行状况调查报告①

引　言

由于医疗技术的高风险性、医疗结果的不确定性、人们健康需求的无限性、患者的病情复杂性和个体差异性，加上诸如医疗体制、国家法律、社会舆论等种种社会因素，不可避免地导致了医疗纠纷的发生。尤其是随着我国新医改的逐步深入和市场经济的发展，人民群众对健康的要求和对医疗卫生服务的期望值不断提高，自我保护意识不断增强，患者对医疗服务的不满发展到与医护人员的不合作乃至产生对抗，医患关系日趋紧张，医疗纠纷不断升级。

近年来，大多数患者在发生医疗纠纷后，当事人不愿走诉讼和行政调解的途径，认为诉讼费用高，耗时长；对卫生行政部门的调解又认为"不公平"，医患双方协商又因患方缺乏信任感和认为赔偿太低等因素而不能及时和解。我国不少地方出现了通过扰乱医疗秩序来达到高额赔偿的"医闹"现象，聚众围堵、打砸医院、限制人身自由、殴打辱骂医务人员等暴力行为时有发生，尤其近年接连发生了患者打伤医务人员的暴力事件，在社会上引起了极大反响。医患纠纷解决的暴力化倾向严重干扰了医院的正常工作秩序，加剧了医患关系的恶化，影响了群众就医、医学进步和社会和谐。如何公正、公平、快速、低成本地解决医疗纠纷，成为我国医学界、法学界和社会学界的许多学者们研究的重

---

　　①　本章系骆东平主持的 2012 年湖北省社科基金"宜昌市医疗纠纷第三方调解机制调查报告"（2012041）的最终研究成果。

要课题。

我国法律规定的医患协商、行政调解、司法诉讼三种纠纷解决机制已不适应当下医疗纠纷解决的需要,因而探索建立和完善一种新型医疗纠纷解决机制成为当务之急。为了缓和医患矛盾,有效地解决医疗纠纷,全国各地都在研究医疗纠纷处理新机制,探讨引入第三方调解模式,尝试建立一个独立的和具有公信力的医疗纠纷第三方调解机构。于是"医患关系第三方管理"模式应运而生,并在我国许多地市进行了实践与探索。宜昌市政府于 2010 年 12 月 17 日发布了《宜昌市医疗纠纷预防与处理办法》(即第 150 号令),2011 年 2 月发布了《宜昌市创建平安医院建立医疗纠纷人民调解工作机制实施方案》(宜府办发〔2011〕8 号),决定成立宜昌市医疗纠纷调解委员会(以下简称医调委),专门处理宜昌市主城区的医疗纠纷案件。

关注时事,聚焦民生,2011 年 3 月至 2012 年 6 月,在本课题组负责人的组织下,成立了课题组,对于医调委的运行情况进行了一年多的跟踪调查。试图通过对医患双方不同群体的人进行采访和问卷调查,以及对医调委从 2012 年 3 月 21 日成立之日起到 2012 年 6 月 15 日之间受理的 193 件案件进行系统分析,找出该模式的优势及需要完善的地方,从而探索一个更加公平、公正、快速、低成本的第三方介入处理医疗纠纷的新机制,以利于遏制目前我国医疗纠纷持续上升的势头,使医患关系从对抗走向互相信任和相互包容,促进医患和谐和医学发展,最终促进和谐社会的构建。

一、宜昌市医疗纠纷调解委员会情况简介

(一)医调委的性质

宜昌市医疗纠纷人民调解委员会是依法设立并根据宜昌市人民政府 150 号令,于 2011 年 3 月 1 日筹建,3 月 21 日正式运行的一个调解医疗纠纷的专业性、群众性人民调解组织。医调委由司法和卫生行政主管部门负责组建,其主要职责是调解医疗纠纷,引导医患双方依据事实和法律公平解决纠纷,防止医患矛盾激化。

(二)医调委的人员组成

医调委主任和委员由司法和卫生行政主管部门共同遴选并聘任,医调

委人民调解员由医调委聘任。目前,医调委由 7 名人员组成,其中:主任 1 名,副主任 1 名,法律、公安、卫生专业委员各 1 名,调解员(医科大学毕业生)1 名,行政辅助人员 1 名。医调委下设医学、法律咨询专家库,组织专家参与医疗纠纷调解过程中的医学、法律、司法鉴定及保险理赔等各项咨询服务工作。

(三)医调委的运作模式

医调委是由政府主导、财政支撑、综治协调、卫生组建、司法指导、独立运作的"第三方",是完全中立的人民调解组织。发生纠纷时,医患双方当事人必须共同向医调委提出医疗纠纷人民调解申请,单方申请无效。另外,调解工作不收取任何费用。

(四)医调委调解权限

医疗纠纷发生后医患双方当事人可以自行协商解决,但医疗纠纷赔付金额在一万元以上的,参保医疗机构不得自行协商处理,可以申请医调委调解医疗纠纷。医疗纠纷赔付金额在十万元以上的,应当先进行医疗损害司法鉴定或者医疗事故技术鉴定,提供鉴定结论。

(五)医调委调解工作的原则

坚持公开、公平、公正及中立立场,以情、理、法并用为手段,努力构建医疗纠纷处理新平台。

(六)医调委的任务

医调委的任务归纳为 20 个字:即为政府分忧、为医院解难、为医患维权、为和谐尽责。为了完成该任务,医调委按照市政府的要求尽力做好"四员"工作,这"四员"工作分别为:

1. 热情接待来电来访,提前介入现场,做好"宣传员"

医调委的工作人员认真履行岗位职责,尊重每位当事人。在处理来电、来访过程中,认真接听每个电话,热情接待每位来访人员。在热情接待的基础上,与来访者共同分析解决问题的办法。对需要进入调解程序的纠纷,建档立卷,规范调解。为了缓和医患双方的紧张关系,医调委必要时提前介入,深入医疗纠纷现场,做好政策法律法规宣传,把医疗纠纷现场引向医调委,为医院提供良好的医疗环境。

2. 仔细查找症结,巧妙化解矛盾,做好"调解员"

医调委以中立的立场,认真查看双方提交的材料,根据双方的陈述和其他证据资料,发现事实真相。在处理比较复杂的医疗纠纷时,通过电话、发函、上门咨询专家以及邀请专家召开讨论会等方法,分析双方分歧的焦点,找出纠纷的症结所在。对于事实清楚争议不大的纠纷案件,以疏导说理的方式,循循善诱,做细致的思想工作,直接对双方进行面对面调解,使纠纷能够及时化解。对双方分歧过大的纠纷案件,则采取分开洽谈,分别做工作的方法,以疏导为主,情理法并用,引导医患双方换位思考,寻求最佳切入点,求同存异,待医患双方意见基本趋向一致后再当面协商。对有特殊情况的患方还采取一系列便民措施,为患方提供人性化的服务。如有一行走不便的患者不能前来医调委签订协议,调解员则带着医方主动上门服务。还有一患方对私立医院履行协议存在顾虑,医调委则协调医方当场以现金支付赔偿,并带着双方到附近银行进行现场验钞,有效地解决了此件纠纷。这些方法既避免了双方争执、激化矛盾,又有效地促进医患双方牵手言和,提高了调解成功率。

3. 关注患方心理,及时疏导安抚,当好"疏导员"

每一例医疗纠纷都具有个案性,来访者大多心中积郁怨气,身心痛苦和无助无奈相互交织,往往情绪激动。面对这种患者及其家属,需要每一位调解员用耐心去倾听,用真心去体会,用爱心去安抚,有针对性地进行心理疏导,情理交融,安抚患方激动的情绪,使其以理智的状态,协助解决纠纷。如有一位患者家属,拒绝用正当途径解决纠纷,多次采取过激方式,找医院索要赔偿,严重干扰了医院正常的工作秩序。医方请求医调委调解,医调委在认真了解该例医疗纠纷产生的原因和患方有关情况的基础上,多次主动与患方联系,真诚邀请患方到医调委进行调解。调解员在电话中除认真宣传政策法律法规外,还从患者家庭实际情况出发,站在患方立场,帮助其分析"医闹"形式维权和遵循合法途径维权的不同。告知患方:前者耗时、耗财,甚至还会惹出"官司",不但不能解决问题,还耽误了处理;遵循合法途径解决医疗纠纷,对己有利。运用这种"因势利导法",循循善诱,进行疏导,最后患方同意到医调委调解并积极配合调解工作,使该纠纷很快得到了化解。

4. 运用窗口平台,双向反馈沟通,当好"信息员"

医调委运用窗口平台,对医患双方实施双向反馈沟通,积极引导医患双方换位思考,相互理解,倡扬"尊医重卫,把患者当亲人"的良好风尚。首先,医调委每个周末召开工作例会,总结一周的工作,并安排专门时间对接访的案例逐一进行分析。分析纠纷产生的原因,研究防范对策,将防范医疗纠纷的建议写成书面的材料向有关部门反馈,并把典型案例制成宣传课件,到市直医疗单位宣讲。各医疗机构根据医调委的建议,有针对性地制定防范措施,使防范和调解工作关口前移。其次,医调委还根据医学的科学性、严谨性、不可预知性等特点,为广大患者提供医疗知识咨询。由于患者医学知识的欠缺和对医疗诊治的期望值过高,一旦住进医院就认为进了保险箱,不能正确认识疾病发展的必然规律,也不能正确对待医学发展的局限性,一旦医疗结果与期望值有差距,就容易诱发医疗纠纷。对此,医调委利用接访这个"窗口"适时向患方进行宣传。如有一儿童因病在某医院输先锋类药物治疗,治疗中换用其他先锋类药物,因未用同类先锋药物作皮试,故治疗中出现皮疹等过敏现象而产生纠纷。医调委接到投诉后立即咨询相关医学专家,得知用同类先锋药物作皮试,无规范的皮试操作规程,卫生部也无明确规定。对于超敏患者和迟发性过敏患者,目前皮试程序无法避免。调解员据此向患方作了解释,患方听了解释后自动撤诉。

二、宜昌市医调委受理的 193 起案件的情况分析

(一)到医调委申请调解的当事人情况分析

1. 到医调委申请调解方当事人的情况

就申诉个案方面,向医调委申请调解的个案以女性居多,但男女相差不大。同时,申诉人通常就是当事人本身(27.4%),其次则是病人的子女(16.7%)或父母(13.0%)。至于病人则以男性居多,病人现况仍多数存活(81.9%)。

表 1　医疗纠纷案件双方当事人基本资料表

项目名称	类别	次数	百分比
申请人性别	男	89	46.1
	女	94	48.7
	合计	183	97.2
	不详	10	5.2

续表

项目名称	类别	次数	百分比
与病人关系	当事人	53	27.4
	子女	31	16.7
	父母	25	13.0
	兄弟姐妹	20	10.4
	亲戚	19	3.7
	朋友	12	9.8
	其他	22	11.4
	不详	11	5.7
病人性别	男	101	52.3
	女	92	47.7
	合计	193	100
病人现状	存	158	81.9
	亡	19	9.8
	合计	177	91.7
	不详	16	8.3

注:申请人性别中的"不详"中包括医院主动申请医调委介入的情况。

2. 涉医纠纷的医院的基本情况[1]

患者原本就医类型,多数是因一般疾病求医(52.3%),其次是急诊(13.5%)和生产(10.9%)。就被申请调解者而言,依医院所有权归属来区分发生纠纷医疗院所,以公立医院居多(76.2%);若以医院评鉴层级区分医疗院所,纠纷的绝对数量则以二级医院居多(33.2%),其次为三级医院(29.0%),但如果考虑宜昌市二级医院和三级医院的绝对数量差异的话,三级医院发生纠纷的数量远远超过二级医院的数量。

_____

[1]　申请医调委进行调解的纠纷当事人尽管有医疗机构,但从医调委受理的193件案件来看,是极个别的情况,医疗机构多大多数情况下是被申请方,本研究报告就是立于此基础进行分析的。

表 2　涉医纠纷的医院的基本情况

项目名称	类别	次数	百分比
原本就医类型	急诊	26	13.5
	慢性病	18	9.3
	一般性疾病	101	52.3
	生产	21	10.9
	检查/产检	15	7.8
	合计	181	93.8
	不详	12	6.2
纠纷所涉医院的性质	公立	147	76.2
	私立	29	13.5
	合计	176	89.7
	不详	17	10.3
纠纷所涉医院的级别	三级医院	56	29.0
	二级医院	64	33.2
	一级医院	45	23.3
	其他	14	7.3
	合计	179	92.7
	不详	14	7.3

（二）患方到医调委后希望医调委提供的服务项目情况分析

从被调查的 43 位患方代表人士的态度显示，医疗纠纷发生后，患方找到医调委，最希望医调委能提供的服务项目包括综合服务（67.4％）、医疗方面服务（53.5％）、法律方面服务（62.7％）以及提供媒体服务（27.9％）。进一步来说，患方希望获得的综合服务方面，主要包括意见咨询、陪同协调、向院方反映问题、联络或转介媒体等其他机构等。意见咨询是指询问协谈人员处理纠纷策略之意见。在医疗服务方面，以医疗过失咨询居多（79.1％），其次为医疗鉴定服务（34.9％）。在法律服务方面，以法律问题咨询为居多（60.0％），其次是在无法与对方达成协议时，也希望医调委能推荐律师以及以希望医调委联系媒体,以求助媒体来揭露事件,患方的这个请求在医调委工作还没有结束,甚至在医调委调解工作刚刚开始就会提出。

表 3　患方在个案中希望医调委提供的服务项目(多选项)

服务类别	人数	百分比
法律方面	27	62.7
医疗方面	23	53.5
媒体方面	12	27.9
综合方面	29	67.4

表 4　患方希望医调委提供的综合服务项目(多选项)

综合服务项目	人数	百分比
意见咨询	35	81.4
情形疏解	21	48.8
经验和资讯提供	31	72.1
其他	9	20.9

表 5　患方希望医调委提供的医疗服务项目(多选项)

医疗服务方面项目	人数	百分比
医疗过错咨询	34	79.1
医疗鉴定服务	15	34.9
其他	7	16.3

表 6　患方希望医调委提供的法律服务项目(多选项)

法律服务项目	人数	百分比
法律问题咨询	29	67.4
推荐律师	9	20.9
其他	4	9.3

表7　患方希望媒体服务的项目

媒体服务的项目	人数	百分比
记者会	10	23.3
协助揭露事件	24	55.8
其他	2	4.7

（三）医患双方在医调委达成调解协议的主要障碍——以医调委受理的193起医疗纠纷为例

一般认为,医调委在调解医疗纠纷时,首先面临的问题就是弄清医方是否存在医疗过错。医疗过错实际上分为医疗科学上的过错和医疗伦理上的过错两类。[1] 医疗科学上的过错,是指医疗机构或医护人员从病情的检验诊断、治疗方法的选择、治疗措施的执行以及病情发展过程中的追踪或术后照护等医疗行为,不符合当时既存的医疗专业知识或技术水准。医疗伦理上的过错,是指医疗机构或医护人员在从事各种医疗行为时,未对病患充分告知或说明病情,未提供病患及时有用的治疗建议,未保守与病情的各种秘密,或未取得病患同意即采取某种医疗措施或停止继续治疗等,而违反医疗职业良知或职业伦理上应遵守的规则。该种医疗行为所违反的行为规范或行为准则与当时既存的医疗专业技术水准无必然的关系,而系源于医疗职业良知或职业伦理上必须遵守的行为规范或行为准则。

通过访谈医调委的工作人员和课题组本身的跟踪观察,医患双方将医疗纠纷交到医调委后,医调委在处理医疗纠纷时,医疗过错的确是双方达成调解协议的一个重要障碍,实际上双方成调解协议的主要障碍还有医患双方对医疗纠纷形成的原因存在认识上的分歧,尤其是医方。例如医方认为患方是媒体在怂恿,医闹在支持,医方这些主观上认识上有时并不直接表现出来,但实际上将直接影响医方对医疗过错的认可,也会影响其对赔偿金额的认可。因为医方普遍担心,一旦轻易地认可医方存在过错,会被媒体或医闹抓住"辫子",即该医疗机构医生医术不佳、不够谨慎等,从而使得医疗机构管理者和医师倾向以逃避、掩饰和不承认来进行应对患方和媒体。因而,我们观察调解的

---

[1]　朱柏松等:《医疗过失举证责任之比较》,华中科技大学出版社2010年版,第101、112页。

过程和首次有关调研资料后发现,医患双方在医疗纠纷形成的认识上并非仅仅局限于医疗过错本身,这点是我们研究之处没有充分考虑到的,因而后续问卷中出现了医疗过错之外的其他因素。下面在分析双方达成调解协议的障碍中重点围绕医患双方对纠纷形成的原因进行。

1. 医疗纠纷形成的主要原因在于外部因素而非医方自身的医疗过错:医方对医疗纠纷形成原因的基本认识

课题组此次调查了 52 名医务人员(其中包括 6 名医院科室主任以上的负责人 11 名),通过统计和分析问卷和访谈记录,我们发现:医生对于与医疗关系形成原因的认识(多选项)方面,选择医疗体制问题的有 29 人(55.8%),选择患者缺乏医疗知识的有 25 人(48.1%),选择媒体的影响的有 34 人(65.4%),选择医护人员自身态度问题的有 11 人(21.2%),选择医护人员的医疗技术水平的有 13 人(25.0%)。即一般人认为的医疗纠纷调解协议达成障碍是医疗过错,而实际上,医方认为,自身的医疗过错对于医疗纠纷的形成并不是主要原因,而将其归结为其他外部因素。

从医方的认识来看,多数医务人员认为,医疗体制是当下医患纠纷多,医患关系紧张的主要原因。通过研究显示,多数医务人员的判断有一定的合理性,这样符合其生存的环境氛围。长期以来,政府对公立医疗机构的投入严重不足,近年来一直徘徊在医院总收入的 10% 左右,这对医院正常运行可谓杯水车薪。医院为了谋求自身的生存发展,普遍采取"以药养医"、"以检养医"的政策,随之而来的是患者医疗费用不断上升,即在医院生存压力下,医务人员尤其是管理人员首先考虑的是经济效益,而救死扶伤的责任则被不同程度的忽略。虽然城镇职工和城镇居民基本医疗保险参保 4.01 亿人,新型农村合作医疗制度覆盖 8.3 亿人,但是保障范围和报销比例相对较小,患者自付医疗费用的比例相对较高,已经超出了患者的承受能力,在"看病难、看病贵"窘境的压迫下,患者对医疗机构及医务人员产生不信任感,经济利益的对立使医患双方容易产生医疗纠纷。

值得注意的是,在医方看来,媒体在医疗纠纷解决中的力量是不容小视的,在对医务人员进行的问卷调查和访谈中,许多医务人员,尤其是医院的管理人员对于媒体的态度不太认同,一般认为当下的媒体未能正确引导社会正确认识医疗行为的不确定性,而是常常片面地强调患者的弱势地位,将更多的目光投向作为弱势群体的患者,将患者作为理所当然的强势群体,而将医方设置在了患者的对立面。比如一些人谈道:"媒体的力量是可怕的,正确解读医患关系需要从媒体开始。""媒体正确引导,不要一味追求哗众取宠,报道失真,导致医患关系更紧张。""请媒体多做正面的报道。"甚至有人认为:"可以理解,每个人都有自己的目的。"一位医生曾向课题组的调研人员作了这样的比喻,医生、患者、媒体之间实际上是一种三角关系,各自有各自的目的,患者为了看病,医生在以治病救人为主的同时也会在药品或治疗上获得一些利益,而一些记者和媒体则为了创造卖点而以为弱者说话为名制造新闻。当然这种三角关系没有普适性,但一个行医多年的医生能产生这种感觉,说明三角关系模型也存在的一定的说服力。但是,就在这一制造"事实"的过程中,医患矛盾却被严重加深了。例如,在调查中,就有医务人员认为,患方之所以要求医调委解决,就是媒体的"唆使",因而在医调委调解中,并不十分轻易认同自己的过错。

表8　医务人员认为医患双方产生纠纷的原因(多选项)

医务人员认为医患双方产生分歧的原因	人数	百分比
医疗体制问题	29	55.8
患者缺乏医疗知识	25	48.1
媒体的影响	34	65.4
医护人员的医疗技术水平	13	25.0
医护人员自身态度	11	21.2

医务人员认为在目前医疗体制难以改变,加上一些媒体的不适当宣传下,医务人员对于目前及未来一段时间的医患关系的总体看法并不乐观。调查显示,认为医患关系将持续紧张的有 39 人(75.0%),无明显变化的有 7 人(13.5%),稍缓和的有 4 人(7.7%),选择不清楚的有 2 人(3.8%)。对于"紧张"选项的选择比例,三级医院的比例高于二级医院,高职称医生的比例高于低职称的医生。关于医生对医疗行业执业环境的认识,认为执业环境将更恶化的有 37 人(71.2%),不会更恶化的有 10 人(19.2%),对此问题认识不清楚的有 5 人(9.6%)。

表9　不同级别医院医生对医疗行业执业环境是否更加恶化的态度

医院级别	是	不是	不清楚	合计
一级	16	5	2	23
二级	12	2	2	16
三级	9	3	1	13
合计	37	10	5	52

表 10　不同职称对医疗行业执业环境是否更加恶化的态度

医生职称级别	是	不是	不清楚	合计
高级职称	17	4	2	23
中级职称	11	2	2	15
初级职称	9	4	1	14
合计	37	10	5	52

在问及医生是否会为了避免医疗纠纷而多开检查项目时,选择会因医疗纠纷多对患者进行全面检查的有 18 人(34.6%),选择会视疾病情况而定的有 24 人(46.2%),选择不会多开检查项目、尽量减轻患者经济负担的有 10 人(19.2%)。医生对患方是否理解其对病情及诊疗的解释的认识,认为完全理解和基本理解其解释的有 32 人(61.5%),不理解的有 9 人(17.3%),不清楚患方是否理解其解释的有 11 人(19.2%)

对于是否经历过医疗纠纷,选择经历过的有 23 人(44.2%),选择没有经历过的有 29 人(55.8%)。在问及医疗纠纷的原因时,选择未向患者解释清楚的有 30 人(57.7%),选择患者无理取闹的有 9 人(17.3%),选择自身态度问题的有 6 人(11.5%),选择自身医疗技术水平问题的有 7 人(13.5%)。对该题按医院级别及职称进行交叉分组,发现三级医院医生选择"未向患者解释清楚"的比例高于二级医院,二级医院选择"自身技术水平"的比例高于三级医院,高职称医生选择"未向患者解释清楚"的比例高于低职称医生。

2. 医疗纠纷形成的主要原因在于医方自身的医疗过错而非外部因素:患方对医疗纠纷形成原因的基本认识

此次调查从申请医调委调解的群体中先后选择了 43 人为患方人士代表,其中有 16 人为患者本人,8 人为患者的父母,13 人为患者的子女,亲戚朋友有 6 人。在医患双方产生纠纷的原因上,医患双方认识产生了较大的分歧。患方人员认为,医患双方产生纠纷最主要的原因是医方存在医疗过错,而非外部因素。统计显示,患方认为,产生医疗纠纷的原因主要在于医方的医疗伦理上的过错,即医护人员的自身态度,其比例高达 72.1%;其次是医护人员的医疗科学上的过错,即医疗技术水平,占到 60.5%。患方人员认为媒体的影响、和医疗体制问题及患者缺乏医疗知识三个方面的影响力并不高。这与医方人员的看法存在明显差距。

表 11　患方人员认为医患双方产生纠纷的原因(多选项)

患方人员认为医患双方产生纠纷的原因	人数	百分比
医疗体制问题	8	18.6
患者缺乏医疗知识	6	14.0
媒体的影响	12	28.0
医护人员的医疗技术水平	26	60.5
医护人员自身态度	31	72.1

由此可以看出,医方人员着重强调产生医患纠纷的原因在于外部的因素,即医疗体制、媒体的不良影响,而对于医疗科学上的过错和医疗伦理上的过错自我评价较低。

在医护人员自身态度方面,患方认为医务人员自身态度主要存在的问题在于医疗护理不当、观察不仔细的占 41.9％;未进行恰当告知、说明、建议的占 60.5％;收费标准不透明的占 23.3％;未能认真听取患者陈述病情的占 53.5％;治疗对象明显出错、手术遗留遗留的占 11.7％;文书出现明显错误导致治疗错误的占 11.7％;过度检查的占 51.2％,其他占 7.0％。由此可知,患方人员认为因医护人员自身态度方面产生纠纷的主要因素包括医务人员过度检查和医患双方沟通不畅两个方面。

这里特别需要提出的是医患双方沟通不畅的问题,患者到医院的首要目的是看病,因而医生们的技术水平永远是关键。但现代社会中的人们对生活质量和生命健康越来越看重,患者随之对医生的期望值也逐渐增高。因此,在人满为患的状况下,沟通中的态度问题逐渐成为继专业技术之后又一个影响医患关系的重要因素。在访谈患方人员的时候,患方普遍反映医生常常没有完全、认真地听取患者对病情的陈述。统计显示,一般医生在患者陈述 6 秒后,就会打断其陈述,然后按照自己的意愿进行询问,60％以上的患者认为医生总共听取自己的陈述不超过 90 秒。

另外,我们注意到患方注重与医务人员的沟通带来的另一个问题,那就是患方人员关注医疗过程的参与。在参与的过程中,他们会通过搜寻各种医学资料,对自己的病情深入了解,以达到理解医嘱的效果,帮助治疗。这样的行为在接受治疗和知识普及方面都是值得鼓励的,它有助于患方更好地理解医学和医生的行为,也有利于医患互动。然而与此同时,在医患关系越来越紧张的今天,患者的参与却时常用来对医生进行监督和防范,甚至在医疗纠纷出现时,将医学材料作为依据对医生进行问询,甚至有个医生提到有个患者家属在旁边将医生和患者的对话进行录音。这种既信任又怀疑、既依赖又防范的心理和行为,已经逐渐成为一种普遍现象。而患者到底应该参与到什么程度,医生的权威性需要做出多大的改变,也成了医患关系研究中的难题。

表 12 患方认为医务人员自身态度主要存在的问题(多选项)

患方认为医务人员自身态度主要存在的问题	人数	百分比
医方护理不当、观察不仔细	18	41.9
未进行恰当告知、说明、建议	26	60.5
收费标准不透明	10	23.3
未能认真听取患者陈述病情	23	53.5
治疗对象明显出错、手术遗留遗留	5	11.7
文书出现明显错误导致治疗错误	9	20.9
过度检查	22	51.2
其他	3	7.0

在医护人员的医疗技术水平方面,患者患方认为医务人员存在的主要问题,医方漏诊误诊占 20.9%;治疗措施不当占 30.2%;手术不当占 34.9%;用药不当占 18.6%;抢救措施不当占 11.6%;抽血、输血不当占 14.0%;其他占 9.3%。可见患方对医疗纠纷的性质认定较重,认为构成医疗事故的概率大。

表 13 患方认为医务人员医疗技术水平主要存在的问题(多选项)

患方认为医务人员医疗技术水平主要存在的问题	人数	百分比
漏诊误诊	9	20.9
治疗措施不当	13	30.2
手术不当	15	34.9
用药不当	8	18.6
抢救措施不当	5	11.6
抽血、输血不当	6	14.0
其他	4	9.3

3. 诊疗过错是产生医疗纠纷最主要的原因:课题组对医调委受理的193件案件纠纷成因分析之结果

宜昌市医调委2011年3月21日—2012年6月15日共受理193起医疗纠纷,通过这些纠纷进行认真的分析后发现,引起纠纷的原因主要情况为(见表14):(1)诊断缺陷12起,占6.2%;(2)治疗缺陷25起,占13.0%;(3)抢救缺陷5起,占2.6%;(4)手术缺陷38起,占19.7%;(5)告知缺陷17起,占8.8%;(6)服务缺陷2起,占1.0%;(7)履责缺陷27起,占14.0%;(8)收费缺陷3起,占1.6%;(9)文书瑕疵4起,占2.1%;(10)疾病观察8起,占4.1%;(11)其他方面28起,占14.5%;(12)医院无过错的24起,占12.4%。

从193起案件医疗纠纷的成因分析可以得出,属于医疗技术水平过错的比例为41.5%,这一比例与患方认为的60.5%和医方自评的25%均存在较大的差异,总体而言,患方倾向于认为医方的医疗技术水平差,己方构成医疗事故的可能性大。这方面差异通过分析医患双方强调的重点可以得知,患方认为自己交钱后,医生就应该将其所患病治好,没有治好就应该是其医疗技术水平差。而医方在反复强调医疗行为本身是一个探索的过程,里面充满了不确定性。只要其按照通常的治疗方式进行治疗了,即使没有治好,甚至出现死亡也属于患者应该承担的风险,他们不应该承担不利后果。在医疗伦理过错的判断方面,从193起案件详细统计的结果为30.5%,之前从患方调查的比例为72.1%,医方的比例为21.2%。课题组分析的比例与医方的比例更为接近。

值得注意的是,通过课题组的统计显示,由于医疗行为中医疗科学和医疗伦理两大类过错引起的医疗纠纷占到医调委受理案件的比例高达87.6%。因而,那种认为医疗纠纷中很大比例的纠纷就是患者无理取闹,故意找医院的麻烦的说法是缺乏根据的。因此医疗纠纷的真正成因,医方应该从自身查找,一概推诿于医疗大环境不良有失偏颇。

表14　宜昌市医调委受理的193起医疗纠纷成因

医疗纠纷的成因	次数	百分比
诊断缺陷	12	6.2
治疗缺陷	25	13.0
抢救缺陷	5	2.6
手术缺陷	38	19.7

续表

医疗纠纷的成因	次数	百分比
告知缺陷	17	8.8
服务缺陷	2	1.0
履责缺陷	27	14.0
收费缺陷	3	1.6
文书瑕疵	4	2.1
疾病观察	8	4.1
其他方面	28	14.5
无过错	24	12.4

（四）调委确立损害赔偿的依据

宜昌市医调委在计算赔偿金额的时候是严格按照现行法律法规来进行的，而且将计算标准上墙公布。这种公开透明的处理方式得到了医患双方的认同，尤其是医方。因为在处理赔偿金额的时候，患方常常提出巨额赔偿要求，他们提出的要求主要是参照其他诸如"动车事故"、"交通事故"、"矿难事故"赔偿标准来提出"同命同价"的要求。在此种情况下，医调委首先强调，医疗事故中的赔偿与其他类型的赔偿之间的差异在于医疗行为本身具有不确定性，患者进入医疗机构时本身有病，医生并没有故意行为。另外，医调委还强调自己的直接处理权限在 1 万至 10 万之间，超过 10 万需要请专家鉴定，这个过程相对较长。通过医调委人员的反复做工作，患方从时间成本以及快速拿到赔偿款等角度考虑，常常以较快的速度达成了协议。根据课题组对医调委受理的 146 起案件的统计，患方获得赔偿的金额实际为要求赔偿金额的 27.5%。

（五）宜昌市医调委促成的调解协议的履行状况

由于宜昌市医调委是作为宜昌市的一个维稳机构存在的，因而，为了使得医疗纠纷快速彻底地解决，医调委在注重促成双方达成调解协议的同时，也十分关注调解协议的履行状况，在已经处理完结并达成调解协议的 162 起案件中，有 71% 的案件当场履行，剩余的案件由于赔偿金额较高，采用了分期履行的方式,根据医调委的后续跟踪回访,凡是在医调委达成调解协议的案件均按期得到履行,无一例反悔,也无一例上访。

三、宜昌市医疗纠纷调解委员会的工作成效

调研显示,宜昌市医调委自成立以来,准确把好"第三方"角色定位,热情接访,积极工作,努力调解矛盾纠纷,得到了医患双方的一致好评。在医调委作为"第三方"介入处理医疗纠纷的及时性与公平性方面,被调查的 43 位患者或家属和 52 名医务人员中(其中包括 6 名医院科室主任以上的负责人 11名),100%的患者或家属认为医疗纠纷发生后第三方介入及时,86%的医务人员认为第三方介入及时,只有 14%的医务人员认为医调委介入不及时,可见大多数人认为在纠纷发生后医调委人员及时介入。

在医调委作为第三方处理医疗纠纷是否公平问题上,在患者或家属中,64%认为公平,26%认为基本公平,只有 10%认为不公平,在医务人员中认为公平的占 54%,基本公平的占 42%,只有 4%的认为不公平,可见大多数人认为处理比较公平,只有极少数认为不公平。由此看出,医调委在医疗纠纷发生后及时介入,且处理比较公平。

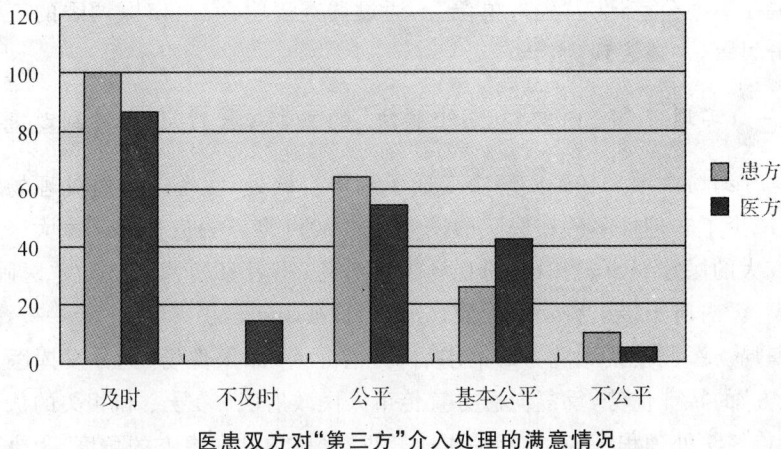

医患双方对"第三方"介入处理的满意情况

由表 15 可以看出,在被调查的 43 位患者或家属和 52 名医务人员中对第三方的人员组成、服务态度、处理医疗纠纷的程序、处理速度(结案时间)以及处理结果大都比较满意。其中,100%的调查者对第三方的服务态度、处理程

序表示满意;100％的医务人员对第三方处理速度表示满意;只有 7％的患者或家属及 16％的医务人员对第三方人员组成不满意;5％的患者或家属对第三方处理速度表示不满意,均认为结案时间过长;5％的患者或家属对处理结果不满意,认为赔偿太低;4％的医务人员对处理结果不满意,认为赔偿过高。由此可见,经第三方介入处理完毕的医疗纠纷的患方(患者或家属)及医方当事人对第三方的处理比较满意。

表 15　医患双方对医调委作为"第三方"进行调解的满意情况表(％)

选项	人员组成		服务态度		处理程序		处理速度		处理结果	
	患方	医方	患方	医方	患方	医方	患方	医方	患方	医方
满意	76	48	90	92	71	70	81	88	81	72
基本满意	17	36	10	8	29	30	14	12	14	24
不满意	7	16	0	0	0	0	5	0	5	4

截至 2012 年 6 月 15 日,其累计接待医患纠纷 193 起,调解结案 162 起,结案率为 85％,经调解结案的医疗纠纷,无一件反悔,无一件提起诉讼。从政府层面来看,政府对医调委的工作持肯定的态度,①2011 年 12 月被宜昌市人民政府授予"全市先进人民调解委员会"荣誉称号,被湖北省平安医院创建活动协调小组办公室评为"先进单位"。通过调查表明:宜昌市医调委的工作成效十分显著,主要表现为:

(一)实现了"院内纠纷院外解决"的目标,医疗环境得到改善

医疗纠纷由原来在医院解决变成了到协会调处,实现了矛盾处理场所的转移,减少了非理性事件在医院的发生。如 2011 年 5 月宜昌市某家大医院发生了较大的医疗纠纷,当时纠纷现场矛盾激化,患者家属情绪激动,"医闹"推波助澜,派出所干警出警劝告无效,分管院长被限制自由,耗时一天一夜,双方陷入僵局。医调委接到院方的请求后,提前介入,深入现场,充分发挥医调委"第三方"的特殊优势,反复向患方宣传市人民政府〔150〕号令和相关的法律法规,宣传纠纷处理程序,宣传相关医疗知识,真诚地站在患方的角度,为当事人

---

①　《宜昌市医调委履行"四员"职责及时化解医患矛盾取得明显成效》,宜昌市司法局网,http://sfj.yichang.gov.cn/art/2012/3/22/art_14139_352911.html,最后访问日期:2012 年 9 月 16 日。

答疑解惑,极力劝导患方维权必须遵循合法途径,否则达不到目的。患方在医调委调解员的耐心劝说下,终于同意遵循合法途径解决医疗纠纷,医患双方到了医调委协商解决。在医调委的调解下,双方达成了协议,使得患者能够在最短的时间内得到了赔偿,节省了医患双方通过诉讼解决纠纷所要支付的诉讼费、律师费用和其他自费项目,同时也减少了医患双方在医疗纠纷过程中需要承受的巨大心理压力,提高了纠纷解决的效率。

另外,市某公立医院副院长反映:"之前患者摆花圈、设灵堂、停尸至少会对医院 2～3 天的门诊量产生影响,经济损失很大,现在有了医调委的调解,医疗机构的经济效益受到的影响大大减小,就医环境明显改善。医院的管理者能够从纠纷中解脱出来,集中精力抓好医疗质量管理,广大患者就医也不受干扰。"协会的调处减轻了社会有关部门的压力,其中医疗事故技术鉴定受理同比下降了 44%,法院受理医疗纠纷诉讼下降了 65%,因医疗纠纷到市卫生局告状的大幅度降低,因医疗纠纷越级上访事件目前没有再次发生。

(二)患者的权利救济渠道更加畅通

在原有的医疗纠纷解决体制下,患者"诉求难",在纠纷发生后,患者不知道如何进行权利救济。医调委的设立为患者提供一种方便、快捷的权利救济渠道。医调委纠纷的解决时间一般不超过一个月,最快的 6 小时就结案,维护了患者的权益。

(三)提高了医疗质量,增强了医疗纠纷防范意识

协会与医疗机构保持经常性沟通,通过平时的案例分析和集中的培训活动,及时向医疗机构提出改进服务的建议,医疗机构的防范意识和内在服务质量大大提高,由失误造成的损害事件大为减少。

(四)减少了医疗机构赔付的盲目性

宜昌市政府在 2010 年 12 月颁布了〔150〕号令并建立医调委后,医疗机构在医疗纠纷发生后能够积极配合到协会解决。以前时常出现大闹大赔,小闹小赔,不闹不赔,导致"医闹"与赔付金额不断升级。根据〔150〕号令的相关规定,医调委在赔偿金额的确定方面严格依有关法律法规和〔150〕号令进行,使得赔付标准逐渐走向统一,以闹取赔的情况极大地得到了改观。根据医调委受理的 193 起案件统计,医方在有过错需要赔偿的情况下,赔偿金额一般为患

方要求的 27%左右。

四、第三方调解在解决医疗纠纷中的优势分析

(一)第三方调解程序具有简易性和灵活性,能够节约时间和成本

第三方调解程序的简易性和灵活性是调解能够发挥重要作用的生命力所在。调解通常是非正式的,除了各方同意或调解者为推动有效调解设定的规则之外,没有严格的规章制度,医疗纠纷调解组织一般按照国家相关的法律法规、诊疗技术规范、社会道德规范对医患双方之间的争议作出调解。第三方调解程序的简易性和灵活性,可以使医患双方从复杂的程序中摆脱出来,专心于自己的需要和利益,大大减少了医患双方在医疗纠纷中耗费的时间。

(二)调解协议具有较好的执行力

在调解中,通过团结协作,矛盾双方可以找到双方都能接受的纠纷解决方案。通常情况下,调解过程并不会产生一个有约束力的解决方案。但是,因为解决方案是矛盾双方通过彼此充分的沟通交流达成的,调解中矛盾双方在纠纷问题识别、最后的决策中有更大的参与权,能够更好地表达自己的意愿。矛盾双方更有可能遵守方案的内容。即使矛盾双方可能会重新进行诉讼,但是在调解过程中已经就许多问题进行了澄清,矛盾双方在诉讼中可以提交在调解中已经认识到的相关证据。因此,即使最后纠纷并没有通过调解进行解决,但是调解的过程提高了效率。因此,参与调解是符合成本效益的,从管理角度来讲也是比较经济的。

(三)调解内容具有开放性,医患双方能够实现"共赢"

医调委的调解是一种非对抗性的纠纷解决方式,其致力于改变矛盾双方之间的对抗性的地位,调解没有胜诉方也没有败诉方,第三方调解使医患双方与调解者之间形成合作关系,这为矛盾双方提供一个进行广泛商讨的机会,能够最大限度地扩大双方之间的交流。医患双方当事人在医调委的帮助下,可以坐下来进行面对面交涉,讨论的内容可以包括除了涉及索赔以外的医患双方认为重要的所有问题。矛盾双方可以就医疗纠纷解决方案中涉及的货币和非货币内容进行商谈,因为医疗纠纷经常包含很多患方的情绪因素。调解使

医患双方都能获得阐述自己要求的机会。患方有机会充分表达自己的想法以及情绪,表明自己的诉求,如医调委曾经受理的一个案件中,患方一口气陈述了两个半小时,医调委的调解人员认真地倾听,最后患者说了一句:"今天,我终于找到一个可以痛快说话的地方了。"医疗机构或者医生也可以利用调解机构提供的交流机会,就医疗纠纷中涉及的医学专业问题做出详细阐述。调解使矛盾双方共同致力于采取使双方都能满意的解决方案,以此满足各方的需求。通过交流,矛盾双方可以达成各方都能接受的解决方案,这些解决方案的范围要比通过法院程序解决纠纷的方案要多。医疗纠纷索赔者的利益,无论是金钱还是非金钱的,通过调解都可以得到充分解决,卫生服务提供者的利益,无论是金钱还是非金钱的,也可以通过调解得到保护。调解使医疗纠纷双方在医疗纠纷解决中都能获益,实现"双赢"。

（四）调解具有保密性,有利于保护医患双方的隐私

医调委在调解过程中,双方当事人告知调解人的信息,调解人会严加保密,不会透露给任何人,保密性是调解的核心理念之一。与诉讼的公开审判相比,医疗纠纷调解是在医调委的主持下,医患双方私下秘密进行的,医疗纠纷过程中涉及的患者隐私、医院医疗行为中可能存在的医疗过失或者差错对外界来说是封闭的。医调委对调解中涉及的与医患双方有关的信息负有保密义务,社会上其他人员不会了解到患者的相关信息,这既保护了患者的隐私,医院的竞争者也不会获得对医疗纠纷的信息和处理结果,这在一定程度上保住了医院的"面子"。调解保密性使医患双方能够以一种公开和直接的方式来商讨解决患者接受医疗服务中受到伤害之前的多个错误,能够维护医患双方的利益,促使医患双方真诚交流,坦白分析事件发生的真相及原因,最终确定赔偿责任。

（五）第三方介入医疗纠纷的调解有利于改进医疗卫生服务质量

通过研究发现,医疗纠纷发生的重要原因之一就是医患双方交流不充分。尽管有时候医疗机构及其医务人员已经尽到了最大的注意义务,但医疗意外仍然会发生,此时交流会有助于缓解由此种情况所引起的负面影响。但是在对抗性特征较为明显的诉讼和协商中,医患双方由于缺乏有效沟通,制约了信息的交流,难以有效改进医疗卫生服务质量。医疗纠纷调解的潜在优势在于能够有效改进卫生服务的质量。因为调解提供了一个讨论和分析医疗纠纷的

平台,医疗机构或医生能够仔细分析可以避免的医疗过失发生的类型、原因,医疗机构通过与患者进行沟通交流,可以充分了解患者的诉求以及通过站在患者角度进行换位思考,可以充分了解患者在整个医疗纠纷过程中的感受,便于采取更加有针对性的改进措施,这有助于改善卫生服务质量。

五、宜昌市医疗纠纷第三方调解机制运行中存在的问题

(一)医调委法律地位不明确

国家尚无相关法律明确医调委这类专业性调解组织的性质、职能、权利义务、法律地位和财政保障政策。尤其是在调解组织归属哪个政府相关部门进行管辖以及调解组织的财政保障措施等方面法律并没有相应规定。宜昌市医调委是依据 2010 年宜昌市政府第 150 号令而建立的,而该〔150〕号令 2012 年 12 月 31 日即将失效,一旦该〔150〕号令失效后,宜昌市医调委存在的合法依据在哪里,如何运行下去,这正是医调委工作人员和从中受益的医疗机构和广大患者担忧的事情。

(二)医调委经费不足,缺乏有力保障,同时伴有中立性信任危机

关于医调委运行的财政保障方面,该机构存在较多的困难,目前该机构的工作人员的工资水平处于宜昌市平均收入的中下水平,这样的收入与其承担的工作性质和工作量是十分不匹配的,市卫生局在 2011 年年底通过一定的途径想法为医调委解决了一定的经费后,医调委的经费状况稍有好转,但这是一种临时性的措施。尽管这点经费是市卫生局考虑到医调委的实际困难而做出的特殊措施,但这点经费是不能对外公布的,因为这将影响到医调委的中立性形象,从而影响到患方对医调委的信任。在〔150〕号令失效后,卫生局作为医调委的工作指导单位的定位将失去依据。医调委的实际困难在没有其他途径解决的情况下,其运行将变得十分艰难。

(三)法律的二元化问题带来赔偿标准的不确定将增加医调委的工作难度

同一医疗过失行为,可以有两种法律依据,如果不是事故的,反而赔得越多,法律二元化问题是医疗责任保险面临的重大问题。现在的赔偿标准是按

照《医疗事故处理条例》进行计算的,2010 年 7 月 1 日《侵权责任法》实施以后,患者走侵权这一条路径,赔付将大大超过《医疗事故处理条例》的赔付。法律二元化问题既对全国医疗纠纷的赔付形成巨大的考验,更对医调委开展调解工作形成挑战。

（四）宜昌市政府〔150〕号令确立的两种赔偿标准缺乏法律依据

根据 2010 年 12 月 17 日颁布的《宜昌市医疗纠纷预防与处理办法》第 22 条和第 23 条规定,医疗纠纷发生后,双方可以协商解决纠纷理赔事项,但医疗纠纷赔付金额在一万元以上的,参保医疗机构不得自行协商处理。当事人可以申请医调委调解医疗纠纷,但索赔金额在十万元以上的,应当先行共同委托医疗损害司法鉴定或者医疗事故鉴定,提供鉴定结论。该〔150〕号令确立的 1 万元和 10 万元的标准目前没有任何法律和政策依据,其合法性和合理性有待斟酌。另外,如果医患双方私下就医疗纠纷赔偿超过该〔150〕号令确立的标准时如何处理,该〔150〕号令缺乏规制措施。

（五）推行医疗责任保险困难重重

宜昌市 2010 年〔150〕号令第 36 条规定,公立医疗机构应当参加医疗责任保险及附加医疗意外保险。提倡非公立医疗机构参加医疗责任保险。这一规定这对公立医疗机构和患者均不公平。首先使得患者在不同所有制医院内接受医疗服务时遭遇不同的风险。在调研中,几位公立医院的有关负责人明确指出,医疗责任保险实际上是让公立医院额外出一笔可观的费用,增加了公立医院的运营成本,而非公立医疗机构则可以不参加,使之成本更低,使得公立医疗机构在竞争中处于不利地位。调研显示,2011 年,宜昌市公立医疗机构支付的医疗责任保险费用 400 万左右,而保险机构从中提取了 20% 的行政成本费用。剩下的费用也没能完全用于医疗纠纷赔偿。据调查,市一家大型公立医疗机构 2011 年上交的医疗责任保险费用近 120 万,但 2011 年保险机构支付给该医院医疗纠纷的费用只有 20 多万,该医疗机构 2011 年遇到的医疗纠纷绝大多数案件无法利用医疗责任保险来分担其经营风险。这使得该医院没有积极性再次投医疗责任保险,而承保机构由于该险种的利润不如其他险种,对此也持消极态度,使得宜昌市医疗责任保险处于停滞不前,甚至倒退的危险。

(六)宜昌市医调委的知名度还有待提高

课题组的调研结果显示,无论是医务人员还是患方,知道宜昌市医调委的比例还不高,患方人员只有 15％的人知道,医务人员的比例也不到 47％。调研显示,很多人是发生医疗纠纷一段时间后才知道的。这对医调委积极开展医疗纠纷的预防工作明显不利。课题组认真查阅宜昌市的媒体后发现,政府对于医调委的宣传工作主要在成立之初举行了新闻发布会,在《三峡晚报》、三峡电视台综合频道等媒体进行了宣传,但其后的宣传并没有跟上,新媒体上有关宜昌市医调委的宣传也不多,使得人们对宜昌市医调委的了解并不多。

六、完善我国医疗纠纷第三方调解机制的政策建议

宜昌市医调委运行一年多的实践表明,第三方调解在医疗纠纷解决中具有很大的比较优势,从其他国家、地区医疗纠纷解决情况分析来看,第三方调解已经成为发展趋势。从目前我国部分地区医疗纠纷第三方调解机制现状来看,第三方调解在医疗纠纷处理中取得了较好的效果,切实维护了患者权益和医疗机构的正常诊疗秩序。针对目前我国医疗纠纷第三方调解中存在的突出问题,本课题提出以下几点政策建议:

(一)高度重视全国性卫生立法工作

立法是有效处理医疗纠纷的根本法律保障。从其他国家和地区医疗纠纷解决情况来看,各个国家和地区高度重视卫生立法工作。从我国其他地区的情况来看,各地政府以《执业医师法》、《医疗事故处理条例》、《民法通则》等法律法规为基础制定了适合本地实际的医疗纠纷预防与处置办法。但由于各地政府的立法权力不同,制定的医疗纠纷预防与处置办法的法律效力存在不同,这限制了医疗纠纷的有效处置。针对这种情况,本课题建议国家应加快卫生立法工作,制定专门的《医疗服务法》或者通过完善现有法律法规,为医疗纠纷有效处理创造完善的法制环境。具体的立法建议包括以下几个方面:

首先,必须明确政府在保障居民健康中的责任。(1)我国卫生事业是政府实行一定福利政策的社会公益事业,政府必须增加对卫生事业的投入,健全居民医疗保障制度,确保为群众提供安全、有效、方便、价廉的卫生服务,从根本上解决看病难、看病贵问题。(2)加强对医疗机构及其医务人员的资质管理。

严格医疗机构及其医务人员的准入门槛。(3)严格医疗机构新技术、新设备的引入和管理。(4)加强对医疗机构卫生服务质量的监督管理。通过以上措施，从源头上减少医疗纠纷的发生。

其次，必须完善医疗纠纷处置相关法律法规。(1)明确医疗纠纷的概念和范围。法律应该对医疗纠纷做出明确解释，将医疗纠纷明确定义为"发生在医患双方之间的因患者及其家属对医疗机构或医务人员的医疗服务不满意而与医方发生的争执"，而不仅仅局限于《医疗纠纷处理条例》中规定的医疗事故。(2)严格保护患者的合法权益。法律应该明确规定，医疗纠纷发生后，患者进行医疗纠纷权利救济的途径，减少患者权利救济的程序限制，使患者能够通过最方便的途径在最短的时间内解决医疗纠纷，保护患者的合法权益。(3)严格保护医疗机构及其医务人员的合法权益。目前医疗纠纷发生后，医疗机构及其医务人员的财产和生命安全会时常会受到较大的威胁，应该通过立法明确医疗机构及其医务人员在医疗纠纷中的合法权益不受侵犯，使医疗机构及其医务人员具有安全的执业环境，切实保护医疗机构及其医务人员的合法权益。(4)明确政府相关部门在医疗纠纷处理中的责任和处罚措施。医疗纠纷的有效处理不仅仅涉及医疗机构和卫生行政部门，而且需要包括卫生部门、公安部门、信访部门、财政部门、劳动保障部门、民政部门、司法部门、法院等多个部门和单位共同参与来解决。法律应当明确政府相关部门等在医疗纠纷处理过程中应当履行的责任以及相应处罚权限，敦促政府相关部门在医疗纠纷发生后，积极参与医疗纠纷处理，确保医疗机构正常的诊疗秩序和医务人员的人身安全。(5)明确医疗纠纷第三方调解机构的相关法律问题。国家应出台相关法律或者制定《人民调解法》的司法解释，明确各类医疗纠纷第三方调解机构的设立原则、法律地位、受案范围，调解人员的任职标准和条件，调解当事人在医疗纠纷调解中享有的权利和应当承担的义务，调解的标准流程，调解协议的法律效力等。(6)严格"医闹"处罚措施。对于扰乱医疗机构正常秩序的"医闹"行为，应当严格按照《中华人民共和国治安管理处罚法》第23条"扰乱机关、团体、企业、事业单位秩序，致使工作、生产、营业、医疗、教学、科研不能正常进行，尚未造成严重损失的行为"的规定进行处罚。

(二)发挥政府在医疗纠纷第三方调解中的支持和领导作用

医疗纠纷是社会矛盾在医疗卫生领域中的集中反映，其产生的原因具有一定的复杂性，单纯依靠医疗机构并不能有效解决。没有政府的支持，解决医疗纠纷将面临重重困难。因而政府有义务凭借政权的强制力量和依靠其统治地位掌握的经济财富,对医疗服务和公共卫生服务活动进行必要干预。我国公立医疗机构主要是由政府投资设立的,政府有责任有义务参与医疗纠纷的处理并在其中发挥重要作用。从各地调研情况来看,当地政府在医疗纠纷第三方调解方案制定、机构建立、医疗纠纷具体调处、协调政府相关部门关系等方面发挥了重要的支持和领导作用,为医疗纠纷第三方调解机构开展调解创造了良好的环境。

政府在医疗纠纷第三方调解中的支持和领导作用,具体来说应该包括:(1)政府应按照《侵权责任法》《人民调解法》等法律的相关规定,制定保障医疗纠纷第三方调解具体实施的行政法规、地方政府规章或其他规范性文件,使医疗纠纷第三方调解具有良好的政策环境。(2)建立由政府领导,相关部门配合,医疗纠纷第三方调解机构具体实施调解的医疗纠纷调解机制。政府应积极协调医疗纠纷第三方调解机构与医疗机构、卫生行政部门、司法部门、公安部门、信访部门、财政部门、劳动保障部门、民政部门、法院等各单位和部门之间的关系。(3)政府应当在医疗纠纷第三方调解机构的资金来源、人员配备、设备购置方面给予支持。

(三)建立医疗纠纷第三方调解与其他纠纷解决方式之间的衔接机制

医疗纠纷第三方调解是医疗纠纷解决方式中的一种具体形式,仅靠第三方调解并不能解决所有的医疗纠纷。从宜昌市和其他地方试行第三方调解机制的情况来看,一些地方建立了与其他纠纷解决方式之间的衔接机制,如宁波将保险理赔与人民调解结合起来,济宁建立社团性质的专业医疗纠纷调解机构,将现有的医疗纠纷解决方式进行整合,北京将保险理赔与卫生法学会医疗纠纷调解方式相结合。各地通过第三方调解方式与其他纠纷解决方式之间的有效衔接,可以有效发挥每种纠纷解决机制的优点,实现优势互补,促进医疗纠纷的有效解决。

为促进医疗纠纷第三方调解与其他方式之间的有效衔接,应当建立医疗纠纷第三方调解的标准化流程。(1)明确医疗纠纷实行"调解优先原则"。参照《人民调解法》《关于加强医疗纠纷人民调解工作的意见》的相关规定,在医疗纠纷发生后,医疗纠纷第三方调解机构主动参与调解。如果当事人明确拒绝调解,不得调解,然后再由其他机构进行依法处理。(2)建立和完善专家库通用制度,实现鉴定结果互认。通过医疗纠纷解决机构推选专家建立全国一体化的专家库,通过建立"黑名单"制度来约束专家库专家的鉴定行为,实现医疗纠纷解决方式之间使用共同的专家库,实现医疗纠纷鉴定结果的互认,提高医疗纠纷解决的效率。

(四)建立医疗纠纷第三方调解稳定的融资渠道

稳定的融资渠道是医疗纠纷第三方调解机构顺利开展调解工作的重要保障。目前,包括宜昌市医调委在内的诸多医疗纠纷第三方调解机构普遍面临着资金不足的情况。专业性医疗纠纷调解组织目前的资金来源渠道的规范性较差,这极大地影响了调解组织发展的可持续性,尽管人民调解组织的经费由法律形式予以规定,但是由于各地区的经济发展情况差别较大,经济欠发达地区经费常常难以得到有效保障。为实现医疗纠纷第三方调解组织的持续发展,必须建立稳定的资金来源渠道。医疗纠纷人民调解组织的经费应当由当地政府财政部门纳入财政预算。专业性医疗纠纷调解组织可以建立由"政府购买服务"的方式,由政府拨出专项资金,通过定期考核,对调解组织的工作成效进行评估,根据考评结果支付经常性经费。各地可以根据当地实际情况探索建立医疗责任保险与医疗纠纷第三方调解的有效衔接机制和相互制约机制,通过提取一部分医疗责任保险费作为医疗纠纷第三方调解机构的运行经费。

(五)建立专职、专业、稳定的调解人才队伍

医疗纠纷具有医学专业特性,医疗纠纷第三方调解具有一定的复杂性,需要医学、法学、社会学等多个学科人员的相互配合,因此建立一支专职、专业、稳定的调解队伍。专职是指除了第三方调解机构成员构成中相关部门的领导外,还需要配备专门从事医疗纠纷调解实务工作的人员。部门领导作为成员可以有效协调部门之间的关系,提高工作效率,但是部门领导在第三方调解机构中一般都是兼职的,平常还要处理很多事务性工作,常常无暇顾及第三方调解机构的调处工作,因此需要增加第三方调解机构中的专职人员。专业是指医疗纠纷三方调解机构中必须配备具有专业知识的调解人员,这是确保医疗纠纷调解结果正确可靠的前提。专业人员可以从社会上公开招聘,通过严格的业务考核程序和培训之后,上岗参与调处工作;也可以聘请已经退休的医疗专业人员、公检法法律服务人员等热心医疗纠纷第三方调解事业的相关人员

参与到调解机构中来,确保第三方调解机构的专业性。稳定是指第三方调解机构人员要相对稳定。应该采取措施提高调解人员的工资收入,为调解人员缴纳各项保险,为调解人员提供进修培训学习的机会,为调解人员提供良好的安全保障措施,努力为调解人员的发展营造良好的环境,确保调解人员队伍的相对稳定。

(六)加大对医疗纠纷第三方调解的宣传力度

目前,我国医疗纠纷第三方调解方兴未艾,许多部门和人员对医疗纠纷第三方调解的相关政策还不了解,甚至存在一些误区。医疗纠纷第三方调解机构应该通过以下措施扩大自己的影响力。一要踏实开展第三方调解工作,为医患双方提供良好的调解服务,通过优质的调解服务赢得社会的信任。二是定期组织医疗机构、患者、政府相关部门、社会其他组织和人员参加与医疗纠纷调解有关的培训和学习活动,使他们增加对第三方调解机构的了解,消除误区。三是注重媒体宣传。可以通过电视、广播、报纸、互联网等媒体手段宣传第三方调解机构的政策措施、调解程序、成功调解案例,增强社会对第三方调解的认识,引导患者在医疗纠纷发生后,自觉利用第三方调解解决医疗纠纷。

(七)医学教育应安排更多的课程来训练医学学生如何调适错误和容忍不确定性

过去医学教育很少安排课程来训练医学学生如何调适错误和容忍不确定性,使医学生难以对医疗错误进行正确反应,常常出现对医疗错误的一味地否认,更别说通过公开地讨论让彼此互相了解面临之压力,接受临床不确定性与医疗错误实存的事实。[1] 即医学教育所传播的信息是,医疗错误完全是个人问题,如医术不佳、不够谨慎等,而未曾集体公开讨论错误的环境和风险,以及未从环境上来提供情绪支持及预防措施。这种对医疗错误保持沉默的文化,使得医师倾向以逃避、掩饰和不承认来进行响应。如当患者询问医疗结果时,因无法预料他下一步会采取何种行动,医生对于医疗错误总是极力隐瞒,不愿意让患者知道。

在医学教育中,训练医学学生如何调适错误和容忍不确定性,主要需要让

---

[1]　Dina Pilpel, Razia Schor, Fochanan Benbassat, *Barriers to Acceptance of Medical Error : The Case for A Teaching Programme*, Medical Education, 32 (1998), p3~7.

医学学生接受医疗错误所面临的障碍,其内容具体包括认知的障碍、情感的障碍,以及文化的障碍。所谓认知的障碍是指,医生与外行人都假定过失只会发生在能力不足的医生上,过失是可归咎于某个原因的,而非随机发生在任何医生身上。情感障碍是从认识论发展过程说明,医学学生现在对于外在事物的看法多半仍处于二元对立或多样性思维阶段,尚未进入相对主义的阶段。因此对于不确定性之容忍度较低。文化障碍则是指,与其他医疗人员之间甚少彼此分享不确定性之经验,无法了解别人亦遭遇相同之情况,减少互助的机会。

(八)不断完善医疗责任保险制度

医疗责任保险的实施要以较好的经济条件作基础。我国东中西部各省之间的经济水平差别较大,同一省市不同地区经济水平差别也很大。医疗责任保险是一种以营利为目的的商业保险,实施医疗责任保险是建立在医疗机构较高的经济收入基础上的,经济条件较差的省市,医疗机构的数量相对较少、收入水平也会相对较低,推行医疗责任保险存在一定的困难,不能盲目强制推行。为避免医疗责任保险出现亏损现象,保证医疗责任保险的生命力,使之得以持续发展,应开辟更多的医疗责任保险风险分散渠道,扩大保险的范围。

附录一　宜昌市医疗纠纷第三方调解机制访谈提纲

访谈时间:

调查机构:

调查人员:

记录员:

一、调研目的

(一)了解宜昌市医疗纠纷第三方调解现状

(二)为完善我国医疗纠纷第三方调解机制提出建议

二、调研项目

(一)宜昌市医疗纠纷调解委员会的情况

1. 宜昌市医疗纠纷调解委员会的组织性质及资金来源

2. 宜昌市医疗纠纷调解委员会的机构及人员构成

3. 宜昌市医疗纠纷调解委员会处理医疗纠纷案件的原则

4. 宜昌市医疗纠纷调解委员会的受案范围

(二)宜昌市医疗纠纷调解委员会受理案件的具体情况

1. 医疗纠纷中医患双方的基本情况

2. 医患双方各自希望医调委能提供什么样的帮助？

3. 医患双方在医调委调解过程中的主要分歧是什么？

4. 宜昌市医疗纠纷调解委员会计算损害赔偿的标准是什么？达成调解协议医疗纠纷最后赔偿金额与患方提出的赔偿要求之间的比例如何？

5. 医疗责任保险制度对医调委工作的支持度如何？

(三)宜昌市医疗纠纷调解委员会取得的成效

(四)宜昌市医疗纠纷调解委员会运行中存在的问题

(五)医患双方以及医调委、卫生部门和司法部门对医调委进一步完善的建议是什么？

附件二 《宜昌市医疗纠纷调解委员会运行状况》调查问卷

您的基本情况(　　　)

性别:A. 男

　　　B. 女

与患者的关系(　　　)

A. 患者本人

B. 患者的父母

C. 患者的子女

D. 患者的亲戚

E. 患者的兄弟姐妹

F. 患者的朋友

G. 患者的医护人员

H. 其他

您的职称(医务人员填写)(　　　)

A. 高级职称

B. 中级职称

C. 初级职称

1. 您知道宜昌市医疗纠纷调解委员会吗？(　　　)

A. 知道

B. 听说过,但不很清楚

C. 不知道

2. 您是如何知道宜昌市医疗纠纷调解委员会的？(　　　)

A. 亲身经历

B. 身边人和事

C. 媒体宣传

D. 其他(请说明)

3. 您了解宜昌市医疗纠纷调解的工作内容、程序、方法、原则等知识吗？（　　）

A. 很了解

B. 比较了解

C. 有一点了解

D. 不了解

4. 患者就医类型（患方填写）（　　）

A. 急诊

B. 慢性病

C. 一般性疾病

D. 生产

E. 检查/产检

F. 其他

5. 您所在医院的性质（　　）

A. 公立医院

B. 私立医院

6. 所在医院的级别（　　）

A. 三级医院

B. 二级医院

C. 一级医院

D. 其他

7. 患者目前的情况

A. 已经死亡

B. 伤残

C. 已经痊愈

D. 仍然在治疗

8. 您希望在个案中医疗纠纷调解委员会给您提供的服务项目（患方填写，可多选）（　　）

A. 法律方面

B. 医疗方面

C. 媒体方面

D. 综合方面

9. 医调委提供的综合服务项目（患方填写，可多选）（　　）

A. 意见咨询

B. 情形疏解

C. 经验和资讯提供

D. 其他

10. 希望医调委提供的医疗服务项目(可多选)(   )

A. 医疗过错咨询

B. 医疗鉴定服务

C. 其他

11. 您认为医患双方产生纠纷的原因(可多选)(   )

A. 医疗体制问题

B. 患者缺乏医疗知识

C. 媒体的影响

D. 医护人员的医疗技术水平

E. 医护人员自身态度

12. 医疗行业执业环境是否更加恶化?(   )

A. 是

B. 否

13. 是否经历过医疗纠纷(医务人员填写)?(   )

A. 是

B. 否

14 您是否会通常为了避免医疗纠纷而多开检查项目(医务人员填写)?(   )

A. 会

B. 不会

C. 视疾病情况而定

15. 您是否认为患者已经理解了您对病情及诊疗的解释?(   )

A. 完全理解了

B. 基本理解了

C. 不大理解

D. 不清楚

16. 认为医务人员自身态度主要存在的问题(患方填写,可多选)(   )

A. 医方护理不当、观察不仔细

B. 未进行恰当告知、说明、建议

C. 未能认真听取患者陈述病情

D. 治疗对象明显出错、手术遗留

E. 文书出现明显错误导致治疗错误

F. 过度检查

G. 其他

17. 医务人员医疗技术水平主要存在的问题(患方填写,可多选)(   )

A. 漏诊误诊

B. 治疗措施不当

C. 手术不当

D. 用药不当

E. 抢救措施不当

F. 抽血、输血不当

G. 其他

18. 医调委作为第三方处理医疗纠纷是否公平？（　　　）

A. 公平

B. 基本公平

C. 不公平

19. 医调委作为第三方处理医疗纠纷是否及时？（　　　）

A. 及时

B. 不及时

20. 对医调委作为"第三方"进行调解的人员满意情况（　　　）

A. 满意

B. 基本满意

C. 不满意

21. 对医调委作为"第三方"进行调解的服务态度满意情况（　　　）

A. 满意

B. 基本满意

C. 不满意

22. 对医调委作为"第三方"进行调解的处理程序满意情况（　　　）

A. 满意

B. 基本满意

C. 不满意

23. 对医调委作为"第三方"进行调解的处理速度满意情况（　　　）

A. 满意

B. 基本满意

C. 不满意

24. 对医调委作为"第三方"进行调解的处理结果满意情况（　　　）

A. 满意

B. 基本满意

C. 不满意

第三章

社会结构嬗变中的信访困境 与出路探析[①]

信访在我国很长一段时期是一种有效治理社会的方式，[②]但从 20 世纪 80 年代开始，信访慢慢演变成为被治理的对象。信访问题成为影响社会稳定的重要因素，于是各界人士纷纷对此进行关注，通过对信访制度的历史脉络、现实困难及其出路展开了较为全面的分析。这些研究成果对于促进信访问题的改善有着积极意义，但是这些研究成果也有不足，就是基本上是就信访制度本身而论信访，没有从更为广阔的视野来研究信访问题，研究视野的局限在很大程度上影响了问题信访真正成因的探究，也漏掉了一些有价值的解决目前信访困境的方法。本文试图在厘清新中国成立以来我国社会结构嬗变的基本脉络后，探寻信访制度遇到的困境是如何形成的，在此基础上来寻求信访制度的解困之道，力求有益于走出信访困境。

一、新中国成立以来我国社会结构的嬗变基本脉络

（一）单位社会的形成与逐渐解体

20 世纪 50 年代至 70 年代末，中国社会宏观结构是一个单位社会，在这一社会结构下，国家对社会的整合与控制，不是直接面对一个个单独的社会成员，更多地是依靠单位来实现的。单位社会的总体特征包括：第一，特殊的"国家—单位—个人"的纵向联结控制机制。即单位成员依赖于单位组织，单位组

[①] 本章系骆东平主持的 2010 年湖北省社科基金"社会结构嬗变中的信访制度困境与出路探析"(SFXH202)的最终成果，该结题成果被评为优秀。

[②] 刁杰成：《人民信访史略》，北京经济学院出版社 1996 年版。

织乃政府控制社会的组织手段；第二，单位组织体制的高度合一性，即单位的党组织和行政管理部门不仅是生产管理机构，同时也是政治、社会管理机构，具有高度的合一性；第三，终身固定就业与"包下来"的单位福利保障制度；第四，基于单位组织的自我封闭性而形成的具有浓厚伦理色彩的"熟人社会"。其中的"国家—单位—个人"的纵向联结控制机制最具核心意义。[①]

20世纪80年代以后，随着中国逐渐由计划经济向市场经济体制的过渡，曾经的单位社会结构发生了重大的变化。随着改革开放的深入，市场经济体制被逐渐确立，单位社会被认为是一种"丧失活力的社会"、"平均主义的社会"，于是走出"单位社会"是中国现代化的必然选择。[②] 走出单位社会那种基于"国家—单位—个人"的社会管理体制后，转向的是"国家—社区、社会团体—个人"的社会管理体制。值得注意的是关于单位社会的命运有两种观点，其一是衰退消解论，另一种观点是其长期存在说。[③] 本文认为，单位社会在我国应该是逐渐走向解体的一个过程，短时间难以消解，部分传统意义的单位在一个时期内仍将存在，这一判断主要基于目前党政类部门与传统意义上的单位并没有本质的差异，这从一浪高过一浪的考公务员热就可得知。这种社会体制的逐渐转变是通过国家实施由福利分配转向绩效分配、消解个体社会成员对单位的依赖体系以及国家对社会体制的改革和重新设计等一系列复杂的改革政策而实现的。在这个社会结构的嬗变过程中出现的一些问题值得我们关注。

首先，我国社会的原子化趋势不断明显。20世纪80年代以后，伴随着改革开放的步伐，在市场化的强劲冲击下，传统的单位社会堡垒开始松动甚至走

---

① 田毅鹏、吕方：《单位社会的终结及其社会风险》，载《吉林大学社会科学学报》2009年第6期。

② 需要说明的是，这里的"单位社会"走向解体并不是指具体的作为职场的"单位组织"的终结，而是说传统的单位组织所赖以存在的那个宏观社会管理体制发生了巨大的变化，已逐渐被一种新的社会管理体制所替代，由此作为"职场"的单位组织之自身的结构、功能也发生了许多重大变化。

③ 路风：《单位：一种特殊的社会组织形式》，载《中国社会科学》1989年第1期；李汉林：《关于中国单位社会的一些议论》，载潘乃谷、马戎：《社区研究与社区发展》，天津人民出版社1996年版。

向解体,其直接后果是社会上出现了数量庞大的"非正规性就业人群"。① 据统计,1978年,全国仅有1.5万就业人员处于正规部门之外;到了2006年,已经爆发性地达到1.682亿人,等于城镇2.831亿就业人员总数的59.4%。② 非正规就业人群迅速膨胀的一个直接后果是使大量人群长期游离于组织之外,成为原子化的孤独的个体,在劳动力市场上亦是真正的无所依赖的弱者。在社会保障体系尚不健全的情况下,当社会非正规性就业成为一种普遍的常态,非正规就业人数剧增时,多数人的生活似乎都充满了不确定性,其社会运行自然充满了风险。

其次,在社会结构嬗变的过程中,昔日由单位组织承载的社会公共性发生严重的萎缩。在单位社会结构中,单位负责将国家政策性的社会资源配给传递给每位个体的单位人,同时,在单位组织内部进行自生福利的分配。但在转型过程中,单位组织作为一个利益主体和整体的意义日益突出。在社会资源的占有和支配日益单位化的情况下,形成了一种愈来愈强烈的利益单位化倾向,而昔日由单位组织承载的诸多社会责任开始转移到社区。单位所承载的意识形态因素和政治要素开始淡化。另外,改革开放以来,伴随着单位体制的变革,单位的社会文化功能也开始逐渐走向消解,而现代社会的公共文化服务体系尚未建立起来,遂导致目前中国城市公共文化服务体系出现严重的供给不足。其直接的后果就是引发严重的公共精神生活的危机。③

(二)底层社会的形成

根据学者的研究显示,20世纪90年代资源重新积聚的直接结果之一就是底层社会群体的人数迅速扩大,许多人的生活相对或绝对贫困化,社会地位

---

① 所谓非正规就业,主要是指广泛存在于非正规部门和正规部门中的,有别于传统典型的就业形式。包括有:(1)非正规部门里的各种就业门类;(2)正规部门里的短期临时就业、非全日制就业、劳务派遣就业、分包生产或服务项目的外部工人等,即"正规部门里的非正规就业"。这部分人意味着尚未纳入社会保障体系的就业形式,缺少福利和不受国家劳动法保护的劳工。参见田毅鹏、吕方:《单位社会的终结及其社会风险》,载《吉林大学社会科学学报》2009年第6期;薛昭:《对我国发展非正规部门和鼓励非正规就业的几点认识和建议》,载《中国劳动》2000年第7期。

② 黄宗智:《中国被忽视的非正规经济:现实与理论》,载《开放时代》2009年第2期。

③ 田毅鹏、吕方:《单位社会的终结及其社会风险》,载《吉林大学社会科学学报》2009年第6期。

明显恶化。值得注意的是该群体在就业竞争中处于弱势地位有些完全是体制的原因造成的,如农民不能与城市居民平等竞争就业机会。这个弱势群体主要由以下几部分人群构成:[①]首先,占人口大多数的农民整体上变成了贫困的弱势群体。农民问题的严重性并不仅仅在于连续多年处于贫困状态,而在于只要农民被束缚在乡土这一结构性条件不变,留在乡间的农民就很难看到脱贫的前景,一个基本的事实就是,粮食的丰收与否与农民的收入几乎没有太直接的关系。其次,进入城市的上亿农民也基本上属于弱势群体,他们的弱势不仅表现在经济上,也表现在社会地位上。由于城乡二元结构的存在,他们虽然生活在城市,也是城市生活不可缺少的一员,但他们很难被城市真正接纳。对于农民工群体,他们往往只能从事那些城市人不愿意从事的工作,这些工作劳动强度大、工作环境差,甚至具有高度的危险性,有些城市明确规定不允许他们从事许多职业,他们没有城市户口,无法享受到其他城市居民能够享受到的福利,他们只能住在狭小拥挤、秩序乱、卫生差的城乡接合部。遭到工商、城管等执法人员的粗暴对待更是司空见惯的事,加上拖欠工资等现象,这些制度性的歧视无疑会滋生出社会仇恨,而农民工作为城市社会中的弱者,缺乏用制度化的方式维护其权利的能力,也缺少这样的正式组织来帮助,于是矛盾激化到一定的程度时,就可能会用非常规的方式去自行解决,由此而形成了对社会稳定的威胁。最后,城市中的下岗失业者为主体的贫困阶层也是弱势群体中的一员,这部分人与农民相比,还有自己的特征。他们一旦失业下岗、现金收入断绝,连吃饭都成问题,同时,这部分人生活在贫富差距明显的城市中,极易受到强烈的刺激。更值得关注的是那些被整体抛入弱势群体的下岗职工。他们常常是个人并无"弱势"特征却被抛入弱势群体,他们中的许多人身体健康,并具有一定的专业技能,却因为原来的工作单位破产或行业萧条而沦落为弱势群体。这些人沦落为失业者的时间和地点也往往非常集中,许多人就是因为一项政策的实施而突然成了失业者,许多人甚至就住在同一个住宅区,以至于一些工厂的家属区一夜之间就变成了失业区。他们这些人彼此之间有高度的同质性,同样的经历和感受使得他们对许多社会问题具有高度的认同感,而且失业后也有着紧密的联系,他们很容易形成共同的目标。他们的问题常常被经济不景气等表面理由所掩盖,很多人常常认为只要经济景气了、产业结构转换了就会解决这个暂时的问题。实际上问题并非如此简单,因为新的技术革

---

① 　郑杭生:《中国社会结构变化趋势研究》,中国人民大学出版社 2004 年版,第 83 页。

命的作用,一些传统职业逐渐被淘汰,新的职业会不断出现,但是这些新的职业并不能给失业群体提供多少机会,因为目前下岗失业群体中,很大一部分的教育水平不高,当下,大学生就业都如此艰难,何况那些教育水平不高的下岗失业群体。而且随着年龄的增长,即使在经济景气的状态下,他们也很难回到社会的主导产业中去。实际上,这部分人已经成为社会的被淘汰者,成为被甩到社会结构之外的群体,很难再找到稳定的就业机会。这种情况被称为社会结构的断裂。① 断裂的社会并非多元的社会,断裂的社会中,其社会结构的不同部分几乎是完全处于不同的时代,彼此间无法结合成一个整体性的社会。中国社会中出现的信任危机在某种程度上又加剧了以强凌弱格局的形成。同时,让人担忧的还有是在 20 世纪 90 年代就已经出现的某些政府行为的"市场化"和"企业化"导致了公共管理行为的弱化甚至失效。

综上所述,单位社会走向解体的过程中,中国社会的转型危机,最突出的问题是"社会"的缺席。如何加强社会组织建设已迫在眉睫,如何在体制转换过程中实现社会创新,成为克服危机的关键。

二、社会结构嬗变中的信访困境分析

(一)走向解体的单位社会中的单位组织逐渐失去了过滤纠纷的功能,同时单位成员对单位组织的依赖度大大降低,使得大量的纠纷涌入信访渠道,也影响到政府有关部门在纠纷解决中的交涉能力

在单位社会中,各种各样的社会组织,不再是人们组织起来运用资源实现利益的一种形式,而是转化为国家实现统治的一种组织化手段。在这个意义上,"单位组织"是整个社会统治结构的一个组成部分,是维持国家统治即命令统治的手段或工具。单位组织作为一种统治制度或结构;是国家实现统治的中介环节。单位组织通过将经济控制权力和国家行政权力结合在一起,从而像国家对单位组织的统治那样,实现对个人的统治。个人对单位组织的服从,同时即是对国家的服从;单位组织对个人的权力,在很大程度上仍然是国家权

---

① 郑杭生:《中国社会结构变化趋势研究》,中国人民大学出版社 2004 年版,第 83~90 页。

力的表现。各种各样的单位组织，并非仅仅是一个纯粹的"工作场所"。① 单位组织可以在一个广泛的范围内，给那些利益追求者以单位成员的资格，并规定"回报"的形式和"价格"，迫使社会中的个人采取国家所期望的态度。人们只有以服从和依赖作为代价，才能换取这些资源、利益或机会。因此，在单位组织内部遇到纠纷需要解决时，如果有单位的力量介入，当事人出于对单位的依赖，只要不是涉及成员根本利益，往往能够做出相应的妥协，这样能够比较顺利地将纠纷解决在单位内部，同时，与单位社会的相匹配的是计划经济，计划经济时代纠纷本身就很少，尤其是财产类的纠纷。这使得那些不能通过单位解决的纠纷只是极少一部分。而在单位社会逐渐解体后，这种局面发生了很大的变化。中国的改革所带来的自由活动空间和自由流动资源的发展，特别是非国有经济的发展，在一定程度上提供了可选择的替代性资源，因而国家和集体单位已不再具有唯一资源提供者的地位。个人因资源获取的可替代性程度越高，其而对单位产生的依赖性程度就越低，单位在纠纷解决过程中的影响力也就越低，政府在纠纷解决中的交涉能力也随之降低。这也能够很好地解释在诸如拆迁纠纷中，尽管同样是被拆迁人对拆迁补偿等不满意，本人或有亲戚朋友在政府部门等传统意义单位工作的人常常不会上访，而那些没有亲戚朋友在政府部门等传统意义单位工作的人常常会上访。因为政府为了维稳等常常介入拆迁案件，给那些不满意的被拆迁人本人或者有亲戚在政府部门等传统意义单位工作的人施压，如果上访就要在政府部门等传统意义单位工作的人"下岗"，而这些人基于对单位资源交换的绝对依赖关系而放弃"维权"或说服自己的亲戚放弃"维权"。当然，如果他对某种资源获取足够重要到能够取代他在这个单位组织中所获得的其他资源；或者他能够在其他工作单位中获得同样多的资源，政府对他的压力就会变得无效。那些完全处于原子化状态非正规就业人群由于不存在对于单位资源的交换，所以，政府也没有办法通过前述方式来获得当事人的妥协与让步。当这个群体庞大到数以亿计的时候，政府的控制能力面临的困难就可想而知了。同时，随着改革开放的深入推进，各单位组织逐渐由"管理型单位"向"利益型单位"转化，单位所承载的意识形态因素和政治要素逐渐淡化，其纠纷解决能力不再作为其重要的职能，其必然的后果是纠纷过滤能力大大降低，大量的纠纷进入社会，由于信访的纠纷解

---

① 李汉林：《中国单位社会——议论、思考与研究》，上海人民出版社 2004 年版，第 137 页。

决没有门槛设定,其中很大一部分也必然会进入到信访渠道,加速信访洪峰的形成。即使信访等部门请求单位参与解决时,由于单位并不将其视为主要的职能,而大大影响纠纷解决的效果。

(二)社会的原子化趋势带来的社会高度不确定性引发政府难于对治安形势进行准确的评估,从而常常采取不当的措施打压上访人群,造成政治权威的流失

随着我国社会非正规就业群体数量的不断增长,而我国相应的利益代表组织建设严重滞后,社会的原子化状态越来越明显,加上我国的教育、住房、医疗和社会保险等方面的改革存在诸多问题以及部分地方政府行为的"企业化"和"市场化",由此而引发的社会高度的不确定性。在刚性稳定思维下,①这给政府有关部门形成了一种社会存在很大的不稳定判断。政府的这种判断直接影响着对目前社会矛盾和冲突的看法与处理方式。由此形成了针对信访的维稳怪圈,即各级政府将制定"零上访"的目标,对主要党政领导采取一票否决制。为了实现这一目标,各级政府将大量的人力、物力和财力用于信访问题的处理,甚至不惜对上访采取围追堵截等方式,北京"安元鼎"事件②就是典型的例子。上访不但没有减少,反而在不断增加。在很大程度上已经陷入越维稳越不稳的恶性循环。③为什么会出现这个状况呢,就在于社会的原子化状态太突出了,加上当前各种社会矛盾交错,不得不迫使官员们形成僵硬的稳定

---

① "刚性稳定"这个名词是中国社会科学院研究员于建嵘教授提出来的,他认为"刚性稳定",是以政治权力的排他性和封闭性为基础的政治稳定。"刚性稳定"以社会绝对秩序作为管治目标,因而游行、上访、示威、罢工、罢市等等任何行为都常常会被看成是非稳定的,是对社会管治秩序的破坏。

② 据 2010 年 9 月 13 日财经网(《财经》杂志所属网站)报道,北京安元鼎安全防范技术服务有限公司是一家专业截访公司,涉嫌多次对进京上访人实施非法拘禁。9 月 24 日,《南方都市报》报道称,安元鼎的主业为关押、押送到北京上访的民众。这家时间短却发展迅猛的保安公司在北京设立多处"黑监狱",向地方政府收取佣金,以限制上访者自由并押送返乡,甚至以暴力手段向上访者施暴。该公司已被北京市公安局以涉嫌非法拘禁和非法经营两项罪名立案侦查,安元鼎董事长张军以及总经理张杰被刑拘。参见《媒体揭底京城"黑狱"安元鼎》,正义网,http://www.jcrb.com/yqjc/201010/t20101018_455300.html,最后访问日期:2010 年 11 月 6 日。

③ 《清华大学报告指各地政府维稳陷"越维越不稳"怪圈》,载《中国青年报》2010 年 4 月 19 日。

观,由此而产生为了稳定而不惜压制正常的利益表达也就不奇怪了。这种通过压制和牺牲弱势群体的利益表达来实现短期的社会稳定成了比较普遍的做法,其结果不仅是治标不治本,反而在某种程度上起到了维护某些既得利益格局的作用,甚至对社会公正造成严重的伤害。实际上,维稳工作不是要消除也不可能完全消除利益矛盾和冲突,而是要在单位社会逐渐解体后,建立新的社会秩序规则,为信访所涉及的问题提供一种制度化的解决方式。

(三)底层社会的形成与社会的原子化趋势使得非正规就业人群难以依靠组织的力量来寻求低成本权利的救济,从而涌向成本低廉的信访,形成信访洪峰

在单位社会中,人们通过服从单位而从单位获得资源,这些资源自然也包括自己的权利遭到他人侵害时可以依赖单位的力量来获得权利的救济。而在单位社会逐渐走向解体过程中,那些处于原子化状态的人们在权利遭到侵犯后,无法找到成本低廉又可以依赖的组织来帮助自己获得权利的救济[①]。这点对于底层社会群体而言,问题比较突出,尤其是诸如进城务工的农民工而言更是如此,因为他们就业不稳定,流动性强,又没有直接代表他们这一群体的专门性组织,在其利益受到侵害后,往往得不到及时的维护。由于信访是没有门槛的,尤其是信访在收费上是免费的,基于纠纷解决本身收益的不确定性,信访往往也成为他们权利救济方式的首要选择。但由于信访部门的多元化和在政府部门中"邮递员"式的角色使得他们在寻求救济时常常面临多部门推诿,纠纷因没有能够及时解决而累积下来。另外,信访制度本身诸如缺乏完善的程序制度,也缺乏与其他纠纷解决制度的对接等局限性,效果往往不甚明显,使得矛盾不能及时得到解决。特别值得关注的是,由于社会转型、经济转轨过程中出现了政府多部门立法,使得法律法规内部的冲突众多,当事人在寻求法律救济过程中的难度也不断加大,纠纷不断累积。前述诸多元素的汇合最终形成了信访洪峰。

---

① 此处的成本低廉是从纠纷解决成本的预先和及时支出的角度来讲的,不包括纠纷解决者以后支出的成本,这点对于纠纷当事人尤其是纠纷解决购买力很低的人来说具有十分重要的意义。

（四）底层社会的形成与单位组织的价值观整合功能的衰落直接影响到信访案件涉及主体之间共识的达成，从而严重影响信访权利救济功能的发挥

改革开放以来，伴随着单位体制的变革，单位的社会文化功能也开始逐渐走向消解，而现代社会的公共文化服务体系尚未建立起来，遂导致目前中国公共文化服务体系出现严重的供给不足。底层社会群体最明显也是最急迫的问题常常被认为是物质生活的问题，其价值观整合问题由于种种原因一直未能得到应有的重视，其直接的后果就是引发严重的公共精神生活的危机，体现在信访过程之中常常表现为纠纷主体之间由于价值观的差异而导致的共识难以达成，从而严重影响信访权利救济功能的发挥。以拆迁类上访案件为例，对于某次拆迁行动是不是为了公共利益、什么样的补偿价格是合理的，以及被拆迁人在眼前利益受损的情况下如何获得后续补偿等问题似乎有法律的明确规定，与价值观也没有什么关系，实则不然。这里面包括上访人很多的疑问，即拆迁补偿是否按照"潜规则"进行，此项工程的建设中有无官僚的特权、资本的特权、暴富者的特权、精英的特权等问题，人们的种种疑问实际上就是各种价值观在这个拆迁行动中的集中反映。人们对拆迁是否存在"潜规则"的怀疑就是当下社会价值观体系存在一定程度混乱的反映，是当前中国社会诚信与道德面临很大挑战的后果。而人们对众多特权的怀疑也是源于是剥削、压迫、腐朽、奢侈、颓废、欺诈、自私等价值观在社会生活中的反映。由于价值观差异引发人们的这些担忧直接影响纠纷当事人对社会公平与正义的观念理解，以及纠纷解决过程中共识的达成，因而我们也能常常看到被拆迁人总是对拆迁行为充满怀疑，怀疑政府在拆迁中对拆迁人的偏袒和自己补偿价格过于低廉，而现实中存在的一些拆迁人总是千方百计地少支付相关的补偿费用，甚至不惜动用黑社会势力采取暴力拆迁行为，未能得到及时妥当的处理又不断地强化被拆迁人的这种怀疑，形成每个拆迁案件中一定存在贪官、黑心开发商以及官商勾结的刻板印象，并成为不断上访的精神支柱之一，这严重影响到信访的权利救济功能，加剧问题上访的治理难度。

三、社会结构嬗变中的信访出路分析

2009 年 7 月，根据中央决定，全国范围的县（市、区）委书记大接访活动展

开,如今一年过去,据国家信访局的相关人员介绍,成效不错。① 大接访虽然很有效,却不是解决问题的根本办法。让基层的党政主要领导花大量时间去接访,或者在接待上访者和处理上访事件中疲于奔命,也是一种不正常的状况。那样党政主要领导就变成"信访专员"。多种调查显示,目前中央政府获得的信任,明显高于地方政府,而且地方政府的信任度有越来越低的趋势。这种现象其实在日常生活中也很容易捕捉,如我们经常听到农民抱怨"上边的政策很好,下边的干部太坏"等等。老百姓对于中央信任度高、对于基层政府的信任度低,这种状况长期下去是有问题的,甚至可以说是危险的。从基层民众的角度看,中央获得的高信任度是难以维持的;从政府体系内部角度看,中央和地方政府的关系也会产生问题,特别是彼此信任降低、中央权威衰落等。因此从社会结构嬗变的角度看,信访制度的出路必须从信访制度本身与外部相关制度两个方面同时探求,这样才能从根本上解决问题,由于已经有众多的文章探析了信访制度本身改革的改革方向,②故本文对于信访的出路探寻更多的是从社会结构嬗变中与问题信访有着内在关联的诸多方面来进行。

(一)对现有的法律进行编撰,消除部分信访案件的形成根源

改革开放以来,随着经济、政治的逐渐推进,立法数量急剧增加。但在多级立法体制之下,法律的制定和频繁修订导致了法律规范之间的冲突频繁出现。各种横向冲突和纵向冲突,各种规范性文件与宪法之间,行政法规与法律之间,地方性法规与法律、行政法规之间,规章与法律、法规之间以及各类规范性法律文件互相之间的冲突。实践中,法律规范冲突事件大量发生,而且这些冲突属于反秩序性冲突,③这种类型的法律规范冲突是人为原因造成的,是立

---

① 王开:《赵树凯:信访制度改革棋在局外》,载《瞭望东方周刊》,http://news. sina. com. cn/pl/2009-08-10/154118404083. shtml,最后访问日期:2010 年 10 月 20 日。

② 刘立军:《论中国现行信访模式及其再构建》,载《经济研究导刊》2010 年第 4 期;余净植:《信访脱困的可能思路——基于权利保障维度的讨论》,载《福建论坛》(人文社会科学版)2009 年第 12 期;崔卓兰、王欢:《行政信访制度的功能定位与制度完善》,载《广州大学学报》(社会科学版)2009 年第 2 期。

③ 反秩序性冲突,是指两个以上的法律规范适用于同一个案件中所获得的法效果不能兼容,并且其中一个与法律秩序不相容,不具有法律体系成员资格,不具有法律效力,应该从法律规范体系中被排除出去。参见董书萍:《论法律规范冲突——以同一部宪法下的法律规范为分析对象》,载《法学论坛》2010 年第 5 期。

法者的疏漏和错误造成的,反映了立法者理性之不及。冲突的法律在现实中的适用成为引发纠纷的重要诱因,很多信访案件难以解决就是由于法律法规之间存在冲突,而当事人双方各自又以有利于自己的法律法规为据,互不相让。房屋拆迁问题是当前上访案件中的主要类型之一,下面就以规范拆迁问题的《城市房屋拆迁管理条例》(以下简称《条例》)与《宪法》和《物权法》之间在征收主体问题上的冲突为例来对此进行说明。《条例》规定的拆迁补偿主体不符合《宪法》和《物权法》法律的规定。《宪法》第 13 条、《城市房地产管理法》第 6 条均明确规定,征收、补偿的主体是国家。但《条例》第 4 条规定:"拆迁人应当依照本条例的规定,对被拆迁人给予补偿、安置。"第 13 条规定:"拆迁人与被拆迁人应当依照本条例的规定,就补偿方式和补偿金额、安置用房面积和安置地点、搬迁期限、搬迁过渡方式和过渡期限等事项,订立拆迁补偿安置协议。"可见,《条例》规定的城市房屋拆迁、补偿主体均为"拆迁人"。而根据《条例》第 4 条第 2 款的规定,拆迁人是指"取得房屋拆迁许可证的单位",也就是房地产开发商,而不是代表国家实施征收的主体。由此而引发了大量的问题,因为被拆迁方通常是以《宪法》和《物权法》为法律依据,而拆迁人依据的确是《条例》。而避免法律本身冲突这一问题出现的根本方法就是对法律本身进行编撰,消除其不协调的部分。

(二)整合现有的信访机构资源,建立统一的信访机构,赋予其临时权力,用政治的手段集中解决因政治原因累积的下来的信访案件,以缓解天价维稳压力

我国现行信访制度是一个机构重叠、条块分割、归口不一的组织体系。从中央到地方,各级党委、人大、政府、法院和检察院以及相关职能部门都设有信访机构。虽然不同信访机构受理信访的侧重点不同,但性质基本相同。各系统还从工作实际出发,出台了一系列政策法规。信访组织体系多元化一方面充分发挥了畅通公民诉求渠道的正面效应,有利于更多地倾听群众呼声、了解群众疾苦、解决群众困难,在群众反映问题的第一时间给予回应。但另一方面,庞杂的组织设置也使信访制度的运作效率低下,许多案件只能在上下级或部门之间流转却找不到相关责任主体。信访机构又由于没有严格意义的隶属关系,信访系统内部的管制协调能力十分有限,极易导致各种矛盾逐渐向中央和省级集聚。而越级上访的问题又大多很复杂,短时间难以有效解决。这使进京上访和到省城上访的群众到处碰壁,继而把信访部门当成对立面,并极大

地损害了党政机关的公信力。不少上访群众从一开始把中央当"亲人"到最终的质疑、埋怨，造成政治权威合法性的流失。为了避免这种不利情况的发生，笔者赞同积极整合、统一信访机构，将党的信访、国家信访（包括人大信访、政府信访和司法信访）与社会信访（主要包括人民团体信访、新闻媒体信访等）三大类信访机构统一置于人大信访机构之下，建立起一元化的信访体制。主要是将人大的信访机构升格为信访委员会，专门负责人民群众所反映的各类因政治原因积累下来的信访案件。对于该机构的性质，我们的主张与许多先前的主张存在很大的不同，最大的差异就在于该机构的权力享有上，之前很多人虽然也主张建立一元化的信访机构，[1]但并不主张赋予该机构强大的政治权力。我们认为，目前信访已经成为很多地方政府的负担，地方政府为此组织了庞大的维稳队伍，支付了巨额的经费，据 2010 年两会上的国务院报告，2009年我国公共安全方面的财政支出增加了 16%，而 2010 年 8.9% 的增幅已超过国防开支增幅，总金额亦逼近后者，将高达 5140 亿元人民币。[2] 而这些换来的结果是越维稳越不稳，信访办只是一个"邮递员"，很多问题实际上根本不能得到解决，对于那些层层上访的人，得到的结果是层层批转下来，因为解决问题还是要依靠地方政府，于是上访—批转—再上访—再批转不断恶性循环，地方财力的很大一部分就在这个恶性循环中被消耗，当事人的很多合法利益诉求也就在这个恶性循环中被踢来踢去，他们的积怨也在这个踢来踢去过程中不断加深。这些纠纷为什么这么难以解决呢？其中有很大一部分就是因为一些地方政府片面的"讲政治"的原因而未能及时得到处理，例如很多纠纷从法律规定看，属于法院受理的范围，但法院由于地方政府或者法院自己甚至包括最高人民法院的规定，这部分纠纷暂不受理。就这部分因政治原因而形成的纠纷即使交到法院，在现行法院地方化趋势较浓的背景下，法院也难以进行公平的裁判。所以我们主张因政治原因而形成的纠纷应该由政治手段来解决。不然，天价维稳必然会使得地方政府财力难以支撑，当事人的积怨也可能会通过其他的方式加以释放，给社会带来更多的不稳定因素。至于为什么要将人大的信访委员会作为行使该权力的机构，这主要是依据我国宪法的规定，将该

---

① 宋振铃、赵涟漪：《信访制度的功能及实现途径》，载《党政干部学刊》2009 年第 1期；王彦智：《我国信访制度改革的理性思考》，载《甘肃社会科学》2010 年第 4 期。

② 《清华大学报告指各地政府维稳陷"越维越不稳"怪圈》，载《中国青年报》2010 年 4月 19 日。

机构设置在人大更符合我国权力架构。

（三）建立代表多元化利益群体的非政府组织，以承接部分政府的纠纷解决功能，缓解政府的信访压力，同时通过其自组织能力获得秩序，进而促进社会的稳定

在单位社会逐渐走向解体，社会原子化趋势越来越明显的当下中国，单纯依靠政府的力量来治理社会显然不能适应现实的需要，因而，当下的中国需要发育良好的社会组织系统，需要促进公民权利的落实，非政府组织的发展以增强社会的自组织能力。一个正常的社会需要这样的自组织能力，更需要这样的载体，这个载体在计划经济条件下，实现这个功能的就是全能型的单位，而在目前中国已经有 2.5 亿非传统单位人，当下的中国需要一定的非政府组织机构来承接政府的一些服务功能。① 因为在各类纠纷尤其是群体性纠纷的化解过程中，政府固然具有主导性的优势，如庞大的组织架构，坚实的财力和强制性的管理机制等。但政府的力量不可能在任何情况下都是大包大揽，尤其是在一些突发群体性纠纷中，政府严格的层级体系可能阻滞危机信息的传播，急剧变化的社会环境往往会导致政府权力"失灵"的加剧。单靠政府难以满足及时、有效地应对危机处理的要求，而在这种情况下非政府组织作用将最大限度地彰显出来。这源于非政府组织具有高度的社会渗透能力、良好的专业能力、灵活的反应机制，可以和政府在功能上形成优势互补，从而在应对维稳事件时发挥重要的作用。非政府组织在维稳事件的潜伏期、发展期、爆发期以及恢复期中可以不同的方式参与，有效地发挥相应的作用。在维稳事件潜伏期，由于其是与公众在时空上距离最小的社会治理组织，又由于非政府组织具有民间性及专业化的优势，因而其可上接政府、下联基层群众，在维稳事件潜伏阶段可以大量地收集信息，能更好地保证消息的全面、客观性，在分析的基础上及时有效地向政府及社会提供预警，呼吁并引起整个社会的注意和重视。在维稳事件发展期及爆发期，非政府组织可协助各级政府开展面向公民和社会的宣传和防治工作，组织志愿人员开展志愿服务活动。同时，非政府组织还可以协助并监督各级政府贯彻执行有关维稳事件管理的法律法规、方针政策。在维稳事件结束后，非政府组织主要帮助进行善后处理，包括充分收集和整合

---

① 宋悦华、谢敬宇：《非政府组织在危机管理中的作用探析》，载《实事求是》2010 年第 5 期。

各种信息,全面分析维稳事件产生的原因,掌握此类事件的一定规律性,以采取有效的预防措施,避免类似维稳事件的再次发生并向政府提供相关对策建议等。

以目前一些农民工非政府组织在纠纷解决过程中的作用为例,[①]首先,为农民工利益的表达提供了组织归属。我国农民工群体庞大,"农民工二代"在规则意识上比第一代强很多,其权利遭到侵犯时,不像第一代农民工那样首先选择的是忍。他们常常寻求救济途径,如果大量的农民工利益表达游离于传统组织体系之外,就很有可能对社会稳定形成冲击,而农民工非政府组织的出现有利于避免纠纷解决过程中的盲目性、冲动性和无序性。其次,非政府组织能够提供各种便捷和低成本的服务。尽管农民工也可以向官方申请诸如法律援助等,但是对收入不高、流动性强的农民工而言,法律援助等制度设置的门槛太高,有条件限制,程序烦琐,而且政府此类机构缺乏积极主动服务的动力。而农民工非政府组织具有主动性和灵活性。最后,提高农民的利益表达意识,将纠纷的解决引向和平化方向。农民工非政府组织通过对农民工进行各种法律知识的培训,不断提高其权利意识的同时,更多的是帮助农民掌握纠纷解决的程序知识,引导农民理性地解决纠纷,这在遏制纠纷解决暴力化倾向上具有非常重要的意义。

毋庸讳言,我国政府对劳工团结的议题一直敏感,[②]组织化意味着力量的集合,所以最高层的精英们更严格地控制了有组织地表达,但并没有禁止它。他们的态度是,在原则上支持有组织地表达群众的要求,然后被认为是错误的或对抗的要求采取纠正措施。他们直言不讳地敌视那些看起来是作为利益综合者来竞争权威合法性的群众组织。[③] 非政府组织对社会问题的过多关注往往会牵动政府的神经,农民工非政府组织进行活动时也无法避免与政府这一社会最高公共权威打交道或受到政府政策影响。农民工非政府组织活动常常会牵涉政府利益而为政府所疑虑,出于地方利益或社会稳定的考虑,政府都倾

---

① 李尚旗:《农民工非政府组织的生存困境及其建设路径——以利益表达为视角》,载《北京工业大学学报》2010 年第 4 期。

② 黄岩:《农民工赋权与跨国网络的支持——珠江三角洲地区农民工组织调查》,载《调研世界》2008 年第 5 期。

③ 詹姆斯·R.汤森、布兰特利·马克:《中国政治》,顾速、董方译,江苏人民出版社1994 年版,第 236 页。

向于持保守的态度,实质性的支持仍然相当少。[1] 但面对当前社会严峻的原子化动向,从良好社会秩序的维护角度来看,支持这类非政府组织有着更多的积极意义,我们赞同于建嵘教授的观点,那就是在一个民众无法有效组织共同表达、共同争取利益的社会,弱者不仅仅是我们日常生活中所说的经济上的贫困者,也不仅仅是社会的边缘化群体,而是一个相对的概念。面对失范的权力,每一个个体都是弱者,面对社会规则不确定的后果,每个弱者心中都充满恐惧。为了克服这种恐惧,让自己的未来更具有确定性,有些人会更加追求权力和财富,力争成为规则的制定者,而做不到这点的则会用其他方法来排解自己的焦虑。在这个过程中,无法克服恐惧的绝望者则会成为潜在的"郑民生",[2]受不可知的因素的刺激成为社会的破坏者。对待恐惧的这两种方式又会造成强者掠夺弱者,弱者反抗强者,两种形成恶性循环。这也会加深强势阶层与弱势阶层的互相恐惧与互相防范,带来社会的进一步分裂,在解决纠纷的场景中,彼此的防范与交涉能力的巨大差距常常难以公正、和平地解决纠纷。如果有直接代表弱势群体的具体组织,这种分裂就能够得到最大限度的遏制。

(四)明确信访机构的案件受理范围、规范信访程序制度,促进信访案件的制度化解决,避免"按闹分配"

调研显示,法律对信访事项的界定过于模糊和宽泛。使得信访内容随着社会政治经济改革的深入而越来越广泛和复杂。这些信访事项覆盖到社会改革中的方方面面,涉及众多利益主体之间的矛盾,关系到社会的稳定与和谐,已远远超出中国目前信访机构的承载能力。因而,需要对信访事项进行合理的限制。信访制度没有明确规定哪一级哪类属于县级信访受理。从信访制度的相关规定来看,没有把省、地(市)、县的转、接、继工作连接起来,没有设计好,这个链条是断的。由于信访制度总体笼统,造成了群众大量上访,比如,不

---

[1]　姜涛、孙玉娟:《非政府组织对农民工维权的影响与制约》,载《南京农业大学学报》2008 年第 10 期。

[2]　郑民生,福建省南平市"3·23"恶性杀人案凶犯。2010 年 3 月 23 日,郑民生在福建南平实验小学杀死 8 名小学生。犯罪嫌疑人郑民生原是南平马站社区诊所医生,无精神病史,其对作案动机的供述符合逻辑,自供原因:一是工作无着,二是恋爱失败,三是受一些身边人员闲言刺激,主要动机还是因上述原因而报复社会。参见《福建南平校园砍杀儿童案》,新浪网,http://news.sina.com.cn/z/fjkset/,最后访问日期:2010 年 11 月 6 日。

属于上级管的,上级又管,按三级终结办理制度,无法终结。[①] 在解决社会矛盾和冲突时,一方面要有利于社会的基本稳定,另一方面有利于建立市场经济条件下的利益均衡机制。遗憾的是现实中往往是只要一个而不要另一个,即为了稳定而压制利益的表达。[②] 利益的均衡机制越是压制正当利益的表达,利益关系就越是失衡,社会矛盾也越是尖锐,就越需要维稳。在这样的维稳思路之下,最后将成为一个完全不依规矩办事的社会。因为我们维稳、解决社会矛盾和社会冲突,基本上是采取机会主义方式,即只要不出事,实现"零上访",不管你采取什么方式解决。于是,政府就以不出事为解决问题的标准,因而会出事才会得到解决。长此以往,人们就形成了遇到问题并不积极寻求正常的规则,而首先想到的是想办法找人,找不着人的就想办法闹。大闹大解决、小闹小解决,不闹不解决,最后纠纷解决利益的获得就是"按闹分配",维稳也就成为制造不稳定的根源。解决的途径就只有一个,那就是纠纷解决的制度化。通过制度化的纠纷解决方式可以增强信访制度容纳矛盾,容忍冲突的能力。现在的一把手负责、一票否决实际上是建立在一个并不成立的假定前提,即没有矛盾、天下太平才是好的地方,相关的制度才是好的制度,其实,制度的好坏在于出现矛盾后能否及时有效的化解,而不在于矛盾本身的有无。更为重要的是明确信访机构的案件受理范围、规范信访程序制度能够增强用制度化的方式解决问题的能力。为什么地方政府对于信访尤其是群体性上访那么紧张,关键就是我们缺乏完善的规则、程序制度,所以就只能严防死守。因而,我们需要明确信访机构的案件受理范围、规范信访程序制度,促进信访案件的制度化解决。

(五)减轻地方政府的信访政绩考核压力,以促进信访人利益的正当表达与社会稳定之间的平衡

为了确保社会稳定,切实将矛盾解决在基层,中央不断强化信访工作责任制,乃至按信访量给地方排名,将其纳入政绩考核体系。各级政府也层层落实领导责任制,要求党政一把手负总责,分管领导负主要责任。对因工作不到位、责任不落实而发生较大规模的到北京或省城的集体上访,对社会稳定和正

---

① 曾德贤、何伟军:《构建信访现实与信访制度的对接机制——关于当前湖北省部分地区信访问题的调研报告(上)》,载《三峡大学学报》(人文社科版)2010年第4期。

② 孙立平:《转型社会的秩序再造》,载《改革内参》2010第11期。

常秩序造成严重影响的,追究有关领导责任,并视情节轻重进行处理。客观地说,这种刚性的信访责任机制有利于各级党委、政府高度重视信访工作,下更大决心及时化解矛盾,理顺群众情绪,坚决克服工作中的推诿扯皮现象,更好地把那些影响稳定的因素消除在萌芽状态。但由于信访问题牵涉面很广,许多矛盾实际上光靠基层政府难以彻底解决,况且一些上访案件本身就针对当地政府,群众必然通过越级上访寻求高层领导的关注,借此施加对当地政府的压力。在严格的责任考核下,当"疏"的一手难以生效,"堵"的一手便难以避免。2003 年 10 月,北京"上访村"有一份《倡议书》就写道:"地方政府借用信访条例,滥用职权,欺压上访人员,用各种手段收容、遣送、关押、毒打,有的被送进精神病院,上访人员问题得不到解决,人身受到伤害,精神受到摧残,给国家和人民带来不可弥补的损失。"[①]应该承认,上述情况在一定范围上是存在的,少数地方使用暴力等手段拦截上访群众已是公开的事实,有些地方对上访人进行打击迫害可谓触目惊心,这将产生十分恶劣的政治后果,特别是导致了基层激进主义的萌发。为壮大上访声势,以及减少因信访所遭受打击的风险,在罚不责众意识的影响下,动员更多人参与上访便成为理性选择;而当和平"请愿"不能奏效时,采取极端措施进行对抗就难以避免,这将严重影响社会和谐稳定。[②]

据近日媒体报道,北京安元鼎保安公司与地方政府签订协议并收取佣金,在京设立多处"黑监狱",专门用于关押并押送到京上访者。国家法律显然没有授权地方政府"截访",更不可能授权地方政府将限制人身自由的公权力"转包"给私人行使。这种"公权外包"或公权私用的做法当然是对公民人身自由的严重侵犯。不论《信访条例》是否有权界定合法与违法上访行为,依照《立法法》规定,其作为国务院制定的行政法规,不能授权任何地方政府限制上访人员的人身自由。各地"截访"所伴随的非法拘禁、虐待、强制参加各种"学习班",甚至将不听劝阻的老上访户劳教、判刑甚至送进精神病院等行为,都是公权滥用。在以前,"截访"职能主要由地方政府驻京办负责。2010 年 7 月,国务院撤销了 146 家地方政府职能部门的驻京办和 436 家县级政府驻京办。但撤掉的是驻京办,撤不掉的是驻京办的维稳需求,而安元鼎提供的"服务"恰恰

---

① 于建嵘:《中国信访制度批判》,载《中国改革》2005 年第 2 期。

② 陈广胜:《将信访纳入法治的轨道——转型期信访制度改革的路径选择》,载《浙江社会科学》2005 年第 4 期。

满足了这种"维稳需求"。"截访"好比给癌症病人吃止疼药,当然只能是维持一时的表面文章,不仅不能解决任何实质问题,而且在"截访"过程中产生更多的暴力、冤屈和不公,如此"维稳"必然是越维越不稳。地方政府官员不会不明白这个简单道理,但是他们为什么还乐此不疲,动用一切力量"截访"?他们未必那么在意"社会稳定",但是他们确实极为在乎中央和上级的政绩考核。而"维稳"已被作为地方政绩的一个主要指标,处理上访不力足以成为"一票否决"的理由,让他们丢失"乌纱帽"。

《信访条例》的本意是让地方政府认真对待上访反映的问题,从源头上杜绝上访现象,但是地方却只要通过各种手段"围追堵截",保持上访"零纪录"就算圆满完成任务。归根结底,"截访"不过是政绩体制的一个衍生物而已。上访由自上而下的政绩体制产生,自然不是几名信访干部热情接待、倒茶送水就能解决的。即便各级政府停止"截访"、认真对待信访,也不可能有效解决上访问题。

只要官员只对上而不对下负责,只要人民无法通过宪法规定的民主选举、人大监督和独立司法等制度为自己讨回公道,不能用自下而上的自治机制代替自上而下的政绩体制,那么他们的权利仍然会受到公权力的随意侵犯。因此,要终结"截访",必须从改革政绩体制入手。[①]

历史已经无数次地告诉我们,以暴制暴的纠纷解决方式,只能带来社会的动荡,最终可能导致社会的重新洗牌。对整个国家和社会来讲,这种代价是十分惨重的,社会要想走向公正、和谐。需要不断地将问题解决引向和平的道路,在现代社会,主要就是将纠纷的解决引向法的空间,利用现有的法律、法规,甚至包括乡规民约来和平解决纠纷。同时,在纠纷解决过程中不断提升人们的规则意识,将人们不断培养成一个个负责任的公民,从将社会变成一个按照既定规则来治理的社会。

(六)积极推进新一轮的司法改革,不断提升司法权威,以分流信访案件

2008年11月28日,中共中央政治局通过了最新的司法改革报告,对新一轮司法改革作出了战略部署,不断深化司法体制改革,优化司法职权配置,

---

① 张千帆:《截访:政绩体制衍生》,中国社会稳定研究网,http://www.shwd.net/shownews.asp? newsid=4059,最后访问日期:2010年10月18日。

规范司法行为,重树司法独立与权威,努力建设公正、高效、权威的社会主义司法制度。新一轮的司法改革以优化司法职权配置为重点,对现存的不合理的部分司法职能重新界定其归属。重要的目的之一就是要通过司法权威的提升来促进社会的稳定。

司法权威包括两方面的含义:一方面,司法机关在实现其解决纠纷、化解冲突等职能的过程中将国家的意志施加于诉讼参与人及其他社会公众;另一方面,诉讼参与人及其他社会公众服从于司法机关所代表的国家的意志。即司法权威是代表国家意志的司法机关行使权力与诉讼参与人及其他社会公众服从的统一,是司法的外在强制力以及人们内在服从的统一。司法权威首先来源于正当的权力,司法机关只有依法享有并公正行使司法权力,司法活动和司法判决才具有权威性。而且,司法权威的作用范围是确定的和有限的。如果司法机关行使职权的行为超出了法律的授权和确定的界限,那么不仅司法权威难以实现,司法机关作出的司法判决也有可能被撤销。司法权威通过法律规范的权威、司法主体的权威、司法程序和司法场景的权威、司法裁判的权威得以实现和延伸。[1]

人们对于提高司法权威的途径进行了各种有益的探索,主要的途径有积极培育人们的法律意识,也需要着力提高司法主体的素质,完善审判程序,切实解决执行难等问题。[2] 不过,目前我国最为紧迫的是改变司法运作行政化和地方化现象,保证司法权的独立性。我国司法权运作行政化和地方化的现象比较严重。按行政区划的划分设置各级法院;对司法人员设置行政级别,按行政干部进行管理;地方各级法院的人事权和财政权均归属地方,司法人员由同级人民代表大会或其常委会任命,司法机关的开支和经费由同级财政预算划拨。因此,必须切实改变法院人财物受制于地方的现象,维护司法权的国家属性,保证司法权的独立行使,实现司法制度的公正权威。因为这种现状使得很多案件出于地方政府的干预而拒绝受理,受理了又拖延或者不能得到公正的裁判和执行[3]。这个状况已经成为近年来不断发生司法腐败,涉诉信访持

---

① 卞建林:《我国司法权威的缺失与树立》,载《法学论坛》2010年第1期。

② 关于司法权威的树立方面的论述颇多,可参见谭世贵:《论司法权威及其确立》,载《刑事司法论坛》(第2辑)2009年版;陈卫东:《论公正、高效、权威的司法制度的建立》,载《中国人民大学学报》2009年第6期;卞建林:《我国司法权威的缺失与树立》,载《法学论坛》2010年第1期。

③ 曹勇:《被维稳的法院裁决》,载《南方周末》第1394期。

续高位运行的根源之一。因而需要积极推进新一轮的司法改革,不断提升司法权威,公正、及时审理案件,从源头上分流信访案件,减轻信访部门的压力。

(七)完善中央与地方的财政分配体系,促进地方政府与民争利局面的根本转变,从源头上遏制部分上访案件的形成

在我国信访纠纷中,有很大比例的问题与土地有关,这与当前各地的土地财政紧密相关。课题组在几个省的调研过程中,很多地方表示本地的财政状况目前还不错,当我们进一步询问其主要有什么产业时,一种情形是直接说就是房地产,而另一些情形则是予以回避了,从我们对当地情况的感受来看,实际上应该就是依靠卖土地。由土地财政而引发的上访问题在我们的调研范围内普遍存在,这或许表明并非某个地方政府的个别官员的腐败,通过研究发现,这实际上与我国目前的财政体制紧密关联。具体而言,就是与 1994 年我国开始实施的分税制直接相关。[①] 在 1994 年分税制中,直接与此相关的是两大问题:首先是"事权"与"财权"的协调问题。在中央加大调控的同时,地方财政自给能力则由 1993 年的 1.02,演变为 1994 年的 0.57,2006 年的 0.61。对地方而言,目前靠中央转移支付"过日子"、"办事业"的依赖越来越突出,政府级次越低,依赖程度越高,到了县乡基本就是较高层次政府的"出纳",以"委托—代理"关系,从属于上级政府的"附属物"。分税制的实施几乎是在事权未作调整的前提下进行的,事权与财权、财力匹配极不合理,出现了"小马拉大车"的问题。更低一级政府"丧失"了财力基础之后,必然处于无财行政的"不作为"状态,在政绩考核制度的压力下,只能降低公共产品和服务的有效供给。低水平、低标准和不充足的公共产品供给也必然会带来民众的不满,引发纠纷的不断增多,下级政府部门无力从根本上解决矛盾,一些当事人就会上访,上访不断或许正是对财力短缺的直接"惩罚"。所以,建议尽快以法律形式,按照公共产品需求层次理论,科学划分政府间的事权范围,明确界定政府间支出责任。其次是"存量"与"增量"的关系。为确保分税制的顺利实施,1994 年选择了一条保地方既得利益的增量改革之路,即"基数＋增长"的模式。这种渐进式改革,作为过渡性举措,在到达临界点之后必然丧失了帕累托改进的余地,不可能在不损害某一部分利益的前提下,增进其他部分或整体的利益。就"基

---

①　此部分关于分税制的有关分析参见王振宇:《理顺财税改革十大关系》,载《瞭望》新闻周刊 2009 年 11 月 16 日。

数"而言,下一级政府上一年度财政收入"基数"成为"硬杠子",必须千方百计完成,否则就要扣减体制性财力,影响"既得"利益。税制改革初期,由于下一级政府存有一定数量的"家底","基数"问题尚处"隐性"。但随着时间推移,"基数"也在滚"雪球",一年比一年大,随之"显性"化。一般而言,更下一级政府完成上年"基数",一个渠道是依靠发展经济,另一个渠道就是弄虚作假。近些年来,随着公共财政理念的提出,财政支出逐年攀升。对地方而言,确保稳定、改革与发展的支出压力更大。地方政府特别是基层政府和欠发达地区,基本上陷入了"基数+增长"的体制"陷阱",一方面不择手段地为完成收入"基数"而战,另一方面为满足不断扩大的支出需要而拼命"增长",从中分享微不足道的增量财力。但经济增长"有限性"与财政收入增长需求"无限性"之间就存在着矛盾,就使得地方政府必须不遗余力地发展经济,目前尚存的比较优势只有不惜提供价格低廉的土地、过度开采资源、牺牲生态环境、让渡税收——步入了一种无奈的"次优"选择。由于这一运行机制的普遍存在,也就难以从根本上遏制地方政府发展经济"冲动"问题。

一方面责任下沉,一方面却又损下益上,自然就难以避免地方千方百计地另辟财源。以前的农民负担、乱摊派是开辟财源,现在的征地卖地是扩大财源,那些与此有关的纠纷由于触及政府的"政绩工程",因而也难以获得包括地方法院公正的处理,地方政府采取各种措施拼命地打压对此类问题的上访,目的就是为了护住财源。如果不从根本上解决这一问题,此类问题的上访是难以得到妥当的处理的,[①]由此可知,财源问题是阻碍众多上访问题妥当解决的根源。

---

① 根据于建嵘教授研究,土地问题已占全部农村群体性事件的 65%,已成为农业税取消后,影响农村社会稳定和发展的首要问题和焦点问题。参见钱昊平、涂重航:《学者称土地纠纷已成影响农村稳定首要问题》,载《新京报》2010 年 11 月 5 日。

第四章
基层上访治理机制的法治化研究①

引 言

　　信访制度是独具中国特色的政治制度,是中国特色社会主义民主政治制度的重要组成部分。信访制度最初设计的主要目的是为了密切高层党和政府同人民群众的联系,克服官僚主义与加强对地方政府尤其是基层政府的监控。事实上,信访在我国很长一段时期是一种有效治理社会的方式。

　　然而,20 世纪 80 年代后,我国的社会结构发生了深刻的变化,这一深刻变化就是我国形成于 20 世纪 50 年代的单位社会结构在 20 世纪 80 年代开始走向解体,由此而带来我国社会结构的原子化动向与底层社会的形成等深刻变化,这些深刻变化极大地影响了我国信访制度的功能发挥,它使得信访制度的弊端、缺点也逐渐暴露出来,无论是信访制度本身所具有的制度设计缺陷抑或社会现实给信访带来的冲击,都使得基层上访陷入案件数量大、处理率低、缠访、闹访、截访、打击报复等重重困境。

　　一方面,基层上访仍作为"社会安全阀"、"矛盾调解器"在维护群众权益、缓和社会矛盾方面发挥着积极的作用;但是另一方面,基层上访和基层上访治理过程中各种违法违规现象不断显现,并不断引发党群、干群矛盾甚至恶性群体事件。这使其成为新的不稳定因素,使得这一曾经有效的社会治理手段最终成为被治理的对象。

---

　　① 本章系骆东平主持的中国法学会 2012 年项目"基层上访治理机制的法治化研究"[CLS(2012)D118]的最终成果。

基层上访治理中存在的各种问题并非无法解决,这些问题的存在,其症结在于基层上访治理机制法治化程度不高、配套制度不健全从而使得其在运行过程中暴露出各种弊端。

我们认为,完善基层上访治理机制的最好途径莫过于将其纳入法治化轨道,尤其是依法治国已经成为治国理念的背景下,因而本文试图在借鉴总结前人已有研究成果的基础上,基于当下我国单位社会逐渐走向解体这一社会结构发生深刻变化的大背景,从信访和法治的关系入手,在借鉴国外相类似制度有益经验的基础上,结合我国实际,最终通过具体制度的创新提出对基层上访治理机制法制化的建议,以期对推动我国法治化进程有所裨益。

一、我国基层上访治理的现状与困境

"信访"是中国特有名词,《汉语大词典》对信访的解释是群众来信来访的简称。1966 年 7 月,中央办公厅"信访处"的成立,标志着"信访"一词首先在党政机关被正式使用。1971 年,《红旗》杂志刊登的《必须重视人民来信来访》一文,首次公开把人民来信来访称为"信访",把处理人民来信来访工作称为"信访工作"[1]。信访可分为狭义信访和广义信访,狭义信访即《信访条例》第二条规定的"行政信访"。[2] 广义的信访,则不仅指向政府部门,还包括向各级党组织、人大、政协、司法机关等的信访。在本文研究过程中若无特殊说明均指广义信访。

上访是人民群众在民间对信访约定俗成的称法,相比于官方对信访现代性、民主性的强调,它更多体现了民间对古代申诉文化和人治色彩的传承。基层上访是指发生在基层的信访事项或者依照法律法规规定应该由基层解决的信访事项。基层是产生信访问题的发源地,是信访洪峰的上游,基层上访治理是新形势下做好信访工作的重要着力点,是从源头上解决信访问题,减少越级上访和提高信访工作整体水平的关键。当前,随着改革的进一步深化,社会深

---

① 国家信访局:《信访学概论》,华夏出版社 1991 年版。

② 《信访条例》第 2 条规定:"本条例所称信访,是指公民、法人或者其他组织采用书信、电子邮件、传真、电话、走访等形式,向各级人民政府、县级以上人民政府工作部门反映情况,提出建议、意见或者投诉请求,依法由有关行政机关处理的活动。采用前款规定的形式,反映情况,提出建议、意见或者投诉请求的公民、法人或者其他组织,称信访人。"

层次矛盾不断凸现,各种新问题、新情况将不断地出现,基层的信访工作也呈现出诸多新特点、新特征,加上信访制度设计缺陷,基层上访治理逐渐陷入困境。

(一)基层上访的现状

1. 从基层上访者的人员构成来看,广泛涉及各类群体但以弱势群体为主,同时有向体制内蔓延的趋势

(1)基层上访人主要是社会弱势群体。根据学者的研究显示,20世纪90年代以来,资源重新积聚的直接结果之一就是底层社会群体的人数迅速扩大,许多人的生活相对或绝对贫困化,社会地位明显恶化。值得注意的是该群体在就业竞争中处于弱势地位有些完全是体制的原因造成的,如农民不能与城市居民平等竞争就业机会。这个弱势群体主要由以下几部分人群构成:①

首先,占人口大多数的农民整体上变成了贫困的弱势群体。农民问题的严重性并不仅仅在于连续多年处于贫困状态,而在于只要农民被束缚在乡土这一结构性条件不变,留在乡间的农民就很难看到脱贫的前景,一个基本的事实就是,粮食的丰收与否与农民的收入几乎没有太直接的关系。

其次,进入城市的上亿农民也基本上属于弱势群体,他们的弱势不仅表现在经济上,也表现在社会地位上。由于城乡二元结构的存在,他们虽然生活在城市,也是城市生活不可缺少的一员,但他们很难被城市真正接纳,尽管近年各地采取了一些措施试图让农民真正进城的措施取得了一定的成绩,但整体状况依然没有实质性改变。对于农民工群体,他们往往只能从事那些城市人不愿意从事的工作,这些工作劳动强度大、工作环境差,甚至具有高度的危险性,有些城市明确规定不允许他们从事许多职业,他们没有城市户口,无法享受到其他城市居民能够享受到的福利,他们只能住在狭小拥挤、秩序乱、卫生差的城乡接合部。遭到工商、城管等执法人员的粗暴对待更是司空见惯的事,加上拖欠工资等现象,这些制度性的歧视无疑会滋生出社会仇恨,而农民工作为城市社会中的弱者,缺乏用制度化的方式维护其权利的能力,也缺少这样的正式组织来帮助,于是矛盾激化到一定的程度时,就可能会用非常规的方式去自行解决,由此而形成了对社会稳定的威胁。

最后,城市中的下岗失业者为主体的贫困阶层也是弱势群体中的一员,这

---

① 郑杭生:《中国社会结构变化趋势研究》,中国人民大学出版社2004年版,第83页。

部分人与农民相比,还有自己的特征。他们一旦失业下岗、现金收入断绝,连吃饭都成问题,同时,这部分人生活在贫富差距明显的城市中,极易受到强烈的刺激。更值得关注的是那些被整体抛入弱势群体的下岗职工。他们常常是个人并无"弱势"特征却被抛入弱势群体,他们中的许多人身体健康,并具有一定的专业技能,却因为原来的工作单位破产或行业萧条而沦落为弱势群体。这些人沦落为失业者的时间和地点也往往非常集中,许多人就是因为一项政策的实施而突然成了失业者,许多人甚至就住在同一个住宅区,以至于一些工厂的家属区一夜之间就变成了失业区。他们这些人彼此之间有高度的同质性,同样的经历和感受使得他们对许多社会问题具有高度的认同感,而且失业后也有着紧密的联系,他们很容易形成共同的目标。他们的问题常常被经济不景气等表面理由所掩盖,很多人常常认为只要经济景气了、产业结构转换了就会解决这个暂时的问题。实际上问题并非如此简单,因为新的技术革命的作用,一些传统职业逐渐被淘汰,新的职业会不断出现,但是这些新的职业并不能给失业群体提供多少机会,因为目前下岗失业群体中,很大一部分的教育水平不高。当下,大学生就业都如此艰难,何况那些教育水平不高的下岗失业群体。而且随着年龄的增长,即使在经济景气的状态下,他们也很难回到社会的主导产业中去。实际上,这部分人已经成为社会的被淘汰者,成为被甩到社会结构之外的群体,很难再找到稳定的就业机会。这些社会弱势群体他们大多生活在社会的底层,其自我保护的能力较弱,所以其权利更容易遭受侵害,同时因为弱势群体所拥有的政治、资本、文化和社会资源少,且信访是没有门槛的,尤其是信访在收费上是免费的,基于纠纷解决本身收益的不确定性,信访往往也成为他们权利救济方式的首要选择。

(2)基层上访人员有向体制内蔓延的趋势。一般认为诸如企业家和体制内公务人员并不属于社会弱势群体,然而现实中却有这类群体依然上访的实例,如湖北省孝感市中级人民法院前助理审判员冯缤身着法官袍到湖北省高院上访。① 所谓的强势遇到更强的时自然也变成了弱势,强势弱势只是相对而言的,上访人群的蔓延却必须引起我们的高度警惕。

2. 从基层上访反映的问题内容来看,内容广泛不合理与合理诉求交织且

---

① 胡新桥:《湖北孝感法官穿工作服到省高院举牌上访》,载《法治周末》2010 年 6 月 30 日,也可参见凤凰网,http://news.ifeng.com/photo/society/detail_2010_06/30/1693658_1.shtml,最后访问日期:2013 年 7 月 22 日。

结构失衡

(1)基层上访反映的问题涉及社会的方方面面。《信访条例》实际上未对信访事项做实质性的限定,几乎所有问题都能进入信访渠道。有学者研究后认为,当前群众信访反映的焦点问题主要集中在八个方面:一是企业改制、劳动及社会保障问题。二是"三农"问题。三是涉法涉诉问题。四是城镇拆迁安置问题。五是反映干部作风不正和违法乱纪问题。六是基层机构改革中的问题。七是环境污染问题。八是部分企业军转干部要求解决政治待遇和经济待遇问题。① 当下,除了这八个方面外,农村的土地问题也是基层上访中最集中的问题之一。

(2)基层上访中合理与不合理诉求交织,维权型上访和牟利型上访并存②。时任国家信访局局长曾所说的"四个80%",其中一个就是指"在群众信访特别是群众集体访反映的问题中,80%以上有道理或有一定实际困难和问题应予解决"③。剩下这20%的不合理诉求中有个别甚至是上访专业户的牟利型上访,然而从一定程度上讲正是不合理的牟利型上访牵制了基层上访治理的绝大部分资源和精力,使基层上访治理陷入困境。

(3)基层上访结构严重失衡。有学者按上访所反映问题的性质把信访分为三种类型④:参与类信访、求决类信访和涉诉类信访。按照信访制度文本设计本应是以前两类为主,涉诉类为辅,然而当前基层上访的现状却是涉诉类上访畸多。据有关数据统计,2003年最高人民法院处理的来信来访案件达12万余件(人)次,全国法院全年共处理涉诉信访397万件(人)次⑤,全国检察院全年共办理群众来信来访527332件,其中最高人民检察院办理69255件,妥善处置群体性上访5363件。2010年全国各级人民法院接待群众来访105.5万人次,2011年全国各级人民法院共接待群众信访79万人(件)次,2012年全国各级人民法院共接待群众来访60.1万人次,⑥另据国家信访局统计,2004

---

① 王永前:《破解群众信访八大热点》,载《半月谈》杂志2003年第21期。

② 参见田先红:《息访之道》,华中科技大学博士论文。

③ 王永前、黄海燕:《国家信访局局长:80%上访有道理》,载《半月谈》2003年第22期。

④ 周梅燕:《中国信访工作和信访制度陷入困境》,新华网,最后访问日期:2004年6月30日。

⑤ 《最高人民法院工作报告》,载《人民日报》2004年3月20日第2版。

⑥ 参见2004年、2011年、2012年、2013年最高人民法院工作报告和《最高人民检察院工作报告》。

年涉法涉诉类信访占信访总量的 17.2％,从 2004 年开始,全国政法机关对涉法涉诉信访问题进行了集中处理,解决了一大批群众反映强烈的信访问题,但全国涉法涉诉信访总量并未出现较大幅度下降,多数地方的涉法涉诉信访依然表现出高发势头,2007 年涉法涉诉类信访占信访总量的 15.5％。[1] 根据第一财经日报 2013 年 7 月 1 日报道,中国政法大学副校长、行政法专家马怀德表示,实际的信访工作内容已经远远超出了信访条例规定的内容,"涉诉涉法信访已占到信访总量的 60％以上"。[2]

3. 从基层上访的方式来看,"信"访少而"人"访多,人访中非正常上访大量存在

《信访条例》为方便上访人行使信访权利规定了多种形式的信访方式,同时为规范信访行为保障信访秩序,明确规定信访人必须依法有序上访,然而实践中基层群众非正常上访非常严重。非正常上访,是指"公民、法人或其他组织在信访过程中,不按法定程序、不到指定地点或者不以法定方式向政府反映诉求、提出建议或意见的行为或活动"。[3]

(1)基层上访采用书信、电子邮件等"信"访方式少,绝大部分都是采用面对面的"人"访。这主要是因为在现实运作中投"信"很少能引起相关重视,往往都会石沉大海,而"人"访则让上访者直面受访者使其难以推脱。

(2)基层上访者常采用"缠"、"闹"的上访策略。一些经验丰富的上访者在与党政部门的长期互动中逐渐摸索出了自认为行之有效的"缠"和"闹"的策略,把"会哭的娃有奶吃","大闹大解决,小闹小解决,不闹不解决"作为信条。"缠"显示出他们为求问题得以解决的决心,需要有持之以恒的耐力,这样使得其求助对象因不厌其烦急于脱身而满足他们诉求。"闹"则有一定的风险,不但需要勇气更需要技巧,若巧妙把握好踩线而不越线的度则能够给被求助者施加压力完满解决问题,如把握不好则可能因为触犯法律而被制裁。

(3)重复上访比较严重,老上访户增多。基层上访中重复上访的现象很普遍,究其原因主要是:一是个别上访专业户属于牟利型上访,这类上访以牟利

---

① 国家信访局:《改革开放三十年信访工作图集》,载《人民信访》2008 年第 12 期。

② 张有义:《信访局网上投诉放开有待厘清与司法界限》,载《第一财经日报》2013 年 7 月 1 日;也可参见 http://www.p5w.net/news/gncj/201307/t20130701_208251.htm,最后访问日期:2013 年 7 月 22 日。

③ 丁胜等:《非正常上访问题研究》,载《唯实》2009 年第 2 期。

为目的,在初次尝到甜头后便一发不可收,反复上访牟利;二是有些群众上访事项涉及面广、反映的是历史遗留问题,一时难以解决;三是基层党政部门的"事件性治理"逻辑。事件性治理是相对于日常性或常规性治理而言的,指当乡村社会爆发危及秩序的事件时,乡镇才进入治理状态的一种运作逻辑,以此保持乡村社会秩序的底线。① 由于非正常上访消耗基层党政部门处理上访的资源和精力,基层党政部门的"事件性治理"逻辑自然容易使其对一般初访不够重视,处理不到位,从而导致上访者重复上访;四是个别上访者不讲理提出过高要求,且不达目的誓不罢休。

(4)对基层不信任,信上不信下,越级上访可能性大。《信访条例》明确规定上访事项的提出应遵循"属地管理,分级负责"原则,然而现实中基层上访人员普遍对基层官员不信任,对基层能否公正解决其诉求缺乏足够信心,倾向于越级上访。主要是因为:一是基层访民普遍怀有一种"清官情结",总认为身边的都是贪官而清官在遥远的地方,或许是省城或许是京城;二是某些基层党政部门的确存在官僚主义作风,未及时妥善解决好群众的合理诉求;三是媒体不适当的报道宣传夸大了基层个别贪污腐败现象,在基层访民中留下坏的印象;四是一些上级部门领导也有"清官情结",一心想"为民做主",未深入了解实际情况,偏听一面之词,胡乱表态,引发上访者的过高期望。

(5)有组织的集体上访增多。《信访条例》规定:多人采用走访形式提出共同的信访事项的,应当推选代表,代表人数不得超过 5 人。② 而实际中,少则数十人多则上百人的集体上访也屡见不鲜。资料表明"从 1995 年至 2000 年全国的统计数字看,集体上访的量已占到全国信访总量的 56.5%。从分年度的统计情况来看,群众集体上访的人数占群众上访总数的比例分别是:1998 年占 59.8%,1999 年占 66.3%,2000 年占 71.2%,2001 年占 75.6%"③。"全国百人以上群体性上访的数量,2006 年为 190032 人次,2007 年为 222368 人次,2008 年为 172517 人次,2009 年 145115 人次。"

出现这一状况的原因有:第一,集体上访者普遍抱有罚不责众的侥幸心

---

① 欧阳静:《"做作业"与事件性治理:乡镇的"综合治理"逻辑》,载《华中科技大学学报》(社会科学版)2010 年第 6 期。

② 中华人民共和国国务院《信访条例》,2005 年 1 月 5 日国务院第 76 次常务会议通过。

③ 麻宝斌、马振清:《新时期中国社会的群体性政治参与》,载《政治学研究》2005 年第 2 期。

理,以此规避潜在风险。第二,基层党政部门的"事件性治理"逻辑对上访人形成了"按闹分配"激励。当下的政绩考核机制使得一些基层政府为了 GDP 等考核政绩目标,在对待群众利益问题上,常常出现立场性的偏差。当基层政府的立场产生偏差的时候,群众的正常利益难以通过制度化的渠道解决。一旦司法、行政等立场是站在经营者的利益保护而不是弱势群体的利益保护上时,制度化的渠道原有的面对社会压力的安全阀功能衰退,渠道堵塞。利益受损群体就会放弃制度化解决问题的渠道,而采用非制度化的自我解救的渠道。又由于一些基层政府维稳、解决社会矛盾和社会冲突基本上是采取机会主义方式,即只要不出事,实现"零上访",不管采取什么方式解决。于是,政府就以不出事为解决问题的标准,因而,会出事才会得到解决。长此以往,利益受损人也就慢慢知道个体的力量是有限的,只有具有相同利益、相同命运的人汇集起来,才能够形成力量,才会引起重视。因此,他们频繁使用集体上访、集体静坐、集体游行等显示群体性力量的示威形式,表达自己解决问题的强烈愿望,并向企业或者基层政府施加政治压力,希望他们利益受损问题能够获得尽快地解决。人们就逐渐形成了遇到问题并不积极寻求正常的规则,而首先想到的是想办法找人,找不着人的就想办法闹。大闹大解决、小闹小解决,不闹不解决,最后纠纷解决利益的获得就是"按闹分配"。

(二)基层上访治理的现状

基层上访的无序和基层上访治理混乱的状况,引起了中央对地方政权合法性流失的焦虑,2005 年信访条例正是在这样的背景下出台的。面对信访洪峰和信访治理困境,中央决定调动科层体制应对基层上访者,以缓解信访压力。2007 年,中共中央、国务院下发了《关于进一步加强新时期信访工作的意见》,明确了新时期信访工作的指导思想、目标任务、定位、体制、机制等重大问题。2008 年,颁布《关于违反信访工作纪律处分暂行规定》《关于违反信访工作纪律适用〈中国共产党纪律处分条例〉若干问题的解释》,这是新中国成立以来第一次就信访工作责任追究问题作出专门规定,随后各级党和政府还有许多相关制度不断出台。除此之外,据统计,各地区、各部门制定出台配套规章制度 2000 多项,建立了覆盖信访工作各环节、全过程、成体系的制度保障。纵观这些法律法规和有关文件可以看出,党和国家采取两个进路来应对信访压力,一是"治官"的进路:要求各级政府特别是广大基层干部倾听上访民众的呼声,切实解决上访者的实际问题,用民主、法治、疏导教育的手段处理信访问题。二是"治民"的进路:要求基层上访群众要依法上访,遵守信访秩序。

1. "治官"之路

不论是基层上访问题产生的原因还是基层上访治理的混乱都暴露出政府工作部门及工作人员的工作不到位,因此要解决基层上访问题首先必须从政府自身工作找原因,加强对"官"的治理。一方面加强对基层的监控和问责力度,另一方面加大对基层信访部门资源的投入。

(1)加强对地方和基层的监控

在中央看来,大量基层上访到高层和中央,是地方和基层工作双重不到位的表现。首先大量上访产生的原因正是地方和基层政府不作为或乱作为。其次地方和基层面对上访问题相互推诿。因此中央对地方和基层工作不信任,发明了一套完善的监控制度,促使地方和基层重视基层上访治理,把上访问题解决在基层以缓解中央的信访压力。

①畅通上访渠道。为了克服官僚体制的信息过滤机制缺陷,加强中央和高层对地方和基层的监控,党和国家发明了信访制度。信访制度功能的发挥前提必须以上访渠道的畅通为前提,2005年信访条例要求各级政府及县级以上工作部门畅通信访渠道,广开言路,同时并未明确禁止越级信访,通过发动全民监督来达到对地方和基层的监控。随着信息化社会的来临,也为了更好地畅通上访渠道,自2013年7月1日起,国家信访局门户网站网上投诉已经全面放开受理内容。

②禁止对上访人打击报复。部分地方和基层为减少上访发生,给上级留下好的印象,本末倒置,不以"治事"为本而以"治人"为捷径,对上访人打击报复达以求到杀一儆百的效果。2005年信访条例将禁止打击报复上访人提升为原则性规定,这既是对上访人的保护更是对地方基层不作为懒政的否定。

③明确责任主体。基层上访反映的有些问题确实比较复杂,解决起来有很大难度,一些部门便产生畏难情绪,千方百计推诿。结果是群众跑断腿也找不到具体责任主体。2005年信访条例明确了"属地管理,分级负责,谁主管,谁负责"以确定处理上访问题的责任单位。

④严格信访工作考核。基层上访久治不愈且愈演愈严重,使高层和中央认为地方和基层信访工作不力,因此有必要加强对地方和基层的考核和问责。在压力型体制下通过目标管理责任制,中央将信访压力层层向下传递,2005年信访条例首次将信访工作绩效纳入公务员考核体系。出于信访维稳的考虑,按照信访量和信访的层级给地方排名并实行信访一票否决。一票否决结

合我国的特殊干部选拔考核制度对地方和基层官员产生了极大的威慑力。被否决的官员的显性损失是不能评优,但是隐性损失更严重,它直接影响其政治生命。在严厉的考核之下,地方和基层也不得不重视上访,花大力气解决上访的人和事。

⑤规定信访三级终结机制。2005 年信访条例为解决上访人无理缠访规定同一事实理由的信访事项经过三级机关处理则从程序上终结。信访人不得再以同一事实理由再次信访,信访部门和其他机关也不再受理并作出任何实质性处理。

(2)加大对信访部门的资源投入

面对如潮般的上访形势,各级政府和有关部门也感到有些力不从心,为了加大对基层上访的治理力度。党和政府加大了对信访部门的资源投入,包括机构的设置、人员的配置和经费的保障。

①设立专门信访机构。新信访条例为畅通群众诉求渠道,保障群众权益,加强对基层监督,规定县级以上政府需单设专门的信访机构,县级以上工作部门和乡镇按实际需要专门处理信访事务的工作机构或人员。

②充实信访工作队伍。为扭转信访工作人员配置不足,各级各部门均专门配置了负责信访工作的人员,同时由部门领导兼任信访部门领导。

③各级政府投入大量的信访维稳经费。为解决信访问题,保一方平安,国家花了大量的经费来维护社会稳定。2012 年我国公共安全经费预算为7017.63 亿,超过了国防预算。2010 年全国财政支出决算表,公共安全开支分为武装警察、公安、法院、司法、缉私警察及其他六部分。财政部 2010 年决算支出表显示,2010 年公共安全支出总计 5517.70 亿元,其中,公安经费开支2816.31 亿元,占比最高,其他支出为 69.18 亿元。[1] 这些支出中,信访维稳经费是其中很重要的一部分,其实这里的数据还不包括各级党委、企事业单位开支的维稳经费。目前,各地将信访维稳经费列入财政预算并单列已经成为较为普遍的做法,值得关注的是信访维稳经费已经成为一些乡镇沉重的财政负担,个别地方甚至达到了乡财政支出的三分之一。

2."治民"之路

大量的基层群众无序上访特别是走访,严重地扰乱了高层和中央的正常

---

① 汪苏:《财政部驳斥中国维稳经费超 7000 亿报道》,财新网,http://china.caixin.com/2012-03-07/100365045.html,最后访问日期:2013 年 8 月 20 日。

工作秩序,同时中央和高层也无力解决所有信访问题。为规范群众信访秩序,使中央和高层从大量的基层矛盾中脱身,信访条例对上访秩序做了明确的规定。对违反者都有严格的惩罚措施。

(1)对走访的地点级别人数的限定。信访条例规定走访方式反应诉求的必须到指定的地点且必须向有权处理的本级或上一级机关提出,同时,如果多人有共同诉求,人数不得超过 5 人。走访特别是群体性走访最容易对社会秩序造成巨大威胁,所以各级各部门都十分重视对走访人数的控制。

(2)对违反信访秩序的严厉惩罚。对于不依法信访的上访者,信访条例规定了一套完整的惩罚措施,有批评教育、警告、训诫、治安处罚甚至刑事责任。特别是对无理且违法上访的上访人,法律对其处罚是相当严厉的。

(三)基层上访治理的困境

2005 年信访条例的实施非但没有达到制度文本预期的效果,将基层上访治理中存在的突出问题彻底解决,相反,由于具体制度设计缺陷和相关规定又过于原则性,在缺乏良好的配套制度下,基层上访治理困境依旧不能解决,基层上访维稳也步入了越维越不稳的怪圈。

1. 多元组织体系双重效应:畅通诉求渠道与缺乏协调能力并存,客观上导致政治权威的流失

现行信访制度是一个机构重叠、条块分割、归口不一的组织体系。从中央到地方,各级党委、人大、政府、法院和检察院以及相关职能部门都设有信访机构。虽然不同信访机构受理信访的侧重点不同,但性质基本相同;各系统还从工作实际出发,出台了一系列政策法规。应该说,信访组织体系多元化,充分发挥了畅通公民诉求渠道的正面效应,有利于更多地倾听群众呼声、了解群众疾苦、解决群众困难,在群众反映问题的第一时间给予回应。但必须看到,庞杂的组织设置也使信访制度的运作效率低下,许多案件只能在上下级或部门之间流转却找不到相关责任主体。信访机构没有严格意义的隶属关系,信访系统内部的管制协调能力十分有限,极易导致各种矛盾逐渐向中央和省级集聚。而越级上访的问题又大多很复杂,短时间难以有效解决。

加上按照信访制度规定,信访工作部门仍然不是有权处理部门。它的职能是受理、转递、交办、督办信访事项,没有解决问题的职能,无权裁决信访事项,受理后需转送或交办职权机关办理,相当于秘书的角色。然而上访群众却过多地把解决问题的希望寄托在其身上。《信访条例》规定信访部门可以作出

行政处分的建议,但该规定过于原则化没有具体的程序性规定,可操作性大打折扣,这使来北京和省城奔波的上访群众到处碰壁,继而把信访部门当成对立面,极大地损害了党政机关的公信力。信访人过高的心理预期落空,对党政机关政治权威的损伤将十分严重。

2. 刚性责任机制双重效应:促进矛盾化解与催生打击迫害并存,客观上导致基层激进主义的萌发

为了确保社会稳定,切实将矛盾解决在基层,中央不断强化信访工作责任制,乃至按信访量给地方排名,将其纳入政绩考核体系。各级也层层落实领导责任制,要求党政一把手负总责,分管领导负主要责任。对因工作不到位、责任不落实,发生较大规模到北京或省城集体上访,对社会稳定和正常秩序造成严重影响的,追究有关领导责任,并视情节轻重进行处理。客观地说,这种刚性的信访责任机制有利于各级党委、政府高度重视信访工作,下更大决心及时化解矛盾,理顺群众情绪,坚决克服工作中的推诿扯皮现象,更好地把那些影响稳定的因素消除在萌芽状态。但由于信访问题牵涉面很广,许多矛盾实际上光靠基层政府难以彻底解决,况且一些上访案件本身就针对当地政府,群众必然通过越级上访寻求高层领导的关注,借此施加对当地政府的压力。面对基层上访和上级维稳考核双重压力,在为群众解决实际问题的同时,一方面突破底线无原则妥协退让,另一方面堵塞上访渠道,打击报复政治迫害,使基层上访治理陷入混乱。其主要表现为:

(1)缺乏政治敏感性和"信访问题无小事"的意识不强。对基层上访认识不到位与畏难情绪并存,主要表现为推诿、拖延。部分基层干部片面认为信访工作不是中心工作,群众反映的问题是鸡毛蒜皮的小事,无妨工作大局,对出现的问题反应不敏感,处理滞后,致使小事拖大,大事拖难,造成群众不信任,使问题扩大化、复杂化,或因工作疏漏、留下隐患而形成新问题,造成重信、重访和越级访。有些群众上访反映的问题的确十分复杂,解决难度大,一些基层部门产生畏难情绪,谁都不愿接手这烫手的山芋,部门与部门之间把群众的问题当作皮球踢来踢去。同时,推诿、拖延也是官僚体系发育出来的一套信息过滤机制,本来有应付不完事情的官僚体系面对大量的基层上访事项,没有时间和精力去甄别到底哪些是必须马上加以解决的事项,所以采用推诿、拖延策略。只有那些久经推脱仍坚持的上访事项才是真正要应对的。推诿、拖延一方面达到过滤信息的作用,另一方面也可能招致把矛盾越拖越大,越难解决,同时也可能导致越级上访。

（2）"人民币解决"。一些基层上访反映的问题比较复杂或者已经超出其权限，确实非常难解决。在"信访维稳"的政治压力下，基层政府为求自保就可能"无所不用其极"，在一些人认为摆平就是水平的官场逻辑下，上级部门也是睁一只眼闭一只眼。既然解决上访事项确有困难，基层政府就只有想法解决稳控上访人。那就是用人民币解决人民内部矛盾，花钱买太平，这也是为何维稳经费居高不下的原因之一。包括优惠的条件劝解上访人息诉罢访，组织老上访户"旅游"，甚至为上访者安排工作。然而人民币解决无异于饮鸩止渴，它虽然能够解决眼前问题，但是其负面影响显而易见的：一方面纵容了一些信访老户，让他们更笃信"小闹小解决，大闹大解决"，以此要挟政府，形成上访专业户以上访牟利，不断提出更过分的要求，同时引发其他信访人攀比和跟风；另一方面损害了法律政策的普适性和权威性，损害了社会的整体公平正义，使基层政府公信力降低。

（3）打压群众上访。一些干部认为群众反映问题是"闹事"，缺乏换位思考，宗旨观念不强，工作作风差，强"堵"硬"压"，思想上不能正确对待群众来信来访。在信访考核"紧箍咒"压力，一些地方基层政府在人民币也不能解决问题的情况下还会突破权力的限制和禁区，使出浑身解数来"维稳"。以严密的手段稳控上访老户，对上访人进行围追堵截，强制上访群众入"信访学习班"，甚至将上访人关进精神病院等。据中国社会科学院于建嵘研究员所带领的课题组对 632 名进京上访的农民进行的调查数据，"有 55.4％的农民认为因上访被抄家、被没收财物、东西被抢走，有 50.4％的农民认为因上访而被关押或拘留，有 53.6％的农民认为因上访被干部指使黑社会的人打击报复"[①]。虽然有待于进一步调查考证，但是北京的安元鼎事件对此进行了某种程度上的印证[②]。应该承认，少数地方使用暴力等手段拦截上访群众已是公开的事实，有些地方对上访人进行打击迫害可谓触目惊心，这将产生十分恶劣的政治后果，特别是导致了基层激进主义的萌发。为壮大上访声势，以及减少因信访所遭受打击的风险，在罚不责众意识的影响下，动员更多人参与上访便成为理性选

---

① 于建嵘：《保障信访权是一项宪法原则》，载《学习时报》2005 年 1 月 31 日。

② 北京安元鼎保安公司，其主业竟然是关押、押送到北京上访的民众，这家在短时间内发展迅猛的保安公司涉嫌在北京设立多处"黑监狱"，向地方政府收取佣金，以限制上访者自由并押送返乡，甚至以暴力手段向上访者施暴。2011 年 8 月 11 日，北京警方出动数十名警力，端掉位于昌平七里渠这处"黑监狱"，引发了社会各界的广泛关注。

择;而当和平"请愿"不能奏效时,采取极端措施进行对抗就难以避免,这将严重影响社会和谐稳定。

3. 权利救济功能双重效应:矫正司法不公与消解司法权威并存,客观上导致现代国家治理基础的弱化

现行信访制度借助行政权威,承担越来越重的公民权利救济功能。在法治不健全的环境下,这种靠上级行政主体介入的途径无疑能矫正某些司法不公,帮助一些"哭天不灵"、"投诉无门"的群众实现了实质正义。但如果因此使广大群众把信访视作优于司法救济的一种权利,就使信访功能严重错位,并产生很大的负面效应。法治是现代国家的治理基础。严格地讲,信访只是包括行政诉讼、行政复议等行政救济的手段之一,而司法救济才是公民权利救济最主要的形式。信访制度作为一种民情上达、申冤维权的特殊通道,虽然对老百姓起着"宽慰剂"的作用,但以信访救济替代司法救济的严重后果,是冲击了国家司法机关的权威,从体制上弱化了现代国家治理的基础。

(四)基层上访治理陷入困境的原因分析

1. 走向解体的单位社会中的单位组织逐渐失去了过滤纠纷的功能,同时单位成员对单位组织的依赖度大大降低,使得大量的纠纷涌入信访渠道,也影响到政府有关部门在纠纷解决中的交涉能力

在单位社会中,各种各样的社会组织,不再是人们组织起来运用资源实现利益的一种形式,而是转化为国家实现统治的一种组织化手段。在这个意义上,"单位组织"是整个社会统治结构的一个组成部分,是维持国家统治即命令统治的手段或工具。单位组织作为一种统治制度或结构,是国家实现统治的中介环节。单位组织通过将经济控制权力和国家行政权力结合在一起,从而像国家对单位组织的统治那样,实现对个人的统治。个人对单位组织的服从,同时即是对国家的服从;单位组织对个人的权力,在很大程度上仍然是国家权力的表现。各种各样的单位组织,并非仅仅是一个纯粹的"工作场所"。① 单位组织可以在一个广泛的范围内,给那些利益追求者以单位成员的资格,并规定"回报"的形式和"价格",迫使社会中的个人采取国家所期望的态度。人们只有以服从和依赖作为代价,才能换取这些资源、利益或机会。因此,在单位

---

① 李汉林:《中国单位社会——议论、思考与研究》,上海人民出版社 2004 年版,第137 页。

组织内部遇到纠纷需要解决时，如果有单位的力量介入，当事人出于对单位的依赖，只要不是涉及成员根本利益，往往能够做出相应的妥协，这样能够比较顺利地将纠纷解决在单位内部，同时，与单位社会的相匹配的是计划经济，计划经济时代纠纷本身就很少，尤其是财产类的纠纷。这使得那些不能通过单位解决的纠纷只是极少一部分。而在单位社会逐渐解体后，这种局面发生了很大的变化。首先，中国的改革所带来的自由活动空间和自由流动资源的发展，特别是非国有经济的发展，在一定程度上提供了可选择的替代性资源，因而国家和集体单位已不再具有唯一资源提供者的地位。个人因资源获取的可替代性程度越高，其对单位产生的依赖性程度就越低，单位在纠纷解决过程中的影响力也就越低。这也能够很好地解释在诸如拆迁纠纷中，尽管同样是被拆迁人对拆迁补偿等不满意，本人或有亲戚朋友在政府部门等传统意义单位工作的人常常不会上访，而那些没有亲戚朋友在政府部门等传统意义单位工作的人常常会上访。因为政府为了维稳等常常介入拆迁案件，给那些不满意的被拆迁人本人或者有亲戚在政府部门等传统意义单位工作的人施压，如果上访就要在政府部门等传统意义单位工作的人"下岗"，而这些人基于对单位资源交换的绝对依赖关系而放弃"维权"或说服自己的亲戚放弃"维权"。当然，如果他对某种资源获取足够重要到能够取代他在这个单位组织中所获得的其他资源；或者他能够在其他工作单位中获得同样多的资源，政府对他的压力就会变得无效。那些完全处于原子化状态非正规就业人群由于不存在对于单位资源的交换，[①]所以，政府也没有办法通过前述方式来获得当事人的妥协与让步。当这个群体庞大到数以亿计的时候，政府的控制能力面临的困难就可想而知了。同时，随着改革开放的深入推进，各单位组织逐渐由"管理型单位"向"利益型单位"转化，单位所承载的意识形态因素和政治要素逐渐淡化，其纠纷解决能力不再作为其重要的职能，其必然的后果是纠纷过滤能力大大降低，大量的纠纷进入社会，由于信访的纠纷解决没有门槛设定，其中很大一部分也必然会进入到信访渠道，加速信访洪峰的形成。即使信访等部门请求单位

---

① 所谓非正规就业，主要是指广泛存在于非正规部门和正规部门中的，有别于传统典型的就业形式。包括有：(1)非正规部门里的各种就业门类；(2)正规部门里的短期临时就业、非全日制就业、劳务派遣就业、分包生产或服务项目的外部工人等，即"正规部门里的非正规就业"。这部分人意味着尚未纳入社会保障体系的就业形式，缺少福利和不受国家劳动法保护的劳工。参见田毅鹏、吕方：《单位社会的终结及其社会风险》，载《吉林大学社会科学学报》2009 年第 6 期。

参与解决时,由于单位并不将其视为主要的职能,而大大影响纠纷解决的效果。

2. 信访制度的定位不准确,承受过多容量压力

信访制度在制度设计上本来是民意表达的渠道之一,在公民权利救济方面也只是司法救济之外的补充性渠道,然而,在实际中却将信访制度放在了"无所不能"的位置。信访制度在实际运行中成为公民尤其是弱势群体利益表达最主要的渠道,并成为公民面临问题和矛盾时优于其他行政救济或司法救济而选择的首选救济方式,其功能发生了严重的扭曲。

3. 信访组织体制不顺,机构庞杂,缺乏整体系统性

现行的信访机构庞大分散,缺乏统一的协调机制。当前,信访部门分布比较广泛,从中央到地方,各级党组织、政府、人大、政协、法院、人民团体、新闻媒体、国有企事业单位等都设有信访机构,庞杂的机构设置造成了效率的低下。由于对信访机构的具体责任划分不够明确,一方面导致许多信访案件被层层转办却找不到相关的责任主体,信访群众在不同部门之间反复"转圈",一信多访、一事多访现象严重;另一方面,由于各信访工作机构之间职能交叉重叠,信息共享不充分,缺乏必要的沟通和制约,难免会出现对同一信访事项多重处理而处理结果又不尽相同的情况。导致群众不满,重复信访、越级信访数量不断上升。

4. 信访在具体制度层面的缺陷

信访立案、结案机制不完善。第一,信访立案机制不完善。《信访条例》第6条规定了县级以上人民政府信访工作机构的六项职责,对于究竟哪些事项可以进入信访渠道作了规定,但过于原则化,信访立案实际范围划分不够明确,信访门槛过低,导致大量社会矛盾都涌入信访渠道。第二,信访结案机制不完善。《信访条例》第35条明确了信访事项办理、复查、复核三级终结机制。然而《信访条例》只规定了复查、复核,但没有明确具体的承办机构。这样可能会导致办理信访事项的行政机关又是信访事项复查机关。而这些部门很难对自己办理的信访事项认真复查,更不可能推翻自己已经作出的处理意见。致使信访复查程序形同虚设,起不到层级监督的作用。因此,必须在上下级行政机关之间形成独立的复查、复核承办机构。同时《信访条例》规定的三级终结制过于原则,可操作性不够强,致使一些长期无理信访事项难以终结。因此,这一制度规定在实践中一再被打破,"信访三级终结制"毫无权威可言。

5. 信访工作考核机制不科学

长期以来,许多地方信访部门对越级上访和集体上访实行目标管理、总量

控制、层层分解任务、按分配的数量进行考核。这势必造成强大的政治压力，使得信访工作成为基层干部"最大的压力"，成为"最头疼、最难办"的问题。[①]由于信访问题牵涉面很广，许多矛盾实际上单靠基层政府很难彻底解决。面对上面考核的压力，一些基层部门把主要精力不是用在解决问题上，而是用在降低信访量上，不惜花费大量人力、物力，长期派人到上级信访部门值班，甚至衍生出拦访、截访等不正常现象。导致一些问题久拖不决，矛盾不断激化升级，产生了大批上访老户，上访治理陷入了恶性循环。

6. 信访工作队伍建设滞后

从信访工作的艰巨性和信访干部自身的综合素质上分析，信访干部队伍的建设严重滞后，重使用、轻培养问题比较突出。信访工作人员工作作风和方式方法陈旧，不能适应新形势、新任务的要求。首先，从信访队伍建设数量上来看，信访工作人员仍严重不足。其次，从信访干部队伍素质来看，信访干部专职少，兼职多，尤其是乡镇级的专兼职信访工作人员，思想政治素质较低，政治敏锐性和政治工作鉴别力不强，专业素质较低，对信访业务不熟悉，对群众诉求不能正确对待，严重影响初访事项的处理，直接造成越级上访和重复信访的增多。多数信访工作人员文化素质、业务素质偏低，有些甚至不具备从事信访工作所必需的法律常识、心理学知识和信息处理技能，平时又忙于日常工作，不注意思想政治学习，为群众服务的工作作风不够扎实，为群众排忧解难的方式方法陈旧，不能适应新形势、新任务的要求。

7. 信访制度运行缺乏配套制度支撑

（1）信访制度缺乏科学干部考核评价制度的支撑。信访制度缺乏政治制度支撑，其中最根本的是缺乏科学干部考核评价制度的支撑，群众对公权力缺乏应有的监督与制约，群众在干部考核评价中声音弱小。人民在国家权力运行中缺位，权力仍然缺少足够的制约，缺乏向公众负责的强制力，干部只向领导负责而不必向老百姓负责，这就不可避免地导致官僚主义盛行，以至造成权力滥用，腐败现象久久不能得到遏制。

（2）司法救济不彻底、法律援助制度不健全。由于复杂的现实原因，目前我国司法没有完全实现宪法确定的审判独立，行政对司法个案干预时有发生，司法权威受到极大影响。与此同时，司法救济因为自身程序繁杂、诉讼成本偏高且专业性过强等特点，加之我国法律援助制度不完善，导致许多矛盾纠纷跳

---

①　曾业松：《关键时期关键问题》，新华出版社 2007 年版，第 190 页。

出司法渠道转而上访。

二、基层上访治理机制的路径选择

基层上访及治理是整个信访体系最基础最关键的一个环节,基层上访治理的效果直接影响并一定程度上决定着信访制度整体功能的发挥和预设目标的实现。然而,面对基层上访的制度缺陷和现实困境,破解基层上访治理困境的路究竟在何方? 有学者认为信访制度是人治思想的产物,与法治精神相悖,应该彻底废除信访制度,但有人却认为信访制度是中国特色社会主义民主政治制度的重要组成部分,体现了党的领导、人民当家做主、依法治国的统一。信访制度"作为国家机器中的一种权力技术装置"[1]在现阶段仍发挥着重要作用,主要包括:是政治沟通和公民权利救济的制度性渠道;具有深化政权合法化,对官僚体制进行监控,化解剧烈社会矛盾,贯彻政策、实现社会动员的功能。因此,信访制度现阶段仍具有存在的必要性。从制度经济学的角度分析,虽然信访制度的净收益小于零,但与其他权利救济模式相比,仍具有相对优势。因此,我国在一段时间内还不能废除信访制度。"[2]有学者更是指出,中国是一个以行政主导的国家,在当前中国的政治体制下,法治仍不完善,中国需要人民信访系统来了解社会存在的问题,了解民众的需要。这是一个没有门槛的系统。[3] "如果取消了信访制度将使广大公民丧失权利救济的手段,陷入一种求救无门的境地。"[4]我们认为,在"依法治国,建设社会主义法治国家"的大背景下,深入探究信访制度与法治的关系,同时在考察西方法治发达国家的成功经验的基础上,基层上访可以通过法治化的道路实现妥当治理的目标。

(一)信访制度与法治的关系

基层上访治理离不开信访制度这个大框架,信访制度是纲,基层上访治理是目,纲举才能目张。目前由于信访制度定位不准确、设计的缺陷和相关配套

---

[1] 陈柏峰:《缠讼、信访与新中国法律传统》,载《中外法学》2004 年第 2 期。
[2] 李俊:《我国信访制度的成本收益分析》,载《南京社会科学》2005 年第 5 期。
[3] 赵凌:《信访改革引发争议》,载《南方周末》2004 年 11 月 18 日。
[4] 李新华:《新阶段中国信访制度创新的问题与改革取向》,载《燕南评论》2004 年 12 月 5 日。

制度的不完善,导致信访制度在实践过程中有所异化并与我国的法治化进程产生了一定的冲突。但是从根本上来讲信访制度和法治是共通共融的,其都是为了保障人民群众的合法权益,监督和纠正公权力的不当行使,维护整个社会秩序的稳定有序。同时,按照法治的精神通过具体制度的创新,能够使得信访和法治各归其本位从而达到互补共融的理想关系。

1. 法治

政治学的鼻祖亚里士多德认为法治是指"法律得到普遍的服从,而大家服从的法律又是制定得良好的法律"[①]。形式上的法治强调依法治国,依法办事的治国方式、制度及运行机制,实质意义的法治强调法律至上,法律法治保障权利的价值原则和精神。法治有三层含义:一是依据法律的治理,强调依法治国,法律至上;二是依法办事而形成的一种秩序;三是法律价值、法律精神。一种理想社会,是指通过这种治理的方式、原则和制度的实现而形成的一种社会状态。法治国家的基本特征概括为"民主完善、保障人权、法律至上、法制完备、司法公正、制约权力、依法行政、保障权利"[②]。

2. 信访制度

现代意义的信访制度诞生于新中国之后,是约束和规范信访活动的一系列规则和约束的总称。信访制度是我国民主政治制度的重要组成部分,是人民当家做主的重要表现形式,国家机关听取意见、建议、要求和接受监督的重要渠道。对政府来说,信访制度是一种政权组织形式得以合法存在的群众基础;对普通公民来说,信访制度是参与国家政治生活的制度化途径。信访制度的形成是依靠党和国家主要领导人的重视和推动,信访制度在成立之初主要是为了密切党和国家同人民群众的联系,特别是党和国家高层与基层人民群众之间的联系,克服官僚主义,后来逐步加入政治参与、权利救济的功能。

3. 信访制度与法治的关系

随着党在十五大上确立了"依法治国,建设社会主义法治国家"的基本方略,法治化进程在中国一步步展开。在此背景下,信访制度的命运也就取决于其与法治的关系。如果信访制度与法治根本对立,则信访制度最终必须废除;若其与法治能相融,则信访制度的改革就必须走法治化的道路。

学者对信访与法治关系的已有研究大致可以归为四类。第一类认为信访

---

① 亚里士多德:《政治学》,吴寿彭译,商务印书馆1998年版,第199页。

② 卓泽渊:《法治国家论》,中国方正出版社2001年版,第45、101页。

制度和法治是水火不相容的对立关系,因此必须废除信访制度为法治扫清障碍。于建嵘教授就是此种观点的代表,他认为现在的信访制度"人治色彩浓厚,消解了国家司法机关的权威,从体制上动摇了现代国家治理的基础;信访程序缺失,立案不规范,终结机制不完善,政治迫害和政治激进主义相伴而生,不断诱发较严重的冲突事件"。"我们最终需要的是法治,不是清官和领导批条,与其投入人力、物力加强信访,不如拿这些精力去加强司法。"他后来直接提出"现行信访制度已成为祸国殃民的遮羞布,必须进行彻底的改革"①。黄钟更是指出"如果继续强调重视信访这种非法治化的解决社会矛盾的手段,甚至企图用立法来强化信访功能,那么我们将会继续品尝轻视法治所带来的后果,社会稳定的目标也难以实现,而且会陷入恶性循环中"②。周永坤提出"作为纠纷解决的信访制度的最大特点是非制度化的权力的运用,非制度化的权力无法建立在规范上,只能建立在等级上,具有权大于法的人治色彩,信访制度本身是人治社会的产物,它是在单位社会下人治的导向所形成的,它不利于纠纷的解决与人权的保障。目前强化信访制度是一个建立在错误的理论之上的错误的制度选择"③。胡星斗坚持"信访制度的历史使命已经完成,民主与法治的时代已经到来。中国建立法治国家、法治政府,应当从废除信访制度、劳教制度开始"④。王天林指出法治社会的关键是确立法至高无上的权威,而法的权威最终要通过司法的权威性来保证和实现,司法的终局性是司法权威的必然要求和重要条件。信访则将希望寄托在人为因素,尤其是长官批示上,靠权力间的部门干预、长官意志来实现。其背后隐含着权力不分并相互纠缠的根本制度问题,这与法治根本对立⑤。张耀杰更是直接指出"现行信访机制劳民伤财、恶贯满盈"⑥。总之,对上述持信访与法治对立关系学者的观点加以整理,其主要的理由是,由于机构庞杂、功能错位、立案办案结案不规范等问

---

① 于建嵘:《中国信访制度批判》,载《中国改革》2005 年第 2 期。
② 黄钟:《〈中国新闻周刊〉:信访制度是否应该取消?》,搜狐网,2004 年 12 月 13 日。
③ 周永坤:《信访潮与中国纠纷解决机制的路径选择》,载《暨南学报》(哲学社会科学版)2006 年第 1 期。
④ 胡星斗、任华:《就废除信访制度致全国人大、国务院的建议书》,中国选举与治理网。
⑤ 王天林:《中国信访救济与司法最终解决的冲突》,载《学术月刊》2010 年第 10 期。
⑥ 张耀杰:《〈信访条例〉可以休矣》,中国选举与治理网,http://www.chinaelec-tions.org/。

题导致信访制度解决信访事项的效率低下,同时信访制度运行是法律的消解力量。信访救济扬人治,抑法治,过多寄希望于政策、长官意志等偶然性因素,随意性过强,有损司法权威,无法真正解决社会矛盾,视之为法治的敌人,所以应当彻底废除现有信访制度。

第二类认为,信访完全是法治框架下的制度,和法治是同一关系。持此种观点的主要是曹韫,他从抽象的制度设计与具体信访实践两方面,将信访与法治标准参照比对,认为"信访是回归法治终极目标的,正义、正常法治框架之下的法定救济途径。在制度设计方面,信访权是由《宪法》直接规定的基本权利,整个信访法律制度系统的基础性、前提性权利是合法正当的。就《信访条例》的内容而言,不同效力位阶的渊源之间未见上下悖逆的情形。因此,信访法律制度体系,在纯粹的形式意义上,无论是权利前提、价值观念还是具体的制度设计均合法有效,始终与法治理念相契合。在信访制度的具体实践方面,通过信访途径实现的救济确实存在快速、程序简易等特点,也确实存在长官或特定人物介入而救济成功的现象。但其形式合法的前提决定,此类信访行为虽然完成救济,实际依靠的仍然是法律的力量,仍然在法律的规范之下。只不过,有特定的人物或因素介入其中,导致了个别救济过程的灵活化与特殊化,这其实并非人治的滥觞,而是真正符合法治正义标准的。信访救济是在以司法为主流的救济之外,容许其他替代性的救济途径的存在,实现对当事人正当利益的满足,返身关照实质的正义,以回归法治之终极目标"①。杨燕伟认为"从法治的角度考察。民主是法治的基石。信访,作为我国宪法规定的公民基本民主权利,也是国家的基本民主制度。这种人民表达自己的意愿,实现当家做主的权利和制度,在现代法治国家绝不是可有可无的。信访不是人治的产物,而是完全符合现代宪政思想的"②。

第三类认为信访和法治双面悖论关系。持该观点的代表是应星教授,他认为信访与法治是亦敌亦友的悖论关系;一方面作为法治的朋友,信访为代替性纠纷解决方式,对司法救济起补充作用;另一方面信访在追求实体正义时罔顾程序正义,寄希望于人治色彩浓重的长官意志,因此信访又是法治的敌人③。马斌也认为信访制度具有双重性。从规范的法理层面看,信访具有宪

---

① 曹韫:《信访与法治离合之辨》,载《中共四川省委省级机关党校学报》2009 年第 2 期。

② 杨燕伟:《信访制度的法学透视》硕士论文。

③ 应星:《作为特殊行政救济的信访救济》,载《法学研究》2004 年第 3 期。

法性依据,其制度设计的目标体现了保证公民合法权益的法治属性;但是从信访实际运作机制看,其将解决问题的希望寄托在长官的指示上,甚至造成行政对司法的干预,这又与法治相违背。① 此类观点虽然认为信访具有双面性,但是应对其进行改革,而其改革的目标就是实现与法治的互补共融。

第四类认为信访与法治是并行不悖的补充关系。刘卫红指出,信访制度与国家法制建设虽然存在一定的冲突,但是这并非信访制度本身的问题,而是由于信访承载了过多的权利救济功能所致。他认为信访制度与法治并行不悖,信访制度存在的问题完全可以通过改革解决。信访制度改革的目标与法治的目标都是使公民的声音进入政治场域,并对公共事务表达意见,使公民权利有救济的机会,任何权力的行使都能得到监督和制约②。李长健指出,信访制度的产生在一定程度上是传统人治思想的延续,但其归宿与保护人民根本利益相契合。在我国现代法治的建设过程中信访制度的本质就是保护公民的权利和自由,尽管具有一定的人治色彩,但其本质和功能等方面与法治具有内在一致性。③ 童之伟认为,信访制度作为我国一项辅助政治,根据我国宪法的框架和未来走向,改革现行信访处理机制,提升核心政治的正义推进效能,使核心政制和辅助政制依宪法精神和法治原则各自回归其本位。只要信访体制能发挥对核心政制的补充作用,信访和法治就会相得益彰④。概括持信访与法治是补充关系的学者的主要理由是:信访制度与法治的终极目标是保护权利,制约公权力,在维护社会秩序、实现社会的善治等方面有着殊途同归的功效。

我们认为当前的信访制度既不是与法治绝对对立的关系,也不是完全法治之下的制度,而是通过适当的改革和具体的制度创新,二者完全可以形成一种互补共融的关系。首先,从信访制度和法治的终极目标看都有保障个人权

---

① 马斌:《探寻信访与法治的可能路径》,载《电子科技大学学报》2006 年第 4 期。

② 刘卫红:《法治视野下信访制度的完善》,载《河北法学》2010 年第 10 期。

③ 李长健、邵江婷、孙婧:《农民利益保护视角下的我国信访制度法治化研究》,载《石河子大学学报》2009 年第 1 期。

④ 童之伟:《信访体制在中国宪法框架中的合理定位》,载《现代法学》2011 年第 1期。从结构、功能等要素将我国宪法框架下的政治法律制度相对区分为核心政制和辅助政制两个部分。核心政制指的是以人民代表大会制度为根本的那部分政治法律制度。辅助政制指的是那些总体上说来处于宪法框架之中,但相对而言处于人民代表大会制度之外的那部分政治制度。比如政治协商制度和信访制度。

利,制约公权力实现正义价值,其所追求的最高价值诉求是人和人的利益,从这个角度上讲信访和法治均是手段而人才是目的,因此它们是共通的。其次,遵照人类目前最优治理模式法治理念和价值而设计的各种具体制度仍然需要依靠现实的人去践行才能实现,法治也强调人为因素的重要性有时甚至是决定性。法治也不是完美无缺的,社会的善治仍有法治力所不能的地方,而信访制度能起到很好的补充作用。当然,信访若要发挥好这个补充的角色,就必须在制度设计的理念上尊重法治的主体地位和按照法治的精神回归其本位。这就要求通过具体的制度创新使信访的处置机制更加制度化、程序化,避免个人意志的滥用。

(二)法治发达国家民愿表达制度考察

信访制度是我国特有的一种政治制度,在具体制度设计上有着特殊性,国外没有与之相类似的制度。但时,从设置权利救济补救措施的角度看,很多国家都设置与其自身政治体制相配套的机制,来实现通达民意以避免社会争端的激化的目的。最为普遍的是监察专员制度(Ombudsman),该制度最早起源于瑞典,在北欧得到发展,二战之后又传到西欧及美国、亚洲、非洲的一些国家和地区,目前世界上已有80多个国家和地区建立了监察专员制度,以非司法化的手段来监督和纠正公权力的不当行使,实现权利救济、保护公民权利。

1. 几种典型的国外民意表达机制

(1)瑞典监察专员制度

瑞典监察专员的监督对象包括所有的中央和地方权力机构及其工作人员,同时还包括其他一切行使公共权力的机关和人员,但是议会成员、政府首脑、司法总长不受监察专员的监督,任何一个监察专员也不受其他监察专员的监督。在瑞典,任何人都可以向监察专员投诉,监察专员依公民投诉和职权进行调查和处理,监察专员在调查中有权询问一切相关人员,要求他们给予协助,并可以到有关机关进行视察,如果监察专员认为有足够的理由对实施犯罪行为以及有重大或多次渎职行为的官员解除或暂时剥夺其公职,则可以向有关机关提交报告,如果提交报告的监察专员不满意有权机关的决定,还可以将该案提交法院。此外,每年监察专员向议会提交一份年度报告,对于重大案件还提交特别报告,这些报告不仅受到国家行政机关和社会各界的重视,还经常会被立法文件所引用,为立法机关制定法律、行政部门制定政策提供依据,发挥了弥补现行法制的疏漏,改善和加强国家法制建设的作用,被瑞典人民赞誉为"法律的监护人"。①

（2）挪威议会申诉专员制度

挪威议会每次大选之后,都要选举一名监督公共行政机构的申诉专员,任期为4年。申诉专员的管辖范围覆盖了公共行政机构及其全体工作人员,但是议会的决定、国王的决定、法院的职责、总审计长的活动除外。在挪威,任何人如果认为自己受到公共行政机构的不公正对待,都可以向申诉专员投诉,申诉专员可以要求行政机构的官员或其他工作人员就其职务行为提供资料,还可以要求法院取证。申诉专员可以指出公共行政机构的错误或疏忽,理由充分时,可以告知检察或人事部门应当对涉案官员采取何种措施。错误被纠正或是有关部门做出解释后,申诉专员可以决定案件终结。如果申诉专员认为投诉不成立,那么要立即通知投诉人,申诉专员要尽可能地向投诉人推荐其他的投诉渠道或是将案件移转给正确的管辖机构。申诉专员每年要向议会提交年度报告,叙述其上一年度的活动。②

（3）加拿大公民投诉机制

加拿大公民通过三种渠道向议会或行政机关反映自己的诉求,一是通过所在地区的各级议员代为反映;二是向联邦政府各部门、各省政府部门专设的投诉机构就这些部门职权管辖范围内的事项进行投诉;三是通过联邦和各省政府分别设立的专门受理公民对政府及其公务员进行投诉的机构进行投诉。联邦一级设立联邦申诉专员署和联邦廉政专员署。前者属于联邦议会,主要受理对联邦政府各部门在行政中的过失投诉,对投诉事项是否进行独立的调查有决定权。如果经调查发现公民反映的情况属实,该署就会提出报告或建议,责令有关政府部门加以解决;如果有关部门对此置之不理,该署就通过向议会报告并公之于众的方式给对方施加压力。后者的职责是对联邦政府官员和掌有重大决策权和重要财权的人员进行监督,其作用主要不是以查处而是以预防为主。在地方各省,设有操守专员署,其独立于各党派和省政府各部门,对议会负责,受理公民、公司、团体组织等提出的对政府部门和公营机构的投诉。③ 他们有权决定对投诉展开独立的调查,并根据调查结果向有关政府

---

① 杨曙光:《瑞典的议会监察专员制度》,载《中国改革》2006年10期。

② 林莉红:《申诉专员制度与失当行政行为救济》,载《行政法论丛》第5卷,法律出版社2002年版。

③ 陈雪莲:《国外公民利益诉求处理机制》,载《行政管理改革》2012年第2期。

部门提出修改法律或改变行政行为的建议或要求做出答复。

（4）日本苦情处理制度

苦情处理，是指行政机关听取私人的不平、不满等苦情，并对该苦情进行处理。为了保证这种处理的中立性和公正性，日本采取由第三人即总务厅来履行这项职能。同时为保证苦情处理的顺利进行，日本依据《行政咨询委员会法》在全部市町村设置了行政咨询委员，行政咨询委员的任务是给诉苦人以必要的建议和指导，并将该苦情上报总务厅及有关行政机关。① 日本的苦情处理制度有好多优点，比如：苦情对象广泛、没有申诉期间的限制、申诉程序简单等等，但缺点是总务厅所进行的斡旋不具有法律效果，缺乏相应的强制力。

（5）韩国民愿委员会制度

为了保护公民权益免受不良行政的侵犯，韩国于1994年成立了民愿委员会，受理公民对非法或失当行政措施、玩忽职守、不合理的行政管理制度和政策的投诉。民愿委员会的委员由总统直接任命，独立性较强，它本身不能直接纠正行政机关的不良行为，其决定不具有强制执行力，它能够做到的只是要求有关机关在规定的时间内通报处理结果、在公共媒体上公布处理结果或向总统递交报告，造成政治压力或舆论压力。

2. 国外相关制度的启示

国外设立监察专员制度的目的，在于监督法律法令的执行，限制国家工作人员不合法不公平的行为，从完善行政管理的角度避免给公民造成侵害。一旦给公民造成了权利侵害，在行政救济、司法救济呈现一定的局限性，且不能予以充分有效的保护的时候，监察专员又可以依据相关的法律受理公民的申诉，不受程序法的约束，自由迅速地处理申诉事项，实现公民权利保障。监察专员制度不仅实现了其监督功能，而且作为一种权利救济补救制度，在保障公民合法权益方面发挥了重要的作用。国外的议会监察专员机制既非行政机关也非司法机关，却能够对二者进行监督，并且在权利救济方面起到了及时有效的补救作用。国外民意表达机制的成功经验，不仅对于我们正确认识和发展信访制度是非常有益的，而且对于如何完善我国信访制度、强化权利救济功能等方面有着许多可以学习和借鉴的地方。

法治强调法律的至上性、司法的权威性，法治也并不排斥其他纠纷解决方式和权利救济途径。为什么在司法高度发达的国家，在司法权威早已树立的

---

① 郭松民：《信访改革的制度演进》，载《环球》2004年第24期。

国家,还需要在司法之外设置民众诉怨与纠纷解决的途径这样的解决机制?这是因为,法院不是万能的,人们除了要威慑于司法的权威,同时也要承担"司法权威的代价",这种代价使很多证据不足的控诉被判不成立,很多合法但不合理的行政行为被司法支持,"不良行政"无从获得救济,承担"司法权威的代价"当然无助于单个公民权利的保护,也无助于政府工作的改进。在保护人权日益成为政府存在的目的时,监察专员、调解员、申诉专员等制度的建立,既弥补了司法的不足,又保护了公民的权利,当然是顺应时代之举。这也给我们一个非常有益的启示,那就是在解决信访问题时,在大力倡导司法救济,树立司法权威时,也不能忽视司法之外救济途径的完善。

(三)我国基层上访治理机制的法治化选择

基层上访及治理是整个信访体系的根基,只有基层的根基牢固,信访制度才能发挥最大功效。然而面对基层上访的制度缺陷和现实困境,在"依法治国,建设社会主义法治国家"的大背景下,在深入探究信访制度与法治的关系和西方法治发达国家的成功经验的基础上,我们认为信访制度和法治是能够相融互补的。信访制度改革从根本上要依靠制度创新,同时总结、学习、汲取国内外各种经验教训,立足现实、深化改革,走法治化道路。

从信访制度和法治的关系看信访与法治在理论上是可以相容互补的,同时我国早在十五大就提出了依法治国方略,因此信访及基层上访治理机制的法治化是信访制度的历史必然选择。从外国发达法治国家实践的成功经验中可以看出经过法治化改造的符合法治精神的民愿表达机制完全能够与法治治理机制互补,是法治国家治理社会的有效手段之一。

当前基层上访及治理陷入困境的根本原因就是因为信访制度法治化程度低,表现为法律对信访功能的定位不准确,有些具体制度设计还与法治精神相冲突,且现有法律法规过于原则,缺乏系统完整的法律规范。破解基层信访治理困境必须坚持走法治化的道路,具体改革措施是通过微观的制度创新明确信访机构的职责,规范具体信访事项的处理程序等,用制度规范基层信访受案办案结果,防止处理过程的随意性、处理结果因人而异的不确定性。以此增强基层对信访事项的处置能力,承接信访的重心下移,改变目前基层相互推诿和习惯性地把矛盾上交等信访处理不得力的现状,切实把大部分信访问题解决消化在基层。

三、基层上访治理机制法治化的对策

(一)基层上访治理机制法治化路径下信访制度功能定位

信访制度建立的初衷是为了密切联系群众,加强对地方和基层官员的监控,克服官僚主义,后来逐渐加入群众的政治参与功能,特别是在拨乱反正中又新增了权利救济功能。信访制度的功能定位应该是多元的、发展的,并在不同历史时期各有侧重。

1. 信访目前的基本功能定位

(1)权利救济。群众信访事件背后反映的"大多是因利益诉求而引起的人民内部矛盾",其中最主要的是两类:公权力与私权利之间,私权利与私权利之间。解决这两类矛盾的法定渠道主要有两种,"一类是诉讼渠道,另一类是非诉讼渠道,包括民事商事仲裁、法定调解、行政复议、违宪审查,以及信访等"。在上述权利救济渠道中,诉讼渠道或者说司法渠道是最基本、最主要的渠道,但是,一方面司法渠道不能解决所有的问题,另一方面,司法救济渠道存在一些弊端,使得作为司法救济补充的信访渠道成为现阶段群众权利救济的独特的重要渠道。

(2)政治参与和利益表达。改革开放以来,随着利益群体的分化特别是民营经济的快速发展,我国客观上需要一种新的社会多元利益表达的有效机制,以便对各种群体和阶层在政治、经济、文化利益诉求方面进行协调和整合。我国社会多元利益表达机制的构建很大程度上滞后于社会利益的分化,各级人大、政协以及社会团体(如工会、共青团、妇联等)还不能将各阶层的利益诉求有效地传达到政治体制中去。而信访制度则无疑为社会各阶层尤其是弱势群体提供了一条比较公平的政治参与和利益表达渠道,而且其制度设计本身体现了党"密切联系群众"的意识形态效果,这也是构筑政权合法性的重要手段。

(3)监督国家权力。"权力导致腐败,绝对权力导致绝对腐败。"[①]信访的基本对象是公权力,它是个体权利对公共权力的控制,是公民监督行政权力、司法权力的有效途径。目前,各级党组织、人大、政府、法院以及检察院等国家

---

① [英]阿克顿:《自由与权力》,侯健、范亚峰译,商务印书馆 2001 年版,第 342 页。

机关均设立了专门的信访机构,以保证公民行使监督权。①

2. 基层上访治理法治化语境下的信访制度权利救济功能定位调整

鉴于我国的诉讼、复议、检察、监察等制度在向受害人提供有效救济方面还存在许多缺陷,必须加强和完善信访制度的权利救济功能,在维护公民合法权益方面发挥应有作用,但在信访法治化的背景下的基层上访,必须规范和突显权利救济功能。

当前基层群众上访诉求突显信访制度的权利救济功能,按基层上访信访诉求性质大致可以分为三种类型②:一是参与类信访,二是求决类信访,三是诉讼类信访。通过统计这些不同的诉求形式在上访中所占的比重,能够得出信访制度在当前社会的主要功能与作用。首先,求决类信访比重最大,突显信访的权利救济功能。当前信访工作的主要内容就是通过直接或间接的手段救济群众被侵害的权利或者解决公民诉求的某种权利和利益。其次,诉讼类信访居高不下,扩大信访的权利救济功能。信访案件中绝大部分是个体或群体权益的保护、救济诉求,反映建议、意见的信访虽然有着上升趋势,但仍只是很少的一部分。参政议政类信访的"民主监督"案件远远不及"权利救济"的信访案件。

纵观古今中外的信访,其基础功能均是权利救济。当下基层上访群众的目的绝大多数是为了权利救济,既然信访制度的主要功能是权利救济,那么在法治化的背景下正确处理司法救济和信访救济的关系则是基层上访治理机制法治化的关键。只有让基层上访在法治的轨道上真正实现权利救济的目的,才能突破基层信访治理的困境。基于目前信访的现实状况,信访应该定位为一种公民权利救济重要的补充性渠道,而非因其现实中存在一些问题就立即废除。

(二)基层上访治理机制法治化路径下的组织架构与具体制度完善

1. 整合基层信访工作机构

当下信访机构庞杂,从中央到地方各级党政部门、事业单位均设有信访机构,这在一定程度上畅通了群众上访的渠道,同时也导致出现了各部门间互相

---

① 蔡定剑:《国家监督制度》,中国法制出版社 1991 年版,第 313 页。

② 周梅燕:《中国信访工作和信访制度陷入困境》,新华网,2004 年 6 月 30 日;也可参见 http://wenku.baidu.com/view/603baa33eefdc8d376ee3220.html。

推诿,工作效率低下,矛盾不断升级并涌向高层的现象。我们认为应撤销目前党委、政府、检察院等的信访机构,建立人大司法二元信访体系。把诉讼类信访件统一纳入司法信访体系,改革司法机关信访制度,改变现有的涉法诉讼类信访案件按行政化信访处理的模式,将其纳入正常的审判监督程序之中并加以必要的限制,形成尊重司法判决,树立司法最终裁判权威的社会氛围。将其余的信访案件统一集中到各级人民代表大会,并充分发挥人大代表密切联系群众的优势,赋予人大信访机构临时政治权力以解决诸如因政治原因或政策因素造成的历史遗留问题,同时借鉴国外类似制度的成功经验,建立具有中国特色的人大信访监督专员制度。

人民代表大会制度是我国的根本政治制度,各级人民代表大会作为权力机关监督行政和司法机关的工作。人民代表是由人民选举产生并受人民监督,人民代表应对人民负责,应密切联系群众,认真听取人民的意见和要求,直接向有关部门反映,或者在人大会议或人大常委会会议上,以"质询"、"议案"、"批评、建议和意见"等形式提出。但是,目前来看,人大代表都不是专职的,并且在基层都承担着繁重的工作任务,真正用来听取民声、传达民意的时间和精力很有限。人大代表专职化成为有效解决基层信访问题的要求,也是我国人民代表大会制度不断完善的方向,同时建立人大代表监督专员制是包括完善党的信访制度在内的行政改革的重要举措。人大监督专员制度,在中国现行制度框架之内具有可操作的空间。人大监督专员制度的运行模式:将现行的分散的各国家机关的信访机构统一起来,与人大的信访机构合并,形成一个专门处理公民投诉案件的人大监督专员室(或委员会或部),受各级人大和常委会的领导,设有对外窗口,由若干人大监督专员组成,监督专员必须是精通法律专业知识且秉性正直的人大代表。公民有投诉案件直接向监督专员室提出,指定的监督专员按照法定的调查权展开调查,监督调查由监督专员室决定,具有公开公正的调查处理程序,专员个人无权擅自调查。监督专员对任何案件进行调查之前,要先通知有关部门,各职能部门有配合调查的义务,监督专员有和有关组织的首长谈话的权力,有责令被投诉机关的具体工作人员做出解释的权力,可以要求有关部门作出书面报告,经向人大常委会请示有向社会公开调查报告的权力,还可通过媒体发表评价、公告、声明。人大监督专员制度设计的长远效果在于,使代表制政府能按照制度设计的初衷良性运作;其短期的优势则可以使分散、无序的利益表达有一个理性的聚合通道,通过公民与代表的个别接触化解大规模非理性参与所带来的政治震荡,从而更好地实现权力机关对"一府两院"的监督。

　　2. 基层上访的分类治理

　　在建立人大司法二元信访体系下,科学界定信访事项的类型,严格划分信访与司法各自的职能管辖范畴,是基层上访分类治理的前提。从严格意义上讲,包括信访救济手段在内的任何救济手段,都会涉及实体法,但并非所有的涉法问题都是可诉的。因此,是否涉法不是科学划分信访事项类型的标准,然而,是否可诉却可以较为科学地区分信访事项的类型,进而为基层上访分类治理提供标准化的决策工具和理论依据。以实体法和程序法为视角,以可诉与不可诉为标准,可将繁纷复杂的信访事项加以专门化区分,从而科学合理地界定信访机构与司法机关之间的职责范围和职能管辖等重大问题,为法治下基层上访治理的分类治理奠定可资借鉴的理论基础和实务指针。我们认同将涉法涉诉信访事项进行分类:即分为不可诉的信访事项①、可诉涉诉的信访事项和"诉""访"业已终结的重访事项三大类型。对可诉的信访事项必须纳入司法体制,对不可诉的信访事项则由人大信访体系解决,对业已终结的重访事项纳入日常管理,做好稳控工作。

　　对信访事项类型进行分类的目的与价值在于:第一,有利于科学区分我国信访体系与司法体系的职责范围。这涉及信访体系和司法体系各自的职能分工,可以建构法治化的政策工具和价值尺度,最终从制度层面解决信访体系和司法体系的彼此关系,明确各自的职能管辖范围;还关系到如何强化信访体系的业务制度完善、信访专业队伍建设与信访组织制度建设等一系列重大问题。第二、有利于公正高效地规范"重访"与涉诉信访的法治化终结问题,从而有利

---

　　① 不可诉的信访事项,是指按照现行实体法和程序法规定,尚无法进入司法诉讼程序获得救济的信访事项。这类信访主要集中于公民的政治参与和社会监督领域,多属于行使政治与公民权利的范畴,也就是说,此类信访事项一般不属于司法救济范畴。可诉涉诉的信访事项,是指依据现行实体法和程序法规范,可以且应当通过司法诉讼程序获得救济的信访事项,或者信访人的信访事项已经依法进入司法诉讼程序审理,但在尚未审理终结前基于对司法机关的公正性产生疑虑而另行到信访渠道寻求救济的相同事项。"诉""访"业已终结的重访事项——信访人对已经司法程序审理终结之结果不服而再度进入信访渠道寻求救济的相同事项;或者信访人对已经信访机构处理终结而再行到原信访机构或上级信访机构重新寻求救济的相同事项。参见王莉:《涉法涉诉信访制度改革设想》,河北长安网,http://pingan.hebei.com.cn/ztzl/5487fsz/dsewwaa/201305/t20130515_2843753.html。

于维护司法裁判的权威性与终局性,有利于维护高效的信访工作秩序。实践表明,随意接访与违法接访两个方面均需规范。否则,必然造成信访机制之外原本可以产生终局结论的法律法规的抵触,减损法律的权威性、有效性、统一性。这不仅使司法权威不断被削弱,国家行政成本的无限度扩大,而且在实践中往往形成新的不公平,并诱发负面攀比和示范效应。总之,通过前述目标的实现过程,实际上就是对上访进行分类治理的过程。

3. 完善重大、复杂、疑难的上访事项的听证制度

对一些重大、复杂、疑难的上访事项进行听证,一方面可以有效整合各方力量,把信访问题的处理与信访人的行为纳入法律监督、群众监督和舆论监督之下,群策群力处理上访难题。另一方面信访听证制度的有效实施,也可保证群众的知情权、参与权和监督权,增强信访工作透明度。健全信访听证制度可以具体从以下几个方面着手。

首先,明确听证的范围。主要包括:已作过处理并多次复查,但当事人仍不服处理结果,继续坚持过高要求并反复越级上访的;久拖不决的老案、难案和缠访案件;信访人反映在执行政策、法规过程中侵害其合法权益,需要通过听证予以确认和纠正的;情况复杂,处理有争议,出现越级上访苗头的。

其次,明确受理听证的机构。可成立专门的信访听证受理机构,如信访听证委员会。听证委员会的主要职责是:受理信访人要求听证的书面申请;决定是否对重大信访事项举行听证;设定听证方案;组织听证实施;监督听证程序;对下级错误的听证结论进行纠正;监督各方对听证结论的执行。

再次,完善听证会的人员构成。听证会主持人应由非本案的调查人员担任。听证参加人主要包括三方面:一是上访人及其亲属或其委托的代理人;二是案件承办人,法院其他工作人员参与旁听;三是人大代表、政协委员、纪检委、政法委、中级人民法院、信访办等部门和新闻单位的有关人员,还可邀请具有较高知名度的法学专家(律师、教授)参加,以保证听证具有的公开性、广泛性和代表性,确保听证认定的权威性。听证会上应指定专人制作听证会笔录,有条件的地区还可安排现场摄像和录音,以保留有价值的影音资料。

最后,完善信访听证会的基本程序。在听证程序的安排上,注意保护信访人陈述、申辩、举证的权利,信访事项当事人和信访事项承办人处于平等地位,都可以陈述事实、提供证据。听证会先由信访人或其委托代理人陈述问题及要求,原承办人公开处理过程及结果,信访事项承办单位给予答复,双方均可出示有关证据及相关政策和法律依据,进行相互质询;再由各界代表依据有关

法律、法规和政策对案件进行评议,还可邀请法学专家进行居中点评,甄别认定上访性质,有效保护当事人的合法权益;经各方合议形成听证认定结论后,以书面形式当场告知上访人及承办单位。此外,必须明确规定听证结论将作为终结处理该信访问题的唯一依据。信访人没有提出新的事实、证据和理由再次信访的,信访部门将不再受理。

4. 完善信访终结制度

当事人的上访行为不可能因为法律的规定或一纸终结决定而自然地停止下来,因此,信访终结的直接对象只能是党政国家机关的信访处理行为,其目的正是为了使当事人的上访行为失去意义,从而最终使当事人的上访行为也停息下来。终结之后上访人仍然来信来访的,原承办机关不再受理并做其他的实体处理。

完善信访终结制度主要可从以下几点入手:第一,要明确界定上访终结的范围,上访终结主要是投诉请求类的上访事项。第二,要明确上访终结的目的。上访事项终结的基础是"事要解决"。第三,要严格上访事项依法终结的程序,突出申报终结单位的工作责任,避免借口终结而推卸责任。第四,强调上访案件终结的后续管理。

对于已经终结的上访事项,上访人无权要求有关机关再做其他的处理,终结决定确定的化解方案为最终方案,最终处理方案不因上访人不接受而再做改动;原承办单位上访案件经过一定的办理和复查程序后,案件虽未化解但符合规定的条件时,可经有关机关审批后结案;终结之后上访人仍然来信来访的,原承办机关不再受理并做其他的实体处理;对有关上级机关而言经过终结的上访案件今后不再交办。已终结的信访事项当事人仍坚持无理上访的,应纳入日常治理。

5. 完善信访责任追究制度

(1)完善信访处理人责任追究制度。该制度最主要的是改革完善信访工作考核标准。当前,信访工作考核评价的方式主要包括:信访总量排位考评;信访总量一票否决考评;重大信访事项一票否决考评;重点管理考评制度;总结通报式考评;信访工作结构式考评。这些考评方式的基本评价取向是一致的,即:重视信访总量,重视短期效果,侧重对上级负责。当前,完善信访工作考核评价标准重点包括:看群众正当的上访权利是否得到保障;看民意、民情、民智是否能够顺畅上达;看群众的正当要求、应该解决而又能解决的实际困难是否得到解决;看信访活动是否依法有序进行,有无违规行为等。

（2）完善信访人责任追究制度。信访人在行使信访权时，也必须遵从信访权行使的正当性，必须按照一定的程序，以一定的方式，在一定范围内行使。当前，对非正常上访、扰乱信访秩序的人员缺乏惩处机制，应当在保障信访人合法权益的前提下，对于批评教育无效、无理取闹并对社会造成严重危害的，要理直气壮地依法予以处置，构成犯罪的，要依法追究刑事责任。

6. 加强基层信访队伍建设

一种纠纷解决机制的权威性与有效性与其队伍的素质密不可分，在法治进化发展过程中，司法人员的职业水平和能力受到了高度关注，然而案件数量远超司法的基层上访，基层上访治理工作已成为社会基础性工作，但在实践中信访工作队伍建设的重视度和其重要地位极不相称，基层信访工作队伍建设滞后。

因此，首先有必要对专职从事信访工作的国家公职人员实行严格的资格准入制度，特别是要熟知国家的法律和政策，以便能给上访者准确的咨询答疑，同时还应具备相应的工作经历和实践经历，具备相应的社会阅历和威望。其次，亟须重视各种专业人才的引进，比如心理专业的人才。一方面上访者中许多仅仅是因为争一口"气"或出口"气"或者讨个"说法"，针对这类上访者如果有心理学专业的工作人与对其及时进行心理疏导，理顺其心中之"气"则能达到事半功倍的效果。另一方面，基层信访工作人员夹在"上面"和上访群众的中间，两头"受气"，在双重压力下身心俱疲，也需要及时的心理疏导。最后，重视对基层信访工作队伍的培训工作，纠正当前重用轻培养的现状。定期对基层信访工作队伍进行业务上思想上的培训，增强业务素质和思想政治素质。

7. 完善信访救助制度

在基层信访工作实践中，群众上访主要目的是为了寻求权利救济，许多涉法涉诉的信访案件和一些信访难案积案关键在责任人不能对上访者作出必要的经济赔偿，上访者的权利不能得到有效的维护，甚至于最基本的生存需要也得不到满足。信访救助金制度主要是针对信访难案积案而设立的救助专项资金。这就要求各级党政机关应坚持以人为本，一定程度上解决信访者的实际问题。

应该坚持"依法行政，有情操作"，并将其贯穿于信访工作的整个过程，以解决群众的实际困难。当前，信访问题中存在大量"法度之外、情理之中"的问题。这类问题主要包括：一是群众诉求符合情理但没有政策依据；二是历史遗留问题需要解决但责任单位不明；三是涉诉问题中被执行人没有执行能力，加剧了信访人家庭的经济困难而上访;四是不符合国家赔偿条件,但信访人确实有生活困难而上访。真正解决这类问题,光靠工作人员加强法制宣传和思想教育工作往往难以奏效,必须在上述工作基础上辅以一定的经济救助,解决信访人的实际困难。因此,建立信访专项救助金制度,对困难群众进行适当的救助,是维护群众基本权利最直接有效的途径。信访救助金应由各级财政负责,由信访部门或相关行政部门负责使用,坚持集体讨论、专款专用原则,坚持信访救助与民政扶贫相结合,因人因地采取措施,切实改变当事人的经济状况,使其真正息诉罢访。

(三)基层上访治理机制法治化路径下的配套制度完善

1. 完善公民利益表达的基本渠道

公民利益的表达不仅仅是一般意义上的把民意传输出来,而主要是"指向权力的流动"。我国公民利益表达的渠道包括:人民代表大会制度、信访制度、工青妇等社会组织等。人民议会的作用就是表明各种需要,成为反映人民要求的机关和有关大小公共事务的所有意见进行争论的场所。然而,由于历史与现实的原因,人民代表大会制度没有很好地发挥作用。主要表现在人大的实际地位与法律应当地位、人大实际行使的权力与宪法赋予的权力之间存在差距。因此,要预防信访事项的发生,减轻信访制度的压力,就要完善人民代表大会制度,充分发挥人民代表联系群众、表达民意的作用。

当前,我国在发挥人大代表的桥梁纽带作用,畅通代表与各级人大常委会和选民之间的联系渠道还有许多问题值得研究,一是人大常委会不注意听取代表的意见。二是有的人大代表代表意识不强,三是人民代表对民意的跟踪、反映缺乏即时性和连续性。四是人大代表的整体组成结构不尽合理。五是代表与选民和选举单位的联系缺乏法律的具体规定和制度的制约。

2. 确立司法救济的核心地位以更好地实现司法分流

信访只是包括在行政诉讼、行政复议等行政救济手段之中的一种,而国家的司法救济才是公民权利救济最为主要的形式,占据核心地位。在现代民主社会,法律在社会上应该是具有最高的权威地位而且是神圣不可侵犯的,这是建设法治社会的根本前提。进一步健全司法制度,保障国家审判机关和检察机关依法独立行使审判权和检察权,是保障法律正确实施,建设社会主义法制国家的重要的和必要的条件。而促进司法公正并树立司法最终的裁判权威也是走出当前信访困境的重要因素。

当前,我国的司法工作仍存在着许多问题,这就要求必须全方位地推进司法改革。一是还原司法机关宪定的独立地位,这是树立司法权威的前提。二是司法制度本身的改革。(1)完善法的可诉性,保障群众的诉权。扩大行政诉讼和行政复议的受案范围,加强相关制度之间的协调和衔接。(2)降低诉讼的成本,适当简化诉讼程序。这就要求我们在诉讼中提高效率,对案件进行繁简分流,在保障案件审判质量的前提条件之下,适当扩大简易程序的审理范围,为简易程序的适用创造诸种便利条件。

3. 发展信访法律服务机构

在人大和司法信访机构内设立公共法律援助机构,将信访和法律援助有机结合起来,聘请和动员有社会责任感、具备律师资格的人担任公益律师,为涉诉上访者提供法律服务。公益律师接到群众上访材料后,为群众提供免费的法律咨询服务,并根据上访材料所反映问题的性质和类型,免费为群众代写民事、行政或刑事"诉讼状"或"行政复议申请书",指导群众按照法律途径解决问题。除了律师直接参与接待上访人外,还可以设置法律咨询室、聘请律师参与疑难信访案件调处等方式,加强律师参与信访工作的力度。实践表明,律师和其他法律工作者参与信访可以为处于弱势地位的上访者提供法律服务,提供知识和道义上的支持,可以有效提升公民信访的质量和公民的法治意识。"依法上访"的应有之义,不只是强调上访公民要自觉遵守有关法规规章,也强调政府有义务为上访者提供有效的法律帮助和法律支持。不少涉诉案件的发生,正是因为当事人没有得到及时的法律援助,从而迫使他们铤而走险,走上"上访"之路①。此外,积极探索已有萌芽的社会组织参与信访代理的制度。明确信访代理机构为非政府组织或群众自治组织,鼓励和扶持各类非政府背景的社会组织逐渐介入信访代理领域,让它们承担原本就不需要政府过多介入的社会领域中的社会责任,如社会义务工作者对各类信访人群的义务心理疏导、法律援助、政策咨询和社会关怀等,以期形成现代法治社会所需要的公民社会基础。

4. 完善基层干部选拔和考评制度

当前部分领导干部之所以漠视群众诉求,使信访事项解决率偏低,在很大程度上是由于领导干部"对上负责,对下敷衍塞责"造成的,而领导干部会这样做,是由于干部选拔、考核评价制度不完善造成的。干部选拔、考核评价中基

---

① 石茂生:《中国律师法学》,郑州大学出版社 2009 年版,第 156 页。

本排除了群众的意志和民主权利,掌握干部命运的是少数人,而群众对干部的升降去留却无可奈何,这就必然导致干部重视对掌握自己命运的上级领导负责,忽视对奈何不得他们的群众负责,甚至只对上负责而不对下负责。在干部选拔上坚决贯彻和落实社会主义民主制度,使地方官员的政治生命取决于他所在的行政区域的民意,公民用选票对官员任免构成制约并对公共事务的决定表态。在考核干部政绩时,加大民生指标的分值设置,让干部更加注重与群众切身利益息息相关的社会建设,真正做到"群众最关心什么,干部就该考虑什么"。重点落实"群众公认",研究怎样在干部考核评价的考核内容、程序以及结果的监督中都要体现民意。细化"群众公认"的衡量标准,把社会建设的成效、群众生活质量的改善程度等内容真正纳入体系之中。

5. 建立和完善代表多元化利益群体的非政府组织,以承接部分政府的纠纷解决功能,缓解政府的信访压力

在单位社会逐渐走向解体,社会原子化趋势越来越明显的当下中国,单纯依靠政府的力量来治理社会显然不能适应现实的需要,因而,当下的中国需要发育良好的社会组织系统,需要促进公民权利的落实,非政府组织的发展以增强社会的自组织能力。一个正常的社会需要这样的自组织能力,更需要这样的载体,这个载体在计划经济条件下,实现这个功能的就是全能型的单位。目前中国已经有 2.5 亿非传统单位人,当下的中国需要一定的非政府组织机构来承接政府的一些服务功能。[①] 因为在各类纠纷尤其是群体性纠纷的化解过程中,政府固然具有主导性的优势,如庞大的组织架构,坚实的财力和强制性的管理机制等。但政府的力量不可能在任何情况下都是大包大揽,尤其是在一些突发群体性纠纷中,政府严格的层级体系可能阻滞危机信息的传播,急剧变化的社会环境往往会导致政府权力"失灵"的加剧。单靠政府难以满足及时、有效地应对危机处理的要求,而在这种情况下非政府组织的作用将最大限度地彰显出来。这源于非政府组织具有高度的社会渗透能力、良好的专业能力、灵活的反应机制,可以和政府在功能上形成优势互补,从而在应对维稳事件时发挥重要的作用。非政府组织在维稳事件的潜伏期、发展期、爆发期以及恢复期中可以不同的方式参与,有效地发挥着相应的作用。在维稳事件潜伏期,由于其是与公众在时空上距离最小的社会治理组织,又由于非政府组织具

---

① 宋悦华、谢敬宇:《非政府组织在危机管理中的作用探析》,载《实事求是》2010 年第 5 期。

有民间性及专业化的优势,因而其可上接政府、下联基层群众,在维稳事件潜伏阶段可以大量地收集信息,能更好地保证消息的全面、客观性,在分析的基础上及时有效地向政府及社会提供预警,呼吁并引起整个社会的注意和重视。在维稳事件发展期及爆发期,非政府组织可协助各级政府开展面向公民和社会的宣传和防治工作,组织志愿人员,开展志愿服务活动。同时,非政府组织还可以协助并监督各级政府贯彻执行有关维稳事件管理的法律法规、方针政策。在维稳事件结束后,非政府组织主要帮助进行善后处理,包括充分收集和整合各种信息,全面分析维稳事件产生的原因,掌握此类事件的一定规律性,以采取有效的预防措施,避免类似维稳事件的再次发生并向政府提供相关对策建议等。

以目前一些农民工非政府组织在纠纷解决过程中的作用为例,[1]首先,为农民工利益的表达提供了组织归属。我国农民工群体庞大,"农民工二代"在规则意识上比第一代强很多,其权利遭到侵犯时,不像第一代农民工那样首先选择的是忍。他们常常寻求救济途径,如果大量的农民工利益表达游离于传统组织体系之外,就很有可能对社会稳定形成冲击,而农民工非政府组织的出现有利于避免纠纷解决过程中的盲目性、冲动性和无序性。其次,非政府组织能够提供各种便捷和低成本的服务。尽管农民工也可以向官方申请诸如法律援助等,但是对收入不高、流动性强的农民工而言,法律援助等制度设置的门槛太高,有条件限制,程序烦琐,而且政府此类机构缺乏积极主动服务的动力。而农民工非政府组织具有主动性和灵活性。最后,提高农民的利益表达意识,将纠纷的解决引向和平化方向。农民工非政府组织通过对农民工进行各种法律知识的培训,不断提高其权利意识的同时,更多的是帮助农民掌握纠纷解决的程序知识,引导农民理性地解决纠纷,这在遏制纠纷解决暴力化倾向上具有非常重要的意义。

毋庸讳言,我国政府对劳工团结的议题一直敏感,[2]组织化意味着力量的集合,所以"最高层的精英们更严格地控制了有组织的表达,但并没有禁止它。他们的态度是,在原则上支持有组织地表达群众的要求,然后被认为是错误的

---

[1]　李尚旗:《农民工非政府组织的生存困境及其建设路径——以利益表达为视角》,载《北京工业大学学报》2010年第4期。

[2]　黄岩:《农民工赋权与跨国网络的支持——珠江三角洲地区农民工组织调查》,载《调研世界》2008年第5期。

或对抗的要求采取纠正措施。他们直言不讳地敌视那些看起来是作为利益综合者来竞争权威合法性的群众组织。^① 非政府组织对社会问题的过多关注往往会牵动政府的神经,农民工非政府组织进行活动时也无法避免与政府这一社会最高公共权威打交道或受到政府政策影响。农民工非政府组织活动常常会牵涉政府利益而为政府所疑虑,出于地方利益或社会稳定的考虑,政府都倾向于持保守的态度,实质性的支持仍然相当少。但面对当前社会严峻的原子化动向,从良好社会秩序的维护角度来看,支持这类非政府组织有着更多的积极意义,我们赞同于建嵘教授的观点,那就是在一个民众无法有效组织共同表达、共同争取利益的社会,弱者不仅仅是我们日常生活中所说的经济上的贫困者,也不仅仅是社会的边缘化群体,而是一个相对的概念。面对失范的权力,每一个个体都是弱者,面对社会规则不确定的后果,每个弱者心中都充满恐惧。为了克服这种恐惧,让自己的未来更具有确定性,有些人会更加追求权力和财富,力争成为规则的制定者,而做不到这点的则会用其他方法来排解自己的焦虑。在这个过程中,无法克服恐惧的绝望者则会成为潜在的郑民生,受不可知的因素的刺激成为社会的破坏者。对待恐惧的这两种方式又会造成强者掠夺弱者,弱者反抗强者,两种形成恶性循环。这也会加深强势阶层与弱势阶层的互相恐惧与互相防范,带来社会的进一步分裂,在解决纠纷的场景中,彼此的防范与交涉能力的巨大差距常常难以公正、和平地解决纠纷。如果有直接代表弱势群体的具体组织,这种分裂就能够得到最大限度的遏制。

6. 完善中央与地方的财政分配体系,促进地方政府与民争利局面的根本转变,从源头上遏制部分信访案件的形成

在我国信访纠纷中,有很大比例的问题与土地有关,这与当前各地的土地财政紧密相关。课题组在几个省的调研过程中,很多地方表示本地的财政状况目前还不错,当我们进一步询问其主要有什么产业时,一种情形是直接说就是房地产,而另一些情形是予以回避了,从我们对当地情况的感受来看,实际上应该就是依靠卖土地。由土地财政而引发的上访问题在我们的调研范围内普遍存在,这或许表明并非某个地方政府的个别官员的腐败,通过研究发现,这实际上与我国目前的财政体制紧密关联。具体而言,就是与 1994 年我国开

---

① 詹姆斯·R.汤森、布兰特利·马克:《中国政治》,顾速、董方译,江苏人民出版社1994年版,第236页。

始实施的分税制直接相关。[①] 在1994年分税制中,直接与此相关的是两大问题:首先是"事权"与"财权"的协调问题。在中央加大调控的同时,地方财政自给能力则由1993年的1.02,演变为1994年的0.57,2006年的0.61。对地方而言,目前靠中央转移支付"过日子"、"办事业"的依赖越来越突出,政府级次越低,依赖程度越高,到了县乡基本就是较高层次政府的"出纳",以"委托—代理"关系,从属于上级政府的"附属物"。分税制的实施几乎是在事权未作调整的前提下进行的,事权与财权、财力匹配极不合理,出现了"小马拉大车"的问题。更低一级政府"丧失"了财力基础之后,必然处于无财行政的"不作为"状态,在政绩考核制度的压力下,只能降低公共产品和服务的有效供给。低水平、低标准和不充足的公共产品供给也必然会带来民众的不满,引发纠纷的不断增多,下级政府部门无力从根本上解决矛盾,一些当事人就会上访,上访不断或许正是对财力短缺的直接"惩罚"。所以,建议尽快以法律形式,按照公共产品需求层次理论,科学划分政府间的事权范围,明确界定政府间支出责任。其次是"存量"与"增量"的关系。为确保分税制的顺利实施,1994年选择了一条保地方既得利益的增量改革之路,即"基数+增长"的模式。这种渐进式改革,作为过渡性举措,在到达临界点之后必然丧失了帕累托改进的余地,不可能在不损害某一部分利益的前提下,增进其他部分或整体的利益。就"基数"而言,下一级政府上一年度财政收入"基数"成为"硬杠子",必须千方百计完成,否则就要扣减体制性财力,影响"既得"利益。税制改革初期,由于下一级政府存有一定数量的"家底","基数"问题尚处"隐性"。但随着时间推移,"基数"也在滚"雪球",一年比一年大,随之"显性"化。一般而言,更下一级政府完成上年"基数",一个渠道是依靠发展经济,另一个渠道就是弄虚作假。近些年来,随着公共财政理念的提出,财政支出逐年攀升。对地方而言,确保稳定、改革与发展的支出压力更大。地方政府特别是基层政府和欠发达地区,基本上陷入了"基数+增长"的体制"陷阱",一方面不择手段地为完成收入"基数"而战,另一方面为满足不断扩大的支出需要而拼命"增长",从中分享微不足道的增量财力。但经济增长"有限性"与财政收入增长需求"无限性"之间就存在着矛盾,就使得地方政府必须不遗余力地发展经济,目前尚存的比较优势只有不惜提供价格低廉的土地、过度开采资源、牺牲生态环境、让渡税收——步入了

---

① 此部分关于分税制的有关分析参见王振宇:《理顺财税改革十大关系》,载《瞭望》新闻周刊2009年11月16日。

一种无奈的"次优"选择。由于这一运行机制的普遍存在,也就难以从根本上遏制地方政府发展经济"冲动"问题。

一方面责任下沉,一方面却又损下益上,自然就难以避免地方千方百计的另辟财源。以前的农民负担、乱摊派是开辟财源,现在的征地卖地是扩大财源,那些与此有关的纠纷由于触及政府的"政绩工程",因而也难以获得包括地方法院公正的处理,地方政府采取各种措施拼命地打压对此类问题的上访,目的就是为了护住财源。如果不从根本上解决这一问题,此类问题的上访是难以得到妥当的处理的,由此可知,财源问题是阻碍众多上访问题妥当解决的根源。

参考文献

(一)著作类

1. 亚里士多德:《政治学》,吴寿彭译,商务印书馆 1998 年版。

2. 王学军主编:《中国当代信访工作制度》,人民出版社 2012 年版。

3. 卓泽渊:《法治国家论》,中国方正出版社 2001 年版。

4. [英]阿克顿:《自由与权力》,侯健、范亚峰译,商务印书馆,2001 年版。

5. 蔡定剑:《国家监督制度》,中国法制出版社 1991 年版。

6. 李汉林:《中国单位社会——议论、思考与研究》,上海人民出版社 2004 年版。

7. 应星:《大河移民上访的故事》,三联书店 2001 年版。

8. 金国华、汤啸天主编:《信访制度改革研究》,法律出版社 2007 年版。

9. 国家信访局:《信访学概论》,华夏出版社 1991 年版。

10. 曾业松主编:《关键时期,关键问题》,新华出版社 2007 年版。

11. 郑杭生:《中国社会结构变化趋势研究》,中国人民大学出版社 2004 年版。

12. 石茂生:《中国律师法学》,郑州大学出版社 2009 年版。

13. 詹姆斯·R.汤森、布兰特利·马克:《中国政治》,顾速、董方译,江苏人民出版社 1994 年版。

(二)论文类

1. 应星:《作为特殊行政救济的信访救济》,载《法学研究》2004 年第 3 期。

2. 于建嵘:《中国信访制度批判》,载《中国改革》2005 年第 2 期。

3. 陈柏峰:《缠讼、信访与新中国法律传统》,载《中外法学》2004 年第 2 期。

4. 陈广胜:《将信访纳入法治的轨道——转型期信访制度改革的路径选择》,载《浙江社会科学》2005 年第 4 期。

5. 欧阳静:《"做作业"与事件性治理:乡镇的"综合治理"逻辑》,载《华中科技大学学报》(社会科学版)2010 年第 6 期。

6. 麻宝斌、马振清:《新时期中国社会的群体性政治参与》,载《政治学研究》2005 年第 2 期。

7. 王永前、黄海燕:《国家信访局局长:80% 上访有道理》,载《半月谈》2003 年第 22 期。

8. 周永坤:《信访潮与中国纠纷解决机制的路径选择》,载《暨南学报》(哲学社会科学版)2006 年第 1 期。

9. 李俊:《我国信访制度的成本收益分析》,载《南京社会科学》2005 年第 5 期。

10. 童之伟:《信访体制在中国宪法框架中的合理定位》,载《现代法学》2011 年第 1 期。

11. 刘卫红:《法治视野下信访制度的完善》,载《河北法学》2010 年第 10 期。

12. 刘炳君:《涉法涉诉信访工作的法治化研究》,载《法学论坛》2011 年第 1 期。

13. 刘旭:《信访法治化进路研究》,载《政治与法律》2013 年第 3 期。

14. 孙涉:《论信访制度与法治趋向》,载《学海》2007 年第 5 期。

15. 姬亚平:《我国信访制度的法治走向》,载《法学杂志》2012 年第 12 期。

16. 高小勇:《信访法治化的困境与出路》,载《山西省政法管理干部学院学报》2008 年第 4 期。

17. 朱恒顺、张瑞祯:《中国语境下的信访法治化》,载《山东科技大学学报》2009 年第 6 期。

18. 王永前:《破解群众信访八大热点》,载《半月谈》2003 年第 21 期。

19. 李俊:《我国信访制度的成本收益分析》,载《经济学研究》2005 年第 5 期。

20. 国家信访局:《改革开放三十年信访工作图集》,载《人民信访》2008 年第 12 期。

21. 丁胜等:《非正常上访问题研究》,载《唯实》2009 年第 2 期。

22. 于建嵘:《保障信访权是一项宪法原则》,载《学习时报》2005 年 1 月 31 日。

23. 王天林:《中国信访救济与司法最终解决的冲突》,载《学术月刊》2010 年第 10 期。

24. 曹韬:《信访与法治离合之辨》,载《中共四川省委省级机关党校学报》2009 年第 2 期。

25. 刘卫红:《法治视野下信访制度的完善》,载《河北法学》2010 年第 10 期。

26. 赵凌:《信访改革引发争议》,载《南方周末》2004 年 11 月 18 日。

27. 杨曙光:《瑞典的议会监察专员制度》,载《中国改革》2006 年 10 期。

28. 林莉红:《申诉专员制度与失当行政行为救济》,载《行政法论丛》第 5 卷,法律出版社 2002 年版。

29. 陈雪莲:《国外公民利益诉求处理机制》,载《行政管理改革》2012 年第 2 期。

30. 郭松民:《信访改革的制度演进》,载《环球》2004 年第 24 期。

31. 柴琳、黄泽勇:《反思信访困境 分解信访功能 建设法治国家》,载《民主与法制》2006 年第 1 期。

32. 王志民:《论信访的法治化》,载《政法学刊》2010 年第 2 期。

33. 吴超:《中国信访制度回顾与思考》,载《创新》2011 年第 5 期。

34. 李长健等:《农民利益保护视角下的我国信访制度法治化研究》,载《石河子大学学报》2009 年第 1 期。

35. 马斌:《探寻信访与法治的可能路径》,载《电子科技大学学报》2006 年第 4 期。

36. 骆东平:《社会结构嬗变中的信访困境与出路探析》,载《三峡大学学报》2012 年第 1 期。

37. 黄钟:《〈中国新闻周刊〉:信访制度是否应该取消?》,搜狐网,2004 年 12 月 13 日。

38. 李新华:《新阶段中国信访制度创新的问题与改革取向》,载《燕南评论》2004 年 12 月 5 日。

39. 张耀杰:《〈信访条例〉可以休矣》,中国选举与治理网,http://www.chinaelections.org/。

40. 周梅燕：《中国信访工作和信访制度陷入困境》，新华网，2004 年 6 月 30 日。

汪苏：《财政部驳斥中国维稳经费超 7000 亿报道》，财新网，http://china. caixin.com/2012-03-07/100365045.html，最后访问日期：2013 年 8 月 20 日。

41. 张有义：《信访局网上投诉放开有待厘清与司法界限》，第一财经日报，2013 年 7 月 1 日；也可参见 http://www. p5w. net/news/gncj/201307/t20130701_208251.htm，最后访问日期：2013 年 7 月 22 日。

42. 胡新桥：《湖北孝感法官穿工作服到省高院举牌上访》，载《法治周末》2010 年 6 月 30 日；也可参见凤凰网，http://news. ifeng. com/photo/society/detail_2010_06/30/1693658_1. shtml，最后访问日期：2013 年 7 月 22 日。

43. 胡星斗、任华：《就废除信访制度致全国人大、国务院的建议书》，中国选举与治理网，2006 年 3 月 8 日。

44. 张修成：《1978 年以来中国信访工作研究》，中共中央党校 2007 年博士论文。

45. 田先红：《息访之道》，华中科技大学 2010 年博士论文。

46. 杨燕伟：《信访制度的法学透视》，中国政法大学 2004 年硕士论文。

47. 李尚旗：《农民工非政府组织的生存困境及其建设路径——以利益表达为视角》，载《北京工业大学学报》2010 年第 4 期。

48. 黄岩：《农民工赋权与跨国网络的支持——珠江三角洲地区农民工组织调查》，载《调研世界》2008 年第 5 期。

49. 宋悦华、谢敬宇：《非政府组织在危机管理中的作用探析》，载《实事求是》2010 年第 5 期。

50. 田毅鹏、吕方：《单位社会的终结及其社会风险》，载《吉林大学社会科学学报》2009 年第 6 期。

(三)报告类

1. 2004 年最高人民法院工作报告。
2. 2004 年最高人民检察院工作报告。
3. 2011 最高人民法院工作报告。
4. 2012 最高人民法院工作报告。
5. 2013 年最高人民法院工作报告。
6. 2013 年最高人民检察院工作报告。

第五章
社区网格员参与社会管理的法律思考

目前在我国,社区网格员参与社会管理成为一项十分引人注目的社会管理创新举措,这为我们观察社会管理创新提供了一个新的视角,网格员与政府的关系如何,法律地位如何,其所透视出的政府职能转移问题该如何受到法律规制? 本文对上述问题进行了探讨,以期推动我国社会管理创新的进一步发展。

一、社区网格员产生的社会背景

伴随着我国经济社会持续迅猛发展,社会领域也发生着深刻的变革,新的社会问题和社会事务不断涌现,社会秩序和社会整合面临着空前挑战。在这种情形下,我国政府提出了社会管理和社会管理创新等政策目标,以实现国家稳定和人民安乐。2004 年 6 月,党的十六届四中全会提出要"加强社会建设和管理,推进社会管理体制创新",2007 年党的十七大报告提出要"建立健全党委领导、政府负责、社会协同、公众参与的社会管理格局"。2011 年 7 月,国务院出台社会管理创新的第一份正式文件《中共中央国务院关于加强社会创新管理的意见》。2012 年 11 月召开的党的第十八次代表大会也特别指出,要围绕构建中国特色社会主义社会管理体系,加快形成党委领导、政府负责、社会协同、公众参与、法治保障的社会管理体制。在社会管理创新成为新时期党中央、国务院的一项重大战略任务的社会背景下,许多地方政府开始社会管理创新的探索实践,其中就包括城市网格化管理,即将城区行政性地划分为一个个的"网格",使这些网格成为政府管理基层社会的单元,网格员则是在社区的网格化管理组织中承担具体管理与服务职能的工作人员。以湖北省宜昌市为例,其是湖北省唯一进入第一批 35 个全国社会管理创新综合试点城市之一,自 2010 年 12 月底,宜昌在全市范围内开展社会服务管理创新综合试点,将城区的 112 个社区划分成 1110 个网格,每个网格涵盖 200 至 300 户居民,安排 1 名专职网格员负责管理,以此构建一个以人为本、网格化管理、信息化支撑、全程化服务的社会管理新体系。

二、社区网格员的聘用、职责与管理

从综合管理试点城市来看,网格员由政府出台相关政策、面向社会实施招聘,聘用时与街道办事处或社区网格管理监管部门签订劳动合同。合同期一般为 1 年,最长可为 3 年。网格员签约后由录用单位按相应规定为网格员办理养老、失业、医疗、工伤、生育保险,网格员依法享有各项社会保险和福利待遇。网格员履行的职责最初被定为化解基层矛盾,解决纠纷,但随着社会管理创新工作的需要,其已被定义为联系群众、掌握民情、建立档案、解决矛盾、提供服务的社会管理工作者,所承担职责范围得到扩大。具体涉及六大类:1. 采集网格区域内群众基本信息。掌握、上报、核查、更新网络中人口变动、房屋出租、劳动就业、社会保障、计划生育、城市管理等方面的基本信息。2. 综合治理。进行各类隐患的信息通报、调解处理和稳控等前期工作、协助公安派出所执行流动人口居住证管理制度、落实流动人口、出租房等方面的服务管理措施。3. 劳动保障。进行劳动就业保障法规、政策的宣传,落实退休人员社会化管理服务工作要求,协助开展社会保险服务工作。4. 民政服务。协助做好社会化养老服务管理工作、协助开展社会保险服务工作。5. 计划生育。负责入户宣传,协助计生干部发放计生药具,组织居民参加有关活动。6. 城市管理。协助城管部门及时化解因城市管理工作引发的各类矛盾。网格员的管理机构有些城市是街道办事处,有些城市是政法部门下设的各级网格管理监管机构。

三、社区网格员的法律地位

(一)社区网格员的角色定位

1. 政府雇员?

有学者提出社区网格员为典型的政府雇员。那何为政府雇员呢?政府雇员这一形式来源于国外,在德国、英国、澳大利亚等国家广泛实行,是指政府从社会上直接雇用的法律、金融、经贸、信息、高新技术等方面急需的专门人才，以及打字、驾驶、维修、勤务等熟练型、普通技能型的低端工作人员。他们一般不占用行政编制，不直接行使行政权力，按照雇用合同的约定享有权利、履行义务，在一段时间内服务于政府某项工作或某一政府工作部门，他们与实行常任制的公务员共同完成行政机关所承担的行政管理职能和事务。实施雇员制的初衷在于克服传统公务员体制的弊端，促进政府人力资源的合理利用和实现有效的激励。

我国政府雇员制的推行始于 21 世纪初，2002 年 6 月吉林首先出台了《吉林省人民政府雇员管理试行办法》，该办法将政府雇员定义为"政府根据全局性工作的特殊需要，从社会上雇用的为政府工作的法律、金融、经贸、信息、高新技术等方面的专门人才，他们不具有行政职能，不行使行政权力，不占用政府行政编制，服务于政府某项工作或某一政府工作部门"。随后，深圳市也出台了《深圳市机关事业单位雇员管理试行办法》，该办法适用于"本市机关、事业单位在核定编制和员额内，以合同形式雇用的人员"。之后，全国很多地方，如上海、武汉、无锡、长沙、珠海、青岛、深圳、北京等地也纷纷开始尝试政府雇员制。伴随雇员制的采用，雇员身份成为必须明确的问题，很多人认为雇员与政府只是短期合作关系，不同于正式公务员，不具有公务员的政治地位，实践中，地方政府也规定雇员不能够享有行政编制。这种状况使得政府雇员的工作保障和激励面临很大的问题。

2006 年我国出台《公务员法》，其第十六章就"职位聘任"作出明确规定："机关根据工作需要，经省级以上公务员主管部门批准，可以对专业性较强的职位和辅助性职位实行聘任制。聘任合同期限为一年至五年。"这一规定通过公务员聘任制将政府雇员正式化和规范化，并对政府雇员的不足进行了完善，表现为：第一，明确了聘任制公务员也是国家公务员。他们在聘期内同委任制公务员一样实行职级工资制，定期增资，同时，还享受国家规定的保险和福利待遇。第二，聘用制公务员采用公开考试、严格考核的办法；第三，规定聘任制公务员占用行政编制。

以公务员法的上述规定做依据，可见，尽管社区网格员也采用了合同的方式来明确与行政主体的权利义务关系，但网格员并不是所谓的政府雇员，因为：其一，网格员不是公务员，虽然一些地方为其设置了成为公务员的通道，即今后可以通过公务员考试具备公务员的政治地位，但与按照《公务员法》第十六章成为聘用制的公务员还是不相同的。其二，网格员不具有行政编制。

2. 政府购买公共服务中的承接人？

政府购买服务是西方国家践行新公共管理而推行的服务供给模式，是指政府在社会福利的预算中拨出经费，向社会提供各类社会服务的社会组织，直接资助服务或者公开招标购买社会服务，是一种"政府出资、定向购买、契约管理、评估兑现"的政府公共服务供给方式。在我国，随着改革开放进程的加快，人民对公共服务的需求日益增长，由政府包揽一切社会服务的模式面临严峻的挑战，政府为此开始购买社会服务的探索。2010年2月，温家宝总理在省部级主要领导干部专题研讨班上的讲话指出："由政府保障的基本公共服务提供上，应该更多地利用社会资源，建立购买服务的机制。要逐步做到凡适合面向市场购买的基本公共服务，都采取购买服务的方式；不适合或不具备条件购买服务的，再由政府直接提供。要鼓励社会资本投资建立非营利性公益服务机构。"2012年，中央政府首次启动支持社会组织参与公共服务项目。《国家十二五规划纲要》《国家基本公共服务体系十二五规划》也明确指出："改革基本公共服务提供方式，引入竞争机制，扩大购买服务，实现提供主体和提供方式多元化。"2013年9月30日，国务院公布了《关于政府向社会力量购买服务的指导意见》，明确要求在公共服务领域更多利用社会力量，加大购买服务的力度。实践中，政府在扶贫、医疗、教育等领域已经开展购买服务的活动。那么，新出现的社区网格员是否属于政府购买服务的一种形式？本文对此作出如下分析：

第一，社区网格员的职责已经超出公共服务的范畴。所谓公共服务是指提供公共产品和服务，包括加强城乡公共设施建设，发展社会就业、社会保障服务和教育、科技、文化、卫生、体育等公共事业，发布公共信息等，为社会公众生活和参与社会经济、政治、文化活动提供保障和创造条件。按照公共支出的领域来划分，政府公共服务主要包括经济性公共服务和社会性公共服务。经济性公共服务是政府为促进经济发展而直接进行各种经济投资的服务，如投资经营国有企业与公共事业、投资公共基础设施建设、对企业经营活动进行补贴等；社会性公共服务是指政府通过转移支付和财政支持对教育、社会保障、公共医疗卫生、科技补贴、环境保护等社会发展项目提供的公共服务。[①] 从现行网格员的职责来看，其不仅具有公共服务的职责，如协助养老服务、社会保

---

① 社会管理和公共服务改革问题项目组：《社会管理和公共服务：内涵、趋势、问题及对策》，载《中国行政管理》2005年第2期。

险服务工作的开展,此外,网格员还是社会管理人员,负有社会管理的职责,如纠纷调解、法规宣传、城市管理等。这一职责不同于公共服务,是以法律、法规为保障对社会进行调整和约束。

第二,社区网格员是以个人名义签订聘用合同。国务院《关于政府向社会力量购买服务的指导意见》规定:承接政府购买服务的主体包括依法在民政部门登记成立或经国务院批准免予登记的社会组织,以及依法在工商管理或行业主管部门登记成立的企业、机构等社会力量。承接政府购买服务的主体应具有独立承担民事责任的能力,具备提供服务所必需的设施、人员和专业技术的能力,具有健全的内部治理结构、财务会计和资产管理制度,具有良好的社会和商业信誉,具有依法缴纳税收和社会保险的良好记录,并符合登记管理部门依法认定的其他条件。可见政府购买服务的主体必须是具备一定资质的社会组织,政府购买服务时,是与该组织签订合同,而不是与作为个体的私人签订合同。从目前网格员的产生来看,其并不具有这一规范要求。

3. 作为行政延长之手的"行政辅助人"?

所谓行政辅助人意指私人作为行政机关行使公权力时的帮手。实践中,交通管理部门聘用的交通协管员,公安机关聘用的治安员、税务机关聘用的协税员、城管部门聘用的城管员等都属于此种形式。行政辅助人不同于行政权授予私人的被授权人。[①] 后者也是职能转移的一种形式,但被授予权力的人必须以自己的名义独立完成行政任务,行政辅助人则不同,其不能以自己的名义独立行使公权力,而是必须根据行政机关的指挥命令从事活动,作为行政机关的"延长之手"而存在。此外,被授权人在组织上为私法主体,但在功能上是行政主体,因此可以独立承担法律后果。行政辅助人所为的行为则不属于其个人行为,而应视为行政机关行为的延伸,行为的结果归属于所属的行政机关。行政辅助人与公务协助中的私人也不相同。公务协助是指没有法定或约定的义务,在紧急情况下,主动代替或协助国家机关执行公务、维护社会公共利益的行为。比如公民协助警察抓捕违法犯罪分子、协助国家机关抢险救灾、路见抢劫勇擒劫匪等。公务协助也是私人对公务的介入,但不同于行政辅助人。首先,公务协助是在紧急情况下发生的,具有突发性和临时性;行政辅助人则是与行政主体之间基于行政合同而对公务介入,具有稳定性和长期性。其次,公务协助人与行政机关不存在基于合同的组织管理关系,行政辅助人则

---

① 李洪雷:《德国行政法学中行政主体概念的探讨》,载《行政法学研究》2000 年第 3 期。

不然。①

通过以上分析,可以看到目前社区网格员作为社会管理创新中的一种形式,其在角色上不能够被定位为政府雇员,也不是严格意义上的政府购买服务的承接人,而是作为"行政辅助人"存在。

(二)社区网格员与行政机关的法律关系

社区网格员基于行政契约与行政机关产生行政委托关系。

1. 行政契约

行政契约,也称行政合同,是以行政主体为一方当事人的发生、变更或消灭行政法律关系的合意。行政契约的当事人一方原则上是行政主体。虽然在法律有特别规定时,非行政主体之间也可能缔结行政契约,但一般而言行政契约在形式上是发生在行政主体与其他主体之间;行政主体签订的目的是为了行使行政职能,实现特定的国家行政管理目标。此外,行政契约还需双方表示意思一致并签字。网格员与街道办事处或者城市网格管理监管机构签订的合同属于一种行政契约。这是因为:首先,从合同主体看,街道办事处是人民政府的派出机关,是行使行政职能的行政主体,城市网格管理监管机构是政府职能部门下设的工作机构,也是行使行政职能的机构,且通过法定授权具有行政主体资格。其次,从合同目的看,该合同确定的是聘用人提供一定劳务的内容,但这种劳务不同于行政机关聘请的工勤人员所提供的劳务,而是作为行政机关行使公权力时的帮手,协助其办理行政事务。也即合同的目的是执行公务,实现公共利益。最后,从合同双方当事人的地位看,合同双方当事人并不具有完全平等的法律地位,表现在:街道办事处或者城市网格管理监管机构可以根据国家行政管理的需要,单方变更或者解除合同,且网格员对行政机关行政事务的办理是在行政机关的指示、监督下所为,并不能根据自己的意志任意行动。由此可见,网格员与办事处或者网格管理监管机构签订的合同不是一种平等的民事合同,而是行政合同。

2. 行政委托

所谓行政委托,是指行政机关根据需要自主决定将部分行政事务委托给特定的组织或个人,并且不转移行政权力,受委托方仍以受托者的名义执行委托事项。在社区网格员参与社会管理的实践中,社区网各员通过与行政机关

---

① 俞楠:《论行政辅助人》,中国政法大学 2006 年硕士学位论文。

签订合同,使其能够执行信息采集、综合管理、计划生育、城市管理、劳动保障等方面的行政事务,且执行时,社区网格员不具有独立的意志,仍要以行政机关的名义进行。因此,社区网格员与办事处或者网格管理监管机构签订之间产生的是行政委托关系。

四、从社区网格员参与社会管理看政府职能转移的法律规制

政府职能转移的方式一是行政授权,二是行政委托。两者区别在于前者发生行政权力的转移,后者不转移行政权力,只是通过委托,将特定的公共事务委托给其他主体。由此可见,网格员参与社会管理是社会管理创新背景下政府通过委托转移职能的一种新的形式,是实现政府由管理型政府向服务型政府转变的重要途径。但在法治型社会管理模式下,政府职能转移必须受到法律的规制,否则不仅达不到预期目的,甚至带来消极后果。

(一)政府职能转移的依据

在网格员参与社会管理的实践中,网格员接受委托采集网格区域内群众基本信息,这些基本信息在一些地方多达几十项,包括家庭成员、工作单位、健康状况、甚至车牌号码等,网格员在信息采集中受到的质疑最多,人们经常会问:网格员有权利收集我的信息吗? 这就涉及职能转移的依据问题。

目前在行政法上,行政授权必须具有严格的法律依据,但对于行政委托是否必须有法律依据则认识不一。有学者认为,行政机关进行委托应当有明确的法律、法规或者规章的规定。其依据是《行政处罚法》第 18 条的规定:"行政机关依照法律、法规或者规章的规定可以在其法定权限内委托符合本法第十九条规定条件的组织实施行政处罚。"[1]也有学者认为,最高人民法院在 2000年发布的《关于执行〈中华人民共和国行政诉讼法〉若干问题的解释》第 21 条规定:"行政机关在没有法律、法规或者规章规定的情况下,授权其内设机构、派出机构或者其他组织行使行政职权的,应当视为委托。"因此,从这条解释看,一般的行政委托并不需要有明确的法律、法规或者规章的依据。[2]还有些学者的观点更加辩证,如罗豪才所说:"行政委托也必须依法进行,不过,这里

---

① 周公法:《论行政委托》,载《行政法学研究》1998 年第 3 期。

② 申屠清儿:《行政委托遭遇困境》,载《浙江人大》2007 年第 12 期。

的依法不如行政授权那样严格,即在某些行政事项范围内,应当有法律关于委托的明确规定,如税收、行政许可等,在另外一些行政事项范围内,只要不违背法律精神和法律目的,即可以实施委托,如物价、卫生、治安方面的监督、检查行为。"①行政权力的委托应受到法治的约束,原则上应具有明确的法律依据,但正因为委托行为往往是为了应对社会不断发展的需求而产生的,为保障行政委托具有的灵活性,应允许委托在法律依据上存在一定例外,这种例外除了非直接处分相对人权利义务的事项以外,还应包括非重大干涉人民基本权利之事项及非重大影响国家社会之安全的事项。需要特别指出的是,对例外事项的委托,即使没有明确的法律依据,仍然要受到法定程序的限制。如按照西班牙《公共行政机关及公共的行政程序法》的规定,在法律没有规定的情况下,西班牙允许委托双方通过明确的协议进行委托,但这种协议委托的前提是在法律允许委托的范围内,以法律允许的方式进行,如必须将协议在官方公报上进行公示。

我国目前对行政委托还没有统一的法律加以规范,对委托的范围及必须有法律依据的委托事项都没有明确规定,这成为实践中委托乱象的一个根源。就网格员行使收集群众基本信息的职责而言,该职责是重大干涉人民基本权利——隐私权之事项,应属于必须有法律依据的委托,否则,公民具有抵抗权。这里作为依据的所谓"法律",在形式上与行政授权一致,表现为宪法、法律、法规和规章,现实中大量存在的一般规范性文件,由于不能进行行政职权的配置,因此也不能作为委托的依据。

(二)政府职能转移的范围

德国对"行政授权"和"行政委托"都有严格限制,且表现为宪法的限制。其主要内容可以总结为:第一,"行政授权"必须有法律依据,且法律的授权本身必须有合理理由;第二,"行政委托"原则上应限定于非公权力事项,除非有紧急情况。且将公权力行使委任给私人只能限定在"暂时性"和"例外性"的情形之下。在日本,行政委托的部分被严格限定于"附属性、辅助性"的行政事务。德、日对"将公权力行使委任给私人"进行宪法上的限制,是基于"国家垄断公权力原则"的约束,其正当性源自其民主正统性——通过代议民主制和国家机构组织法特别是行政组织法等一系列法律制度,公权力的行使者接受民

---

① 罗豪才:《行政法学》,北京大学出版社 2001 年版,第 53 页。

主统治,并在最终意义上向人民负责,"主权在民"原理由此也得到体现。换言之,行使公权力的组织原则上应当受民主统治,而在制度上受民主统治的组织是行政机关,而非行政机关组织。①

在我国,对行政授权的范围一般有明确的法律规定,但对行政委托,目前没有专门的法律规定,通过委托进行的职能转移大部分取决于行政机关自身的需要。如何既适应主体多元化、行政民主化的发展需要,又能坚持"国家垄断公权力的"基本原则成为我国行政法治实践必须面对的一个课题。结合国外法律对委托的限制以及我国社会管理发展的需要,通过委托的转移应主要适用于以下几个方面:首先是属于行政给付的事项。所谓行政给付是指行政主体为保障个人和组织的生存权和受益权,维持与促进国家和社会的稳定与发展,依据法律或政策向个人和组织,尤其是出现生存困难并符合法定保障条件的个人和组织提供公共服务、福利和帮助的行为。相对于损益性行政行为,行政给付表现为一种受益性,且不同于采取强制和限制手段的秩序行政,强调的是以供给、支付等方式积极满足社会需要。将此类事项委托给社会组织或个人不易损害行政相对人的利益,同时也符合加强政府服务职能的需要。其次是政府辅助职能。这主要是转移具有执行性、事务性、操作性的事务,以此保证政府专心于"政务",满足提高行政效率的需要。如根据政府采购法的规定,政府通过定向委托、合同管理的方式采购专业服务、技术服务、信息服务、课题服务、运输、维修、培训、劳力等。从目前社区网格员的职责来看,其从政府承接的职能主要是辅助职能或者具有给付性质的事项,应属于可以委托的公共事务管理权限。

(三)政府职能转移的对象

政府职能转移的对象必须具有一定的资质,这决定着政府职能的效果和转移目标的实现。本文中涉及接受委托的个人,因此讨论的是私人接受委托的资质问题。首先是私人能否接受行政委托。学者对这一问题存有不同看法,如学者姜明安认为行政委托是将行政职权委托给行政机关以外的公权力组织或者私权利组织。② 也有学者指出行政委托是某一行政主体依法将其职

---

① [日]盐野宏:《行政法Ⅲ》,有斐阁 1997 年版,第 86~87 页。

② 姜明安主编:《行政法与行政诉讼法》,北京大学出版社 2005 年第 2 版,第 145 页。

权的一部分或某一具体行政事项委托另一行政主体、社会组织或个人。[①] 而在立法中,一些国家或者地区已经明确了个人可接受委托,如我国台湾地区"行政程序法"第 15 条规定行政机关因业务上的需要,得依法规将其权限之一部分,委托不相隶属之行政机关执行之;其第 16 条还规定:"行政机关得依法规将其权限之一部分,委托民间团体或个人办理。"显然,如果个人接受委托有利于行政管理的需要,法律应不排除私人作为委托对象,就如学者莫玉川所说的,在我国社会转型期和行政改革过程中,特别是在公众参与行政管理已成为世界潮流的当下,具有管理公共事务职能的组织呈现出多元化、多样化的局面。公民作为"行政助手"参与行政管理是行政民主化潮流中日益增多的直接民主形态之一。[②] 但相较于接受委托的组织,私人应具有更严格的准入制度。一般包括:受托方与所委托行使的行政职能没有利害关系;受托方掌握行使行政职权必须了解的法律法规知识和相关的技术知识;受托方具备良好的身体素质和政治素质。法律应对受托方的条件做明确规定,在法律没有规定的状况下,行政机关应根据行政事项的性质加以规范。在社区网格员的准入方面,目前基本由行政机关自行确定,各地准入条件有相同性,也有一定差异。如湖北省宜昌市招聘条件为:遵纪守法、品行端正、作风正派;热爱基层工作、服从组织分配;有一定政策理论水平和社会组织管理能力,有较好的文字基础和口头表达能力,会计算机操作,具有符合职位要求的工作能力;具有正常履行职责的身体条件;宜昌市城区城镇户口、35 周岁以下,大学专科以上文化程度。[③]其他城市网格员的招聘条件与宜昌市的差别主要在于年龄和学历,也有些城市在招聘中强调了对弱势群体的关照,如贵州六盘水市网格员招聘规定长期失业人员、低保人员、复员退伍军人、拆迁安置户、国企下岗人员优先聘用。[④]从各个城市的招聘条件看,都强调了一定的工作能力,但都未提出网格员必须

---

①　高涛:《论行政委托的法律界定——兼论行政委托与行政协助之区别》,载《山西财经大学学报》2000 年第 6 期。

②　莫于川:《现代司法理念与行政管理创新——换个角度看交通协管员的"贴条"行为》,http://rmfyb1chinacourt1org/public/detail1php? id=105290,最后访问日期:2013 年 9 月 15 日。

③　宜昌市人力资源和社会保障局:《2012 年宜昌市社区网格管理员招聘公告》,湖北公务员考试网,最后访问日期:2012 年 3 月 16 日。

④　贵州省六盘水市人力资源和社会保障局:《2013 年六盘水市社区网格管理员招聘简章》,国家公务员考试网,最后访问日期:2012 年 3 月 16 日。

具备相应法律知识的条件,因而没有体现出行政职权法治化的核心要求。

(四)政府职能转移的程序

程序包括方法、步骤、顺序和时限等基本要素,对政府职能转移的程序加以规范,有助于约束政府权力,保障公民权益,实现社会公正。就委托而言,一般应包括如下步骤:第一,行政机关提出委托的申请。行政机关应向其上一级行政机关或主管部门提出申请,申请中应说明进行委托的理由以及涉及的编制、费用、支出等问题;第二,审查、批准委托申请并公告。有权的行政机关或主管部门对委托申请予以审查,考虑委托的合法性和合理性,若予以批准,应向社会公告以接受公众监督。第三,选择和确定受托方。以准入条件为标准对受托方进行条件审核,并通过公开考核或招投标等方式确定受托方,选择和确定过程应予以予以加载并存档。第四,签订委托协议。首先,协议订立应采用协商制度,即在行政委托合同的缔结、内容的形成及履行等各个阶段都应当贯彻自由合意的精神。其次,协议订立采用书面协议的形式。这在我国的《行政程序法》试拟稿和第一部地方行政程序法规《湖南省行政程序》都有规定。按照规定,委托协议中应明确委托的事项、委托期限、委托双方的权利和义务、法律责任等。第五,公布委托协议。除了上述以外,程序应具备现代程序法意义上的制度,包括回避制度、合议制度、调查制度、听证制度等,以保障职能转移的公开性和公平性。而考察目前城市社区网格员对社会管理的参与,程序的独立价值并没有得到充分的认同。以网格员招聘为例,通常仅明确了笔试、面试、体检、考核、公示的工作步骤,但体现对相对人权利保障的现代程序法意义上的制度并未得确认。

(五)政府职能转移的信息公开

政府职能转移应当做到信息公开。包括:第一,政府职能转移的依据公开。依据公开可以证明职能转移的合法性,有利于公众对职能转移的认同。第二,职能转移内容公开。哪些职能转移、转移对象的资格条件等要加以公开,这有助于公众了解相关事项并积极参与。第三,职能转移的过程公开。包括转移的方式、步骤和时间等,有助于公众对政府的监督。第四,职能转移的结果公开。即将职能转移的对象、签订合同的内容等公开,既有助于接受监督,也有助于形成职能转移的确定力。此外,公开应采用政府公报、政府网站、新闻发布会以及报刊、广播、电视等便于公众知晓的方式。一些国家和地区对政府职能转移的公开进行了明确规定。如西班牙《公共行政机关及公共的行政程序法》中确定的委托规则包括：委托的法律依据或协议、委托的范围及委托的撤销必须在官方公报上予以公布。受托人行使委托权限时，委托机关应进行监督。① 台湾地区"行政程序法"(1999 年)第 15 条规定："行政机关得依法规将其权限之一部分，委任所属下级机关执行之。行政机关因业务上之需要，得依法规将其权限之一部分，交托不相隶属之行政机关执行之。前二项情形，应将委任或委托事项及法规依据公告之，并刊登政府公报或新闻纸。"第 16 条规定："行政机关得依法规将其权限之一部分，委托民间团体或个人办理。前款情形，应将委托事项及法规依据公告之，并刊登政府公报或新闻纸。"② 我国目前还没有行政程序法，现有的《政府信息公开条例》也没有专门针对行政授权或者委托信息的规定。实践中，职权转移存在不公开或部分公开，或公开方式不当等情形。以湖北宜昌市网格员参与社会管理为例，政府注意到了信息公开的要求，对网格员的聘用、职责等都进行了公开，但对网格员转移职责的具体依据、网格员与政府签订合同的内容还未公开。此外，公开的形式主要是在社区网格监管中心公开栏进行公开，形式单一，公众知晓度不高。这些是今后社会管理创新实践中应当加以完善的地方。

(六)政府职能转移的纠纷解决机制

政府职能转移中的纠纷主要包括两个方面，一是转移方与接受方之间的纠纷，二是接受方与行政相对人之间的纠纷。对于转移方与接受方之间的纠纷，最简便易行的解决途径是双方协商或政府出面调处，还可以寻求行政机关内部设立的仲裁机关进行仲裁。除此之外，因为政府职能转移无论是授权还是委托，一方当事人必然是行政主体，且授权或委托的内容具有处分公权的性质，因此产生的纠纷属于行政纠纷，在制度上还可以通过行政复议和行政诉讼解决。政府职能转移中职能接受方与行政相对人之间的纠纷又包括两类：一类是职能接受方在行使职能时受到了相对人的侵害，另一类则是职能接受方在行使职能时侵犯了相对人的权利。第一种情况下，侵害人应当按照法律规定承担相应的民事、刑事或行政责任。此外，对行政机关为委托人购买了保险的，则还可以通过保险获得权利救济。第二种情况下，如果是接受授权的组

---

① 胡建森：《中外行政法规分解与比较》(中)，法律出版社 2004 年版，第 1018～1020 页。

② 应松年：《外国行政程序法汇编》，中国法制出版社，1999 年版，第 890 页。

织,则可以独立地对行政相对人承担法律责任,造成损害的应承担国家赔偿责任。如果是行政委托,因为受托方是以委托方的名义行使权力,因此造成的法律后果由委托的行政机关承担,包括国家赔偿责任。即使接受委托的一方可能是行政机关以外的私人,并非行政机关的工作人员,但其在委托范围内所为的行为应视为行政机关的行为。

就社区网格员而言,其可能引发的纠纷包括:第一,网格员认为行政机关的行为违约或侵犯其合法权益。例如行政机关欠发工资、无故变更、解除合同、滥用制裁权等。如前所述,此类纠纷可以首先适用双方协商或政府出面调处,因为尽管法律上设定了行政复议和行政诉讼的途径,但由于行政合同在我国的法制化程度很低,寻求此种途径很可能陷入权利无法得到救济的尴尬境地。而基于网格员与行政机关的组织管理关系,协商或政府调处成为成本低、效率高的纠纷解决方式。第二,网格员与行政相对人之间的纠纷。目前在网格管理中大力提倡和谐、人性化工作,强调建立网格员和居民的融洽关系,但网格员与行政相对人纠纷的出现在所难免。以信息采集为例,其是网格员的重要职责之一,但在现实中出现收集信息时居民对网格员恶语相向甚至侮辱谩骂,或者网格员将所收集个人信息加以泄露的情况。尽管此种情况为数不多,但如何避免侵害及侵害发生后如何救济应当成为网格化管理发展中必须考虑的问题。总之,在网格员以及其他私人主体参与社会管理的实践中,必然会发生各种类型的纠纷,为了更好地适应社会管理创新的需要,保障社会管理创新中各方主体的合法权益,应当理清和完善公法与私法上的救济机制。

五、余论

行政辅助人在实践中已经大量存在,从以往的协警员、交通协管员、卫生协管员,到如今的社区网格员。而今后,随着对社会管理和公共服务的强烈需求与有限供给之间矛盾的扩大,行政辅助人还可能产生更多的形式,其今后的发展不会是消亡,而是走向规范化和法制化。因此,加强行政辅助人的研究成为促进政府职能转移,实现政府职能转变必须面临的课题。对此,以下问题需要加强讨论和完善:

(一)加强理清行政辅助人的法律关系

行政辅助人强调其"辅助性",其本身并不具有行政职权,但这在现实中产生了矛盾,比如实行多年的交通协管员,为应付北京交通混乱的状况,在争议声中恢复了协管员的违章"贴条"权。再如在网格员参与社区网格管理中,尽管政府将其定位于"重在服务",但事实上网格员具备管理职能,而这些职能的履行必须以一定的行政权力为保障,例如采集信息,如果只是服务,公民则可以拒绝提供信息。所谓的"寓服务与管理",实际上反映出在行政辅助的实践中,政府不仅仅将公共服务委托于社会,而且也可能将部分行政性业务委托于社会。这两种委托虽然都属于政府业务的委托外包,但其法律性质不同,受到的法律规制也应有所区别。如因为行政性业务主要是公权力委托于私人,为防止行政主体借委托而懈怠或私人借委托滥用公权力损害相对人利益,委托就必须具有明确的法律依据。而公共服务主要是给付事项,是一种授益行为,只要不违背法治的基本原理和精神即可,并不需要明确的法律依据。此外,行政性业务的委托主要适用行政合同,受公法的规制,而公共服务的委托在性质上属于政府采购,所订立的合同属于私法合同,由《政府采购法》加以规制。目前,行政辅助人的研究未能很好地回应行政辅助的实践,导致行政辅助制度实施的混乱不清,出现很多矛盾,比如网格员,既是"寓服务与管理",但又没有实际的管理职权,既是重在服务,但又没有采取真正意义上政府购买服务的形式。鉴于此,有必要结合实践加强对行政辅助人法律地位和法律关系的研究,以促进包括网格员在内的行政辅助人制度的良性发展。

(二)促进行政合同的规范化和法制化

行政合同是产生行政辅助人、实现政府职能转移的重要形式,行政法上对政府职能转移的回应应当包括完善行政合同制度。但如前所述,我国行政合同的法制化程度很低,表现为:首先,立法分散,没有形成一个完整的体系。我国没有行政合同的专门立法,有关行政合同的规定只是零散地出现在一些法律的规定之中,在各个分散的立法中,对行政合同的规范差异较大,往往是从各自的角度出发,规定不同的内容,没有统一的立法原则、立法精神贯穿其中。这就造成了不同法律规定中行政合同的不同。其次,规定过于笼统。我国现行有关行政合同的立法中,大多对行政合同一带而过,仅规定什么事项可以用合同规定,对于怎样订立合同、合同的内容等都没有规定。最后,实体内容多,程序内容少。因此,今后有必要促进行政合同的统一立法,且在立法中完善相关制度,包括:第一,完善合同的实体权利义务制度。表现为合理配置合同双方的权力和义务。如在网格员的聘用合同中,应明确网格员的准入条件、职责范围及行为规则、获得报酬、享受保险权以及对网格员的管理制度及责任追究,与此同时,明确行政机关的指挥、监督,变更解除合同的权力。第二,完善行政合同的程序制度,合理设计和确定协商制度、听证制度、参与保留制度、说明理由制度、回避制度、书面合同制度、时限制度等。第三,完善行政合同的救济制度。包括完善行政救济制度和司法救济制度。

(三)促进政府购买公共服务制度的完善

政府购买服务将是改进政府提供公共服务方式,建设服务型政府的重要形式,今后会在我国不断得到推行和深化。社区网格员等行政辅助人对政府服务职能的承接顺应了这一发展趋势。但要推动这一趋势的发展,还需要促进政府购买服务制度的完善。目前,政府购买服务主要受到《政府采购法》的规范;按照政府采购法的规定,政府采购合同适用合同法的规定,也即政府采购合同在立法上是私法合同。这种现状具有局限性,不足以达到政府购买服务的目的。如在政府采购中,服务供应方履行的仅是合同义务,非法定义务,即原本约束行政主体的公法规则在服务外包后无法约束服务供应方,这就可能无法使公众的利益获得充分保障,如公众无法像要求行政机关一样去要求供应方公开有关的服务信息。再如,公众虽然是公共服务的直接消费者,但却不能去监督服务供应者对服务合同的履行,因为他们没有被赋予程序性权力,也缺乏相应的救济权利。总之,对于政府购买服务,如果被定位于"私"的性质,仅仅适用于"私法"的规则,则无法保障政府购买服务的目标。因此,行政法应该予以相应的革新,打破公私对立的思想,对一些外观上被定位于"私"的事项,应该适当地引入"公法"的规则。[1] 如在政府公共服务外包中,建立公开听证制度、公开评价制度、信息公开制度等等。

---

[1]　王克稳:《政府业务外包的行政法认识》,载《社会管理创新与行政法》,中国政法大学出版社 2010 年版,第 122 页。

后　　记

　　本书是几个课题研究成果的合集,但他们都是围绕非诉讼低成本权利救济机制这一主题进行的。致力于普通百姓的权利救济机制的研究一直是我们团队努力的方向,我们从当下人们关注的信访问题开始,对宜昌市探索的医疗纠纷第三方调解机制、法务网格工程等诸多问题开展较为深入的研究。也先后申报了湖北省社会科学基金、中国法学会课题以及湖北省政法委和湖北省法学会联合资助的课题。幸运的是每次申报都能侥幸得到各位专家和领导的大力支持,每次的立项通知都给了我们团队极大的鼓励,鞭策着我们一定要认真研究,拿出真正有实践价值的建议与对策。

　　在对本书涉及课题进行研究的过程中,我们得到了诸多人士的关心与大力支持,这里需要特别感谢的是宜昌市医疗纠纷第三方调解委员会主任韩定慧女士、宜昌市司法局曹正权副局长、基层科邹军科长和喻伟闯同志,他们在课题研究的过程中,不仅提供了宝贵的资料,还为我们深入有关单位的调研提供了极大的方便,没有他们的大力支持,本书是难以面世的。

　　由于能力所限,本书不免存在一些不当之处,希望各位同仁和读者不吝赐教。在今后的工作中,我们将继续坚持开展扎实的调研工作,继续围绕低成本权利救济机制这一主题推出更多更好的成果供大家批评指正!

骆东平

2013 年 1 月 9 日

图书在版编目(CIP)数据

非诉低成本权利救济机制构建实证研究:以宜昌市法务网格工程等为例/骆东平等著. —厦门:厦门大学出版社,2014.6
(三峡大学宜昌市社会管理法治化研究丛书)
ISBN 978-7-5615-4982-7

Ⅰ.①非⋯   Ⅱ.①骆⋯   Ⅲ.①社会救济研究-中国   Ⅳ.①D632.1

中国版本图书馆 CIP 数据核字(2014)第 038455 号

厦门大学出版社出版发行
(地址:厦门市软件园二期望海路 39 号   邮编:361008)
http://www.xmupress.com
xmup @ xmupress.com
沙县方圆印刷有限公司印刷
2014 年 3 月第 1 版   2014 年 3 月第 1 次印刷
开本:720×970   1/16   印张:15.25   插页:2
字数:257 千字   印数:1~1 000 册
定价:41.00 元
本书如有印装质量问题请寄承印厂调换